智能财税岗课赛证融通教材·高职系列

智能化税费核算与管理

中联集团教育科技有限公司　组　编

黄菊英　王延召　主　编

余志涵　梁　蕾　闻彦博　付　裕　副主编

阳　勇　范　玥　李仁茜　陈若思　张艺馨　参　编
胡　珂　王莹莉　骆剑华　邱金平

唐跃兰　宣国萍　主　审

电子工业出版社

Publishing House of Electronics Industry

北京·BEIJING

内容简介

本书根据教育部 1+X 智能财税职业技能等级证书（简称 1+X 智能财税证书）的典型案例设计教学案例及学习内容，主要包括税务登记、变更、注销、发票管理、增值税发票填开、纳税申报等税务管理知识，以及增值税及附加税、消费税及附加税、关税、企业所得税、个人所得税、土地增值税、房产税、印花税等现行各税种的基本规定及税务处理。同时，针对增值税一般纳税人和增值税小规模纳税人的全税务处理流程进行操作展示，让初学者有一个全流程的税务处理思维，全面掌握企业全税务处理流程的基本技能和技巧。

本书既可作为高等职业教育、成人教育、应用型本科教育的大数据与会计、大数据与财务管理、财税大数据应用等相关专业的教材，又可供五年制高职学生使用，还可作为在职财税人员的学习和参考用书。

未经许可，不得以任何方式复制或抄袭本书之部分或全部内容。
版权所有，侵权必究。

图书在版编目（CIP）数据

智能化税费核算与管理 / 黄菊英，王延召主编 . —北京：电子工业出版社，2022.7
ISBN 978-7-121-43739-7

Ⅰ．①智… Ⅱ．①黄… ②王… Ⅲ．①税费－计算－高等学校－教材②税收管理－中国－高等学校－教材 Ⅳ．① F810.423 ② F812.423

中国版本图书馆 CIP 数据核字（2022）第 101812 号

责任编辑：贾瑞敏
印　　刷：三河市华成印务有限公司
装　　订：三河市华成印务有限公司
出版发行：电子工业出版社
　　　　　北京市海淀区万寿路 173 信箱　邮编　100036
开　　本：787×1 092　1/16　印张：15.75　字数：413 千字
版　　次：2022 年 7 月第 1 版
印　　次：2022 年 7 月第 1 次印刷
定　　价：56.00 元

凡所购买电子工业出版社图书有缺损问题，请向购买书店调换。若书店售缺，请与本社发行部联系，联系及邮购电话：（010）88254888，88258888。
质量投诉请发邮件至 zlts@phei.com.cn，盗版侵权举报请发邮件至 dbqq@phei.com.cn。
本书咨询联系方式：（010）88254019，jrm@phei.com.cn。

本书以我国新税法和企业会计准则为主要依据，借助 1+X 智能财税证书平台，紧紧围绕高等职业教育财经应用型人才培养目标和社会岗位需求，以服务学生、教师和社会人士为宗旨，致力于财会职业岗位人才的培养。本书贯彻"岗课赛证综合育人"要求，对接《智能财税职业技能等级标准》，结合智能财税技能赛项规程，引领"三教"改革。本书突出特色如下。

1. 适应新业态

智能财税是大数据、人工智能、云计算、物联网、移动互联网等现代技术在财税领域应用的必然结果，是企业和经济领域价值管理和运行的基本业态与核心工程。"智能化税费核算与管理"课程是适应智能财税社会共享新业态的理实一体化课程。

2. 加强校企合作，"双元"开发，细化产教融合，推动提质培优

本书合作企业为中联集团教育科技有限公司。该公司主要从事资产评估，并服务于企业会计及税务处理，研发了适应智能财税社会共享生态的票天下、财天下、金税师智能财税共享平台。本书实操部分依托该平台进行编写。

3. 服务 1+X 证书

本书借助 1+X 智能财税证书平台，内容涉及两部分：第一部分为针对典型案例的纳税核心知识内容，着重以案例为引导，注重纳税理论知识的培养；第二部分为 1+X 智能财税平台或实际纳税申报相关平台实操，注重纳税职业素养的提高。

4. 采用工作手册式编写思路，对接岗位需求

本书为工作手册式教材，以真实业务场景、工作任务、工作技能为融通核心，即用产业标准、实践技能作为融通要素，以《智能财税职业技能等级标准》为基础，强化工作技能的训练；结合智能财税技能赛事规程，训练学生在新技术、新业态环境下的财税事务服务能力、财税职业判断能力、财税业务核算能力，内容对接岗位需求。

5. 配套立体化教学资源

配合中联集团教育科技有限公司研发的票天下、财天下、金税师智能财税共享平台，打造立体化的教学资源平台，配套教学资源丰富，二维码随扫随学。已建成的 1.0 版本支持在线开放课程，并持续更新。

本书由全国多所高职院校与中联集团教育科技有限公司共同开发，力求实现财税工作

与"大智云物移"技术的深度融合发展。本书由重庆城市管理职业学院黄菊英、河南经贸职业学院王延召担任主编；重庆城市管理职业学院余志涵、江西现代职业技术学院梁蕾、海南经贸职业技术学院闻彦博、无锡商业职业技术学院付裕担任副主编；重庆城市管理职业学院阳勇、范玥、李仁茜、陈若思、张艺馨，黑龙江八一农垦大学胡珂，河南经贸职业学院王莹莉，重庆电子工程职业学院骆剑华，重庆财经职业学院邱金平参编；中铁建昆仑投资集团副总裁唐跃兰、丽水职业技术学院宣国萍担任主审。

　　黄菊英负责拟定编写提纲，具体编写分工如下：单元一由付裕、余志涵执笔，单元二由黄菊英、余志涵、梁蕾、李仁茜执笔，单元三由王延召、王莹莉执笔，单元四由骆剑华执笔，单元五由闻彦博、阳勇执笔，单元六由范玥、邱金平、闻彦博执笔，单元七由余志涵、骆剑华、陈若思、张艺馨、胡珂执笔。

　　本书得到了中联集团教育科技有限公司和全国多所1+X智能财税证书试点院校的大力支持，在此表示感谢。

　　由于水平有限，时间仓促，不足之处恳请读者批评指正。编者电子邮箱：1154063151@qq.com，欢迎读者交流。

编　者

说明：全书有小数或除不尽的情况，默认保留2位小数。

目 录

单元一 导论

任务一 税法认知 /1
 一、任务情境 /1
 二、任务准备 /2
 三、任务实施 /5
 四、任务评价 /5
 五、任务拓展 /5

任务二 税务登记 /6
 一、任务情境 /6
 二、任务准备 /8
 三、任务实施 /10
 四、任务评价 /11
 五、任务拓展 /11

任务三 发票领购及开具 /12
 一、任务情境 /12
 二、任务准备 /12
 三、任务实施 /15
 四、任务评价 /16
 五、任务拓展 /16
 同步练习 /18

单元二 增值税税务处理

任务一 增值税的征税范围、征税对象、
   税目和税率的确定 /19
 一、任务情境 /19
 二、任务准备 /27
 三、任务实施 /33
 四、任务评价 /33
 五、任务拓展 /34

任务二 增值税一般纳税人销项税额的
   计算 /35
 一、任务情境 /35
 二、任务准备 /35
 三、任务实施 /38
 四、任务评价 /38
 五、任务拓展 /39

任务三 增值税一般纳税人进项税额的
   计算 /40
 一、任务情境 /40
 二、任务准备 /40
 三、任务实施 /43
 四、任务评价 /43
 五、任务拓展 /44

任务四 增值税进口货物应纳税额的
   计算 /45
 一、任务情境 /45
 二、任务准备 /45
 三、任务实施 /46
 四、任务评价 /46

任务五 增值税出口退（免）税的计算 /47
 一、任务情境 /47
 二、任务准备 /47
 三、任务实施 /49
 四、任务评价 /50
 五、任务拓展 /50

任务六 一般纳税人应纳税额及附加税费的
   综合计算与申报 /51
 一、任务情境 /51
 二、任务准备 /51
 三、任务实施 /58
 四、任务评价 /64
 五、任务拓展 /64

任务七 小规模纳税人税额计算与申报 /67

一、任务情境 /67
二、任务准备 /68
三、任务实施 /70
四、任务评价 /75
五、任务拓展 /75
同步练习 /76

单元三　消费税及附加税税务处理　77

任务一　消费税认知 /77
　　一、任务情境 /77
　　二、任务准备 /78
　　三、任务实施 /84
　　四、任务评价 /85
　　五、任务拓展 /85
任务二　消费税计算 /86
　　一、任务情境 /86
　　二、任务准备 /87
　　三、任务实施 /89
　　四、任务评价 /90
　　五、任务拓展 /90
任务三　消费税的纳税申报 /90
　　一、任务情境 /90
　　二、任务准备 /91
　　三、任务实施 /92
　　四、任务评价 /94
　　五、任务拓展 /94
同步练习 /97

单元四　关税税务处理　98

任务一　关税的认知 /98
　　一、任务情境 /98
　　二、任务准备 /99
　　三、任务实施 /101
　　四、任务评价 /101
　　五、任务拓展 /101
任务二　关税税额的计算与申报 /102

一、任务情境 /102
二、任务准备 /102
三、任务实施 /105
四、任务评价 /106
五、任务拓展 /106
同步练习 /107

单元五　企业所得税税务处理　108

任务一　企业所得税征税对象及税率
　　　　规定 /108
　　一、任务情境 /108
　　二、任务准备 /109
　　三、任务实施 /110
　　四、任务评价 /110
任务二　企业所得税应纳税所得额的
　　　　计算 /111
　　一、任务情境 /111
　　二、任务准备 /114
　　三、任务实施 /132
　　四、任务评价 /134
　　五、任务拓展 /135
任务三　企业所得税申报 /135
　　一、任务情境 /135
　　二、任务准备 /135
　　三、任务实施 /137
　　四、任务评价 /142
　　五、任务拓展 /143
同步练习 /154

单元六　个人所得税税务处理　155

任务一　个人所得税概述 /155
　　一、任务情景 /155
　　二、任务准备 /156
　　三、任务实施 /165
　　四、任务评价 /165
　　五、任务拓展 /165

任务二　个人所得税计算　/166
　　一、任务情境　/166
　　二、任务准备　/167
　　三、任务实施　/175
　　四、任务评价　/176
　　五、任务拓展　/176
任务三　个人所得税纳税申报　/177
　　一、任务情境　/177
　　二、任务准备　/177
　　三、任务实施　/179
　　四、任务评价　/180
　　五、任务拓展　/180
　　同步练习　/180

单元七　其他税种税务处理　181

任务一　资源税税务处理　/181
　　一、任务情境　/181
　　二、任务准备　/182
　　三、任务实施　/185
　　四、任务评价　/186
　　五、任务拓展　/186
任务二　土地增值税税务处理　/187
　　一、任务情境　/187
　　二、任务准备　/187
　　三、任务实施　/196
　　四、任务评价　/198
　　五、任务拓展　/198
任务三　城镇土地使用税税务处理　/199
　　一、任务情境　/199
　　二、任务准备　/199
　　三、任务实施　/207
　　四、任务评价　/210
　　五、任务拓展　/210
任务四　房产税税务处理　/210
　　一、任务情境　/210
　　二、任务准备　/211
　　三、任务实施　/213
　　四、任务评价　/219
　　五、任务拓展　/219
任务五　车船税税务处理　/219
　　一、任务情境　/219
　　二、任务准备　/220
　　三、任务实施　/223
　　四、任务评价　/223
　　五、任务拓展　/223
任务六　印花税税务处理　/224
　　一、任务情境　/224
　　二、任务准备　/224
　　三、任务实施　/231
　　四、任务评价　/231
　　五、任务拓展　/231
任务七　契税税务处理　/232
　　一、任务情境　/232
　　二、任务准备　/232
　　三、任务实施　/235
　　四、任务评价　/235
　　五、任务拓展　/235
任务八　耕地占用税处理　/236
　　一、任务情境　/236
　　二、任务准备　/236
　　三、任务实施　/239
　　四、任务评价　/239
　　五、任务拓展　/239
任务九　环境保护税税务处理　/239
　　一、任务情境　/239
　　二、任务准备　/240
　　三、任务实施　/242
　　四、任务评价　/243
　　五、任务拓展　/243
　　同步练习　/243

单元一

导论

↘ 思政目标
1. 体会税收取之于民、用之于民的道理，培养家国情怀。
2. 在依法治国必要性的基础上强化法制观念，依法纳税，做守法公民。
3. 纳税人应诚实守信，接受税务机关检查，如实反映情况，不得拒绝、隐瞒；税务征收机关人员应公私分明、不贪不占、遵纪守法、清正廉洁。

↘ 知识目标
1. 了解税收与税收法律之间的关系。
2. 掌握税法要素。
3. 了解我国的税收管理体制与现行税种。
4. 了解税务登记、变更的相关流程。

↘ 技能目标
1. 能够掌握税收法律相关知识及申报准备工作。
2. 能够按照税收征管程序，为企业办理税务登记、税种认定等工作，并通过政务仿真平台完成新办企业的税务登记。
3. 能根据发票管理办法的要求，领发票、开发票、妥善保管发票，能应用1+X智能财税证书平台完成发票领用、开具等工作。

任务一　税法认知

一、任务情境

（一）任务场景

北京陈鸿商贸有限责任公司（以下简称陈鸿公司）成立于2021年11月，同年11月与财税共享中心签订财务共享代理服务合同，约定由财税共享中心为陈鸿公司提供财税代理服务。财税共享中心为陈鸿公司新建账套，相关信息如下。账套编号：CS1001；会计准则：2007年企业会计准则；建账会计期：2021年12月；统一社会信用代码（纳税人识别号）：91110105397030000N；纳税人类型：一般纳税人；经营地址：北京西城区复兴路 25 号；电话：010-88000000；开户行：中国工商银行复兴路支行；开户行银行账号：02002198009200017600；公司设立行政部、采购部、销售部、库管部 4 个部门。

（二）任务布置

① 搜集企业基本信息。
② 了解企业所处行业、业务范围。
③ 明确企业纳税人身份和所涉及的税种。

二、任务准备

（一）知识准备

税法是调整税收法律关系的法律规范的总称，税法认知是做好纳税实务工作的理论基础。税收取之于民，用之于民。

1. 税收

税收是指以国家为主体，为实现国家职能，凭借政治权力，按照法定标准，无偿取得财政收入的一种特定分配形式。税收是政府收入最重要的来源，是人类社会经济发展到一定历史阶段的产物。在社会主义市场经济条件下，税收主要具有资源配置、收入再分配、稳定经济和维护国家政权的作用。税收与其他财政收入形式相比，具有强制性、无偿性和固定性的特点。

2. 税法

税法是调整税收关系的法律规范的总称，是国家法律的重要组成部分，是调整国家与社会成员在征纳税上的权利和义务关系的行为规则。税法要素是指各单行税法共同具有的基本要素，具体包括如下。

（1）纳税人

纳税人是指依法直接负有纳税义务的自然人、法人和其他组织。与纳税人相联系的另一个概念是扣缴义务人。扣缴义务人是指负有代扣税款并向国库缴纳义务的单位和个人。

（2）征税对象

征税对象是纳税的客体，是指税收法律关系中权利义务所指的对象，即对什么征税。不同的征税对象是区别不同税种的重要标志。

（3）税目

税目是征税对象的具体化，是具体规定应当征税的项目。

（4）税率

税率是应征税额与计税金额的比例，是计算税额的尺度，是税法的核心要素。我国现行的税率形式主要有比例税率、定额税率和累进税率。

税法要素

（5）计税依据

计税依据是指计算应纳税额的依据或标准。一般有两种：从价计征和从量计征。

（6）纳税环节

纳税环节是指征税对象流转过程中应当缴纳税款的环节——可以是生产环节、批发环节、零售环节等。

（7）纳税期限

纳税期限是指纳税人纳税义务发生后应依法缴纳税款的期限。

（8）纳税地点

纳税地点是指纳税人具体申报缴纳税款的地点。

（9）税收优惠

税收优惠是国家对某些纳税人和征税对象给予鼓励与照顾的特殊规定，包括减税与免税、起征点和免征额等。

（10）法律责任

法律责任是指违反税法规定的行为人（纳税人和税务人员）对违法行为所应承担的具有强制性的法律后果。

3. 税收法律关系

税收法律关系是国家征税和纳税人纳税的利益分配关系。与其他法律关系一样，税收法律关系由主体、客体和内容3个方面构成。

（1）主体

我国税收法律关系中，主体一方是代表国家行使征税职责的税务机关，包括国家各级税务机关和海关；另一方是履行纳税义务的人，包括法人、自然人和其他组织。

（2）客体

税收法律关系客体即征税对象，如增值税法律关系的客体是增值额。

（3）内容

税收法律关系内容是指主体享受的权利和所应承担的义务。这是税收法律关系中最实质的内容。

4. 税收立法

（1）税收立法原则

① 从实际出发的原则。

② 公平原则。

③ 民主决策的原则。

④ 原则性与灵活性相结合的原则。

⑤ 法律的稳定性、连续性与废、改、立相结合的原则。

（2）税收立法权

我国税收立法权根据税收执法的级次来划分：纳税主体、税基和税率等基本法规的立法权在中央政府，更具体的税收实施规定的立法权给予较低级次政府或政府机构。

税收立法权划分现状：中央税、中央与地方共享税及全国统一实行的地方税的立法权集中在中央；依法赋予地方适当的税收立法权。

（3）税收立法机关

① 税收法律由全国人民代表大会及其常务委员会制定，如《中华人民共和国企业所得税法》（以下简称《企业所得税法》）、《中华人民共和国税收征收管理法》（以下简称《税收征收管理法》）。

② 全国人民代表大会及其常务委员会可授权国务院立法，如《中华人民共和国增值税暂行条例》（以下简称《增值税暂行条例》）、《中华人民共和国消费税暂行条例》（以下

简称《消费税暂行条例》）、《中华人民共和国资源税暂行条例》（以下简称《资源税暂行条例》）、《中华人民共和国土地增值税暂行条例》（以下简称《土地增值税暂行条例》）。

③ 税收行政法规由国务院制定，如《中华人民共和国税收征收管理法实施细则》（以下简称《税收征收管理法实施细则》）、《中华人民共和国发票管理办法》（以下简称《发票管理办法》）等。

④ 税收地方性法规由地方人民代表大会制定，如海南省、西藏自治区制定的一些特殊地方涉税法规。

⑤ 税收部门规章可由财政部、国家税务总局、海关总署制定，如《中华人民共和国增值税暂行条例实施细则》（以下简称《增值税暂行条例实施细则》）、《中华人民共和国税务代理试行办法》（以下简称《税务代理试行办法》）。

⑥ 税收地方规章可由省政府或国务院批准的市政府制定，如某省《城建税实施细则》《房产税实施细则》等。

（4）税收立法程序

税收立法程序是指有权力的机关，在制定、认可、修改、补充、废止等税收立法活动中必须遵循的法定步骤和方法。目前，我国税收立法程序主要包括以下几个阶段：提议阶段、审议阶段、通过和公布阶段、发布实施阶段。

5. 我国现行税法体系

我国现行税法体系由税收实体法体系和税收征收管理法体系构成。

（1）税收实体法体系

我国目前税收实体法共有18个税种。

① 商品和劳务税：增值税、消费税、关税。

② 所得税：企业所得税、个人所得税、土地增值税。

③ 财产和行为税：房产税、车船税、印花税、契税。

④ 资源税和环保税：资源税、环保税、城镇土地使用税。

⑤ 特定目的税：城市维护建设税、车辆购置税、耕地占用税、船舶吨税、烟叶税。

（2）税收征收管理法体系

税收征收管理法体系包括《税收征收管理法》、《中华人民共和国海关法》（以下简称《海关法》）和《中华人民共和国进出口关税条例》（以下简称《进出口关税条例》）等。由税务机关负责征收的税种的征收管理，按照全国人民代表大会常务委员会发布实施的《税收征收管理法》执行；由海关负责征收的税种的征收管理，按照《海关法》及《进出口关税条例》等有关规定执行。

（二）操作准备

① 与企业签订财税代理合同，明确双方的权利和义务。

② 搜集企业基本信息，做好企业信息登记和备案。

（三）任务要领

① 确保企业基本信息齐全、真实。

② 确认企业纳税人身份，关注其行业、经营范围、涉及税种等。

三、任务实施

（一）业务流程

① 与企业相关人员对接，获取企业相关信息。
② 搜集企业基本信息，审核企业基本信息的完整性和真实性，做好信息登记及备案。
③ 了解企业所处行业、企业业务范围、明确企业纳税人身份和所涉及的税种。

（二）任务操作

① 公司由两个股东共同出资，注册资本 500 000 元，公司所在地为北京市西城区。
② 公司的行业类型是批发零售业，经营范围为销售方便面、矿泉水、糖心苹果等商品。
③ 公司为增值税一般纳税人，主要涉及的税种为增值税、城市维护建设税、印花税、企业所得税、个人所得税等。增值税、城市维护建设税、印花税、个人所得税按月申报，企业所得税按季申报。

四、任务评价

对于每一项任务，结合业务能力和评价指标，根据掌握情况在表 1-1 的自测结果相应的"□"中打"√"。自测结果共分为 3 类：A 掌握；B 基本掌握；C 未掌握。

表 1-1 任务测评表

任务	业务能力	评价指标	自测结果	要 求
税法认知	搜集企业基本信息	企业资料搜集准确、完整	□ A □ B □ C	准确且完整地搜集企业基本信息
	了解企业的业务范围	准确掌握企业所处行业及业务范围	□ A □ B □ C	企业业务范围了解全面、准确
	明确企业纳税人身份和所涉及的税种	准确识别企业纳税人身份及所涉及税种的情况	□ A □ B □ C	纳税人身份、税种识别准确

五、任务拓展

思政教育

深化税收征管改革，顺应
人民群众期盼

深化税务领域"放管服"改革，
切实优化税收营商环境

任务二　税务登记

一、任务情境

（一）任务场景

2021年11月，李云飞、张大彪两人共同出资设立的北京陈鸿商贸有限责任公司主要销售方便面、矿泉水、糖心苹果等商品，注册资本500 000元，委托财税共享中心进行企业设立登记及税务登记。经协商，决定了以下事项。

① 设立时间：2021年11月1日，出资时间为2021年11月10日。

② 股东会组成：公司由李云飞、张大彪两人组成股东会。

③ 由李云飞担任执行董事兼总经理和公司法定代表人（职务产生的方式为协商）。

④ 公司暂不建立工会组织。

⑤ 企业的核算方式为独立核算。

⑥ 招聘孔捷担任公司出纳兼秘书，协助办理公司设立登记相关事宜，并担任企业的联系人、办税员、社保和住房公积金缴费经办人、购票人。

⑦ 经营范围：销售方便面、矿泉水、糖心苹果等商品。

⑧ 主营业务：食品销售。

⑨ 拟登记市场主体所在地：北京市西城区。

⑩ 公司营业期限为30年。

⑪ 没有位于中关村国家自主创新示范园及"三城一区"内。

⑫ 投资人类型全部为自然人。

⑬ 固定电话：010-88000000。

⑭ 为了有经营场所，租赁了王健位于北京市西城区复兴路25号的房间作为经营场地（生产经营地）。该房间的建筑面积为100平方米；使用权限为40年；房屋用途为商用办公，属于王健个人私有房产；住房产权类型为有房产证；住所提供方式：租赁。每月租金20 000元，双方签订了租房协议，租赁期10年。申请工商营业执照副本1本。

⑮ 税务信息确认相关信息。姓名：孔捷；项目类别：非生产性项目；经营大类：批发零售业；经营明细：商品批发零售；行业名称：批发零售业；预计经营占比：100%。

⑯ 企业管家已经进行个人注册，注册账号13800102002，密码123456。

⑰ 李云飞、张大彪的出资及主要人员信息如表1-2所示（电子邮箱均为"姓名全拼"@163.com）。

单元一 导论

表 1-2 主要人员信息

工号	姓名	部门	民族	证件类型	学历	证件号码	户籍所在地	国籍	出资/万元	出资比例	性别	出生日期	人员状态	任职受雇从业类型	手机号码	任职受雇日期
20210001	李云飞	行政部	汉	居民身份证	硕士研究生	500000198112081313	北京市丰台区海棠园6号楼9层902室	中国	30	60%	男	1981/12/08	正常	执行董事兼总经理和法定代表人	18912002343	2021/11/01
20210002	张大彪	行政部	汉	居民身份证	硕士研究生	500000198311230949	北京市通州区紫云苑12号楼6层603室	中国	20	40%	男	1983/11/23	正常	监事	15800100002	2021/11/01
20210003	孔捷	行政部	汉	居民身份证	本科	500000198804031216	北京市丰台区未来家园3号楼7层701室	中国			女	1988/04/03	正常	秘书	13800102002	2021/11/01
20210004	赵刚	采购部	汉	居民身份证	本科	500000198912081317	北京市丰台区东安5号小区12号楼12层1206室	中国			男	1989/12/08	正常	雇员	13700104005	2021/11/01
20210005	楚静	库管部	汉	居民身份证	本科	500000198408110330	北京市丰台区海棠园6号楼9层902室	中国			女	1984/08/11	正常	雇员	13800100206	2021/11/01
20210006	魏尚	销售部	汉	居民身份证	本科	500000199006210629	北京市通州区紫云苑12号楼7层703室	中国			男	1990/06/21	正常	雇员	13800630406	2021/11/01
20210007	田雨	销售部	汉	居民身份证	本科	500000198812081X	北京市丰台区未来家园3号楼8层801室	中国			男	1988/12/08	正常	雇员	13400100007	2021/11/01
20210008	李斯	销售部	汉	居民身份证	本科	500000199312081861	北京市丰台区未来家园3号楼8层801室	中国			男	1993/12/08	正常	雇员	13800102226	2021/11/01

（二）任务布置

① 通过政务仿真平台为陈鸿公司办理新办户开户。
② 通过政务仿真平台为陈鸿公司办理税务登记手续。

三、任务准备

（一）知识准备

企业无论是开业、经营还是终止，都应处于税务机关的监管之下，依法办理各项涉税手续。在国家实行"多证合一""一照一码"商事登记模式以后，企业办税人员需要办理的涉税手续已经大大简化。在开业阶段，企业领取加载统一社会信用代码的营业执照后，办税人员需要办理的涉税手续包括"多证合一"登记信息确认、领购发票等。随着企业的发展，企业办税人员可能面临办理税务信息变更，停业、复业税务登记，跨区域涉税事项报验等税务登记，以及进行纳税申报及依法使用和保管会计凭证、账簿、发票等工作。企业终止经营时，必须向税务机关办理清税申报，以便到市场监督管理部门办理注销登记手续。

1. 税务登记

要依法办理企业开业阶段的涉税手续，首先需要了解我国的商事登记模式。我国目前全面推行"多证合一""一照一码"的商事登记模式，即将企业设立时由市场监督管理部门、质量技术监督部门、税务机关、社会保险经办机构和统计机构等多个部门分别核发不同证照的登记模式，改为由市场监督管理部门核发加载法人和其他组织统一社会信用代码的营业执照。因此，企业领取营业执照以后，已经无须再办理开业税务登记，不再领取税务登记证。

税务登记

（1）办理"多证合一"登记信息确认的时间

企业在领取加载了统一社会信用代码的营业执照以后，在首次办理涉税事宜时，如增值税一般纳税人资格登记、发票领用、纳税申报等，应当对"多证合一"登记信息进行确认、补充或更正。

（2）办理"多证合一"登记信息确认的程序

纳税人在首次办理涉税事宜时，税务机关应当依据市场监督管理部门共享的登记信息制作"多证合一"登记信息确认表，交由纳税人进行确认，提醒纳税人对其中不全的信息进行补充、对不准的信息进行更正、对需要更新的信息进行补正。

2. 税务变更

（1）办理变更税务信息的情形

已领取"一照一码"营业执照的企业，如果生产经营地址、财务负责人、核算方式、从业人数、办税人等登记信息发生变化，则应向主管税务机关办理变更登记。除上述信息以外的其他登记信息发生变化的，应向市场监督管理部门办理变更登记。

（2）办理变更税务信息的程序

步骤1　纳税人提出变更税务信息申请。纳税人生产经营地址、财务负责人、核算方式、从业人数、办税人等登记信息发生变更时，应当向税务机关提出变更信息申请，填写"多证合一"登记信息确认表中涉及的变更项目，并按照主管税务机关的要求提供有关变更信息的资料或证明材料及其复印件。

步骤2　税务机关受理税务信息申请并审核。税务机关应当对纳税人提交的各项资料进行审核，资料审核无误的，由税务机关在系统中录入有关变更信息并打印，交纳税人签章确认。

3.停业、复业税务登记

（1）办理停业、复业税务登记的对象

实行定期定额征收方式的个体工商户，在营业执照核准的经营期限内需要停业的，应当在停业前向主管税务机关申报办理停业登记，并在恢复生产、经营之前，向主管税务机关申报办理复业登记。

（2）办理停业税务登记的程序

步骤1　纳税人提出停业申请。纳税人应当在停业前向主管税务机关申报办理停业登记，并如实填写停业登记表，说明停业的理由、期限，停业前的纳税情况和发票的领、用、存情况。

步骤2　税务机关审核、办理停业登记。经主管税务机关审核（必要时可以进行实地审查），纳税人可以办理停业登记。在办理停业登记时，主管税务机关应当责令申请停业的纳税人结清税款，并收回发票领购簿和发票。对不便收回的发票，主管税务机关应当就地予以封存。

（3）办理复业税务登记的程序

步骤1　纳税人提出复业申请。纳税人应当于恢复生产、经营之前，向主管税务机关申报办理复业登记，并如实填写停业、复业（提前复业）报告书。

步骤2　税务机关审核、办理复业登记。经主管税务机关确认，纳税人可以办理复业登记，领回或启用发票领购簿及发票，纳入正常管理。

4.注销税务登记清税申报

（1）清税申报的情形

已领取加载统一社会信用代码的营业执照的企业，如果需要办理注销登记，则应当先向主管税务机关申报清税，由主管税务机关出具统一的清税证明，方可向市场监督管理部门申请办理注销登记。

（2）清税申报的程序

步骤1　申报清税前的清理工作。纳税人申报清税前，应当对下列事项进行清理：缴销发票，办理发票缴销手续时，纳税人应当如实填写发票缴销登记表，并携带发票领购簿和未使用的空白发票，向主管税务机关申请办理发票缴销手续；进行最后一期申报纳税，并结清应纳税款、多退（免）税款、滞纳金和罚款。

步骤2　提出清税申请。纳税人应当在办理注销工商登记前，依法向主管税务机关提出清税申请，填写清税申报表，并根据主管税务机关的要求提交下列有关证件和资料。

● 工商营业执照被吊销的应提交市场监督管理部门发出的吊销决定。

● 单位纳税人应当提供上级主管部门批复文件或董事会决议及其他有关证明文件。

● 除加载统一社会信用代码的营业执照以外的其他税务证件。

● 企业所得税纳税人提供中华人民共和国企业清算所得税申报表及附表。

● 已发放发票领购簿的纳税人还应提供发票领购簿等。

步骤 3　领取清税证明。税务机关受理清税申请后，应当对纳税人提交的有关材料进行审核，并在 20 日内向符合要求的纳税人出具清税证明。

（二）操作准备

① 登录政务仿真平台，注册账户。
② 整理企业税务登记前所需的资料。

（三）任务要领

① 熟悉不同地区政务平台操作流程。
② 掌握税务登记的相关法律规定和要求。
③ 了解企业设立新户报到流程，能够通过政务仿真平台完成企业设立登记信息采集工作。
④ 了解发生变更税务登记的情形，能够正确判断税务变更适用的程序。
⑤ 熟悉需要经税务机关办税服务厅变更的事项及办事流程，能够正确准备所需的资料并独立完成变更税务登记工作。
⑥ 能向税务机关办理企业各类税务登记（含开业、变更、停业、复业、注销登记）工作。

三、任务实施

（一）业务流程

新办企业税务登记流程图如图 1-1 所示。

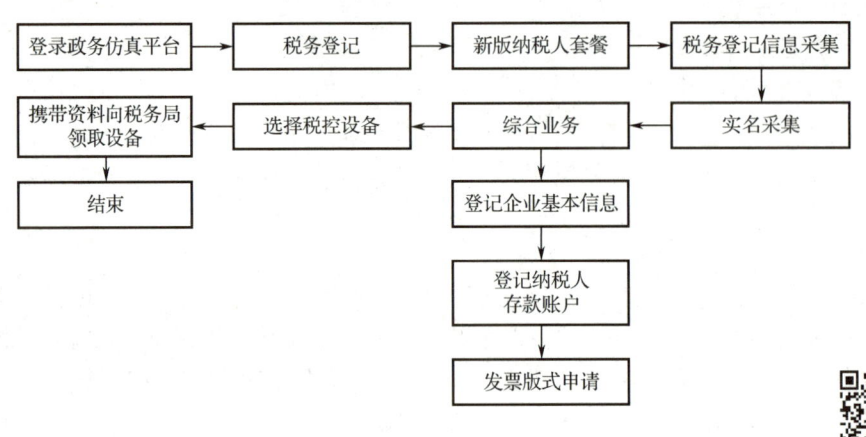

图 1-1　新办企业税务登记流程

视频演示

（二）任务操作

步骤 1　搜集企业新办户开户所需的资料，登录政务仿真平台，通过新版纳税人套餐，完成税务登记前的实名采集。

步骤 2　搜集企业新办户开户所需的资料，登录政务仿真平台，通过新版纳税人套餐，完成税务登记中的纳税人基本信息登记、纳税人存款账户登记、发票版式申请、税控设备领取。

四、任务评价

对于每一项任务，结合业务能力和评价指标，根据掌握情况在表 1-3 的自测结果相应的"□"中打"√"。自测结果共分为 3 类：A 掌握；B 基本掌握；C 未掌握。

表 1-3　任务测评表

任务	业务能力	评价指标	自测结果	要　求
税务登记	通过政务仿真平台为陈鸿公司办理新办户开户	能够依法办理企业创办阶段的各项涉税手续	□A □B □C	办理环节准确无误
税务登记	通过政务仿真平台为陈鸿公司办理税务登记手续	能够办理税务信息登记手续	□A □B □C	办理环节准确无误

五、任务拓展

税务变更

2021 年 9 月 12 日，重庆清珂摩托车有限责任公司，因经营需要变更了经营地址、法定代表人、办税人员，其他信息无变更，并已完成了工商变更。现请管家协助其办理税务变更。

批准机关名称：重庆市沙坪坝区市场监督管理局。

① 该公司原注册信息如下。

登记注册地：重庆市沙坪坝区上桥张家湾 666 号。

法定代表人：林宇明，身份证号 500000198503060235。

统一社会信用代码：91500106203078350G。

办税员：张倩，身份证号 500000199005126013。

② 该公司变更信息如下。

登记注册地：重庆市沙坪坝区上桥张家湾 999 号。

法定代表人：杨勇，身份证号 500000198711152136。

办税员：王艳，身份证号 500000199208252366。

CA 账号：重庆清珂摩托车有限责任公司；密码：123456。

税务变更流程如图 1-2 所示。

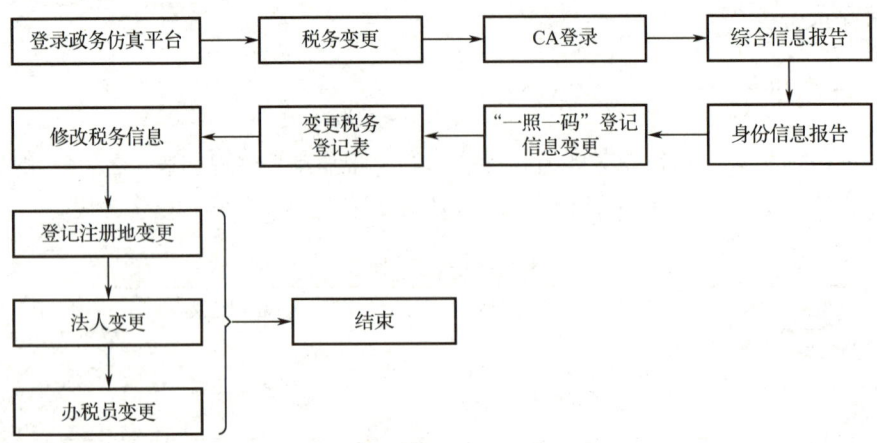

图 1-2 税务变更流程

任务三　发票领购及开具

一、任务情境

（一）任务场景

2021 年 12 月 1 日，财税共享中心通过票天下、财天下、金税师 3 个平台为陈鸿公司办理财税代理服务。本月业务需要领购增值税专用发票 50 份、增值税普通发票 20 份。12 月 1 日，陈鸿公司向北京爱佳生活超市有限公司销售苹果，开具增值税普通发票一张。

（二）任务布置

① 通过政务仿真平台进行初次领取增值税发票申请，通过票天下领用增值税专用发票 50 份、普通发票 20 份。

② 通过票天下开具增值税普通发票，开票信息如下。

销售商品：糖心苹果 400 箱 ×90 元 / 箱 =36 000 元（不含税）；税率为 9%。

客户名称：北京爱佳生活超市有限公司。

统一社会信用代码（纳税人识别号）：91110105567900000Y。

地址、电话：北京市朝阳区北沙滩 31 号院；010-58761111。

开户行及账号：中国工商银行北京玛丽安路支行；0200025111920003000 66。

二、任务准备

（一）知识准备

发票管理

1. 发票领购

《发票管理办法》《发票管理办法实施细则》对发票领购程序做了详细规定。首先需要确定企业领购发票的种类，然后提出发票领购申请，领取发票领购簿，并按照发票领购簿核定的内容领购发票。

（1）发票核定

初次申请领取发票的纳税人，税务机关依据增值税纳税人的申请，核定其使用增值税税控系统开具的发票（包括增值税专用发票、增值税普通发票及机动车销售统一发票）及其他普通发票种类、单次（月）领用数量、开票限额。

1）报送资料
- 纳税人领用发票票种核定表1份。
- 经办人身份证明（原件查验）。
- 发票专用章印模（首次申请发票票种核定时提供）。

2）办理方式及流程

发票核定既可以到大厅办理，也可以在网上办理或通过APP办理。其中，大厅办理的流程如下。

步骤1　纳税人携带相关资料到办税服务大厅。
步骤2　办税服务大厅接收并审核资料。
步骤3　审核资料通过，即时办结。
步骤4　发放发票领购簿和增值税税控系统安装使用告知书。

如果审核不通过，则一次性告知应补正资料或不予受理的原因。

（2）增值税专用发票最高开票限额申请

需要开具增值税专用发票的增值税一般纳税人，税务机关依据纳税人的申请，确定其开具增值税专用发票的最高限额。

1）税务机关办理时限
- 对最高开票限额不超过10万元的在申请窗口当场办结。
- 对最高开票限额超过10万元的，申请窗口受理后在20个工作日内办结。对20个工作日内无法做出决定的，经决定机构负责人批准可以延长10个工作日，并制作税务行政许可延期决定告知书送达申请人。

2）报送资料
- 税务行政许可申请表1份。
- 增值税专用发票最高开票限额申请单2份。

3）前置条件

纳税人申请办理增值税专用发票（增值税税控系统）最高开票限额申请，需要先取得一般纳税人资格认定并办理票种核定。

（3）增值税税控系统专用设备初始发行

使用增值税税控系统的一般纳税人或小规模纳税人，税务机关依据纳税人的申请，在增值税税控系统中将税务登记信息、资格认定信息、税种税目认定信息、票种核定信息、增值税发票系统升级版离线开票时限和离线开票总金额等信息写入金税盘（税控盘）。

1）办理时限
- 纳税人办理时限：相关事项发生后及时办理。
- 税务机关办理时限：纳税人领取增值税税控系统专用设备后到办税服务大厅即时办结。

2）报送资料

报送资料为增值税税控系统安装使用告知书。

3）相关事项

纳税人需要先完成发票核定和增值税专用发票（增值税税控系统）最高开票限额审批。初始发行完成后，纳税人联系服务单位上门服务。

（4）发票发放

1）适用范围

需要使用发票的纳税人。对已办理发票核定的纳税人，税务机关依据其申请，在核定范围内发放发票。

2）税务机关办理时限

纳税人报送资料齐全、符合法定形式、填写内容完整的即时办结。

3）报送资料

- 发票领购簿。
- 领用增值税专用发票、机动车销售统一发票和增值税普通发票的，应提供金税盘、税控盘、报税盘。
- 经办人身份证明（原件查验）。

4）相关事项

对首次领用发票的纳税人需要先完成发票核定，涉及增值税专用发票的需要完成增值税专用发票（增值税税控系统）最高开票限额审批；非首次领用发票的纳税人，需要先完成发票验旧；邮寄发票的纳税人需要签订邮寄协议。

（5）发票退回

已领取发票的纳税人，出现发票印制质量、发票发放错误、发票发放信息登记错误、纳税人领票信息电子数据丢失、税控设备故障等问题时，税务机关为纳税人办理退票。

1）办理时限

- 纳税人办理时限：相关事项发生后及时办理。
- 税务机关办理时限：纳税人报送资料齐全、符合法定形式的即时办结。

2）报送资料

- 发票领购簿。
- 退回增值税专用发票、机动车销售统一发票和增值税普通发票的，应提供金税盘、税控盘、报税盘。
- 未使用的空白发票。

2. 发票开具

（1）增值税专用发票的开具

发票开具

纳税人销售货物、提供应税劳务或发生应税行为，应当向索取增值税专用发票的购买方开具增值税专用发票。

自 2020 年 2 月 1 日起，所有小规模纳税人（其他个人除外）均可以选择使用增值税发票管理系统自行开具增值税专用发票。增值税小规模纳税人应当就开具增值税专用发票的销售额计算增值税应纳税额，并在规定的纳税申报期内向主管税务机关申报缴纳。

需要特别说明的是，自愿选择自行开具增值税专用发票的小规模纳税人，税务机关不再为其代开。自愿选择自行开具增值税专用发票的小规模纳税人销售其取得的不动产,需要开具增值税专用发票的,也由纳税人自行开具。

(2)增值税专用发票的开具要求

项目齐全,与实际交易相符;字迹清楚,不得压线、错格;发票联和抵扣联加盖发票专用章;按照增值税纳税义务的发生时间开具。同一张发票上可以同时开具不同税率、不同品名,如果销售货物、劳务或应税行为的内容较多,还可开具销货清单。

3. 发票认证

增值税发票认证是指通过增值税税控系统对增值税发票所包含的数据进行识别与确认。增值税一般纳税人取得2017年1月1日及以后开具的增值税专用发票、海关进口增值税专用缴款书、机动车销售统一发票、收费公路通行费增值税电子普通发票,取消认证确认、稽核比对、申报抵扣的期限。纳税人在进行增值税纳税申报时,应当通过本省(自治区、直辖市和计划单列市)增值税发票综合服务平台对上述扣税凭证信息进行用途确认。

(二)操作准备

① 做好领购发票的准备工作,申请领购发票。

② 开具发票前要确认开票类型、开票项目、开票日期、购买方信息、销售额等事项。

(三)任务要领

① 熟悉发票管理、账证设置的相关要求。能根据企业经营范围的需要领购发票,熟悉《发票管理办法》及《发票管理办法实施细则》的相关规定,独立完成增值税发票申领工作(含增值税普通发票、增值税专用发票和增值税电子发票)。

② 熟练掌握增值税发票的填开方法(含增值税普通发票、增值税专用发票和增值税电子发票)。

三、任务实施

(一)业务流程

1. 发票领购业务流程(见图1-3)

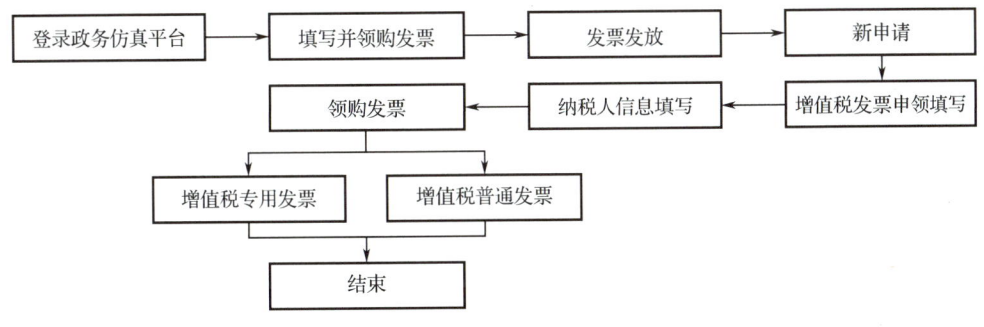

图1-3 发票领购业务流程

2. 发票开具业务流程（见图1-4）

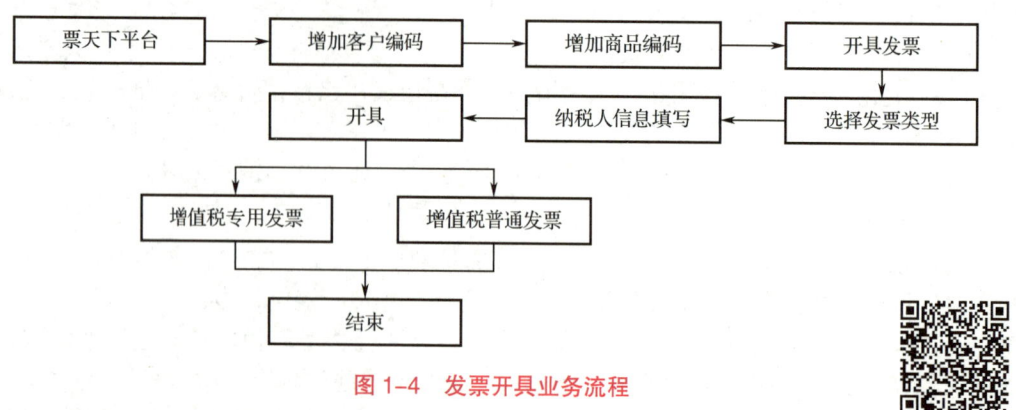

图1-4　发票开具业务流程

视频演示

（二）任务操作

步骤1　通过政务仿真平台初次领取增值税发票，填写发票申请和纳税人信息，申请发票。同时，通过票天下平台，单击"云开票—发票登记"，领购增值税专用发票50份、增值税普通发票20份。

步骤2　通过票天下平台的基础设置，依次增加客户编码，输入客户名称、纳税人识别号、地址、电话、开户行及账号，增加商品服务编码、商品服务名称、型号、计量单位、参考单价、税率。单击"发票开具"，选择发票类型，输入开票日期，选择"不含税"，输入商品名称、单价、数量，设置完成后开具发票。

四、任务评价

对于每一项任务，结合业务能力和评价指标，根据掌握情况在表1-4的自测结果相应的"□"中打"√"。自测结果共分为3类：A 掌握；B 基本掌握；C 未掌握。

表1-4　任务测评表

任务	业务能力	评价指标	自测结果	要求
发票管理	通过政务仿真平台初次领取增值税发票；通过票天下平台领用增值税专用发票50份、普通发票20份	能够依法办理发票领购手续	□A □B □C	发票领购准确无误
	通过票天下平台开具增值税普通发票	能够正确填开发票	□A □B □C	发票开具准确无误

五、任务拓展

（一）知识拓展

1. 已开具专用发票的作废

一般纳税人在开具专用发票当月，发生销货退回、开票有误等情形，收到退回的发票联、抵扣联符合作废条件的,按作废处理;开具时发现有误的,可即时作废。作废专用发票必须在增值税税控系统中将相应的数据电文按"作废"处理;在纸质专用发票(含未打印的增值税专用发票)各联次上注明"作废"字样,全联次留存。

2. 取得增值税专用发票后,发生退货或销售折让等情况的处理

已开具的增值税专用发票,如果发生销货退回、开票有误、应税行为终止,以及抵扣联、发票联均无法认证等情形但不符合作废条件,或者因销货部分退回及发生销售折让,需要开具红字专用发票的,则必须按以下方法处理。

① 增值税专用发票已交付购买方,购买方可在增值税税控系统中填开并上传开具红字增值税专用发票信息表(以下简称信息表)。信息表所对应的蓝字专用发票应经税务机关认证(所购货物或服务等不属于增值税扣税项目范围的除外)。经认证,结果为"认证相符"且已经抵扣增值税进项税额的,购买方在填开信息表时不填写相对应的蓝字专用发票信息,应暂依信息表所列增值税税额从当期进项税额中转出;未抵扣增值税进项税额的,可列入当期进项税额,待取得销售方开具的红字专用发票后,与信息表一并作为记账凭证。经认证,结果为"无法认证""纳税人识别号认证不符""专用发票代码、号码认证不符",以及所购货物或服务不属于增值税扣税项目范围的,购买方不列入进项税额,不做进项税额转出,填开信息表时应填写相对应的蓝字专用发票信息。

② 增值税专用发票尚未交付购买方或购买方拒收的,销售方应于增值税专用发票认证期限内在增值税税控系统中填开并上传信息表。主管税务机关通过网络接收纳税人上传的信息表,系统自动校验通过后,生成带有"红字发票信息表编号"的信息表,并将信息同步至纳税人端系统中。销售方凭税务机关校验通过的信息表开具红字专用发票,在增值税税控系统中以销项负数开具。红字专用发票应与信息表一一对应。

纳税人也可凭信息表电子信息或纸质资料到税务机关对信息表内容进行系统校验。

纳税人需要开具红字增值税普通发票的,可以在所对应的蓝字发票金额范围内开具多份红字发票。红字机动车销售统一发票必须与原蓝字机动车销售统一发票一一对应。

(二)操作拓展

1. 发票领购

拓展训练 1-1 12月11日,重庆清珂摩托车有限责任公司通过政务仿真平台为该公司领购增值税专用发票50份、增值税普通发票20份。

登录票天下平台,单击"云开票—发票登记",领购增值税专用发票50份、增值税普通发票20份。

2. 发票开具

拓展训练 1-2 2021年12月18日,重庆清珂摩托车有限责任公司向重庆一帆股份有限公司销售以下几类商品,并开具增值税专用发票,签订销售合同,已收到款项。通过票天下平台,完成增值税专用发票开具。增值税专用发票开具清单如表1-5所示。

表1-5 增值税专用发票开具清单

种 类	型 号	销售数量/辆	售价(不含税)/元
C型摩托车	150	20	12 000
D型摩托车	电动自行车	300	3 000

智能化税费核算与管理

登录票天下平台,单击"云开票—发票开具—新增",选择日期2021年12月18日、增值税专用发票、不含税,货物或应税劳务、服务名称选择"C型摩托车",规格型号选择150,数量输入20,售价输入12 000;货物或应税劳务、服务名称选择"D型摩托车",规格型号选择"电动自行车",数量输入300,售价输入3 000。

同步练习

陈鸿公司会计制度规定与期初余额

在线测试

单元二

增值税税务处理

↘ 思政目标

1. 树立正确的法制观，正确解读《增值税暂行条例》和《增值税暂行条例实施细则》等相关文件。
2. 增强民族自豪感，熟悉增值税税率持续下降的发展过程和税收优惠政策。
3. 培养严谨细致的工匠精神，准确计算增值税应纳税额。

↘ 知识目标

1. 熟悉增值税的征税范围、纳税人类型的划分、税目和税率等要素。
2. 掌握销项税额、进项税额、进口货物税额和出口退税的确定方法。
3. 熟悉增值税申报表结构和各表的逻辑关系。

↘ 技能目标

1. 能区分增值税一般纳税人和小规模纳税人；理清征税范围和税目；会准确判断征税对象，确定适用税率或征收率。
2. 熟练计算销项税额、进项税额、进口货物税额、出口退税额和应纳增值税税额。
3. 会处理视同销售、混合销售和兼营等增值税特殊涉税业务。
4. 能应用 1+X 智能财税平台完成增值税申报。

任务一　增值税的征税范围、征税对象、税目和税率的确定

一、任务情境

（一）任务场景

陈鸿公司 2021 年 11 月的增值税期末留抵税额为 29 150 元。2021 年 12 月，财税共享中心主要收到陈鸿公司以下业务相关资料。

① 2021 年 12 月 1 日，代理开具增值税普通发票。原始凭证如图 2-1 所示。

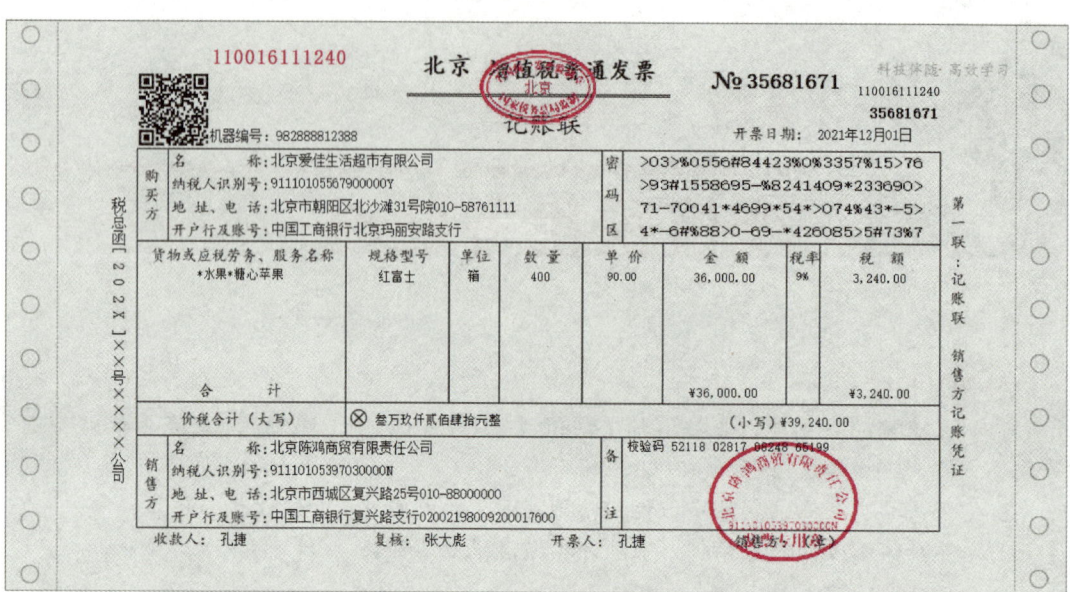

图 2-1　代理开具增值税普通发票

② 2021 年 12 月 1 日，代理开具增值税专用发票。原始凭证如图 2-2 所示。

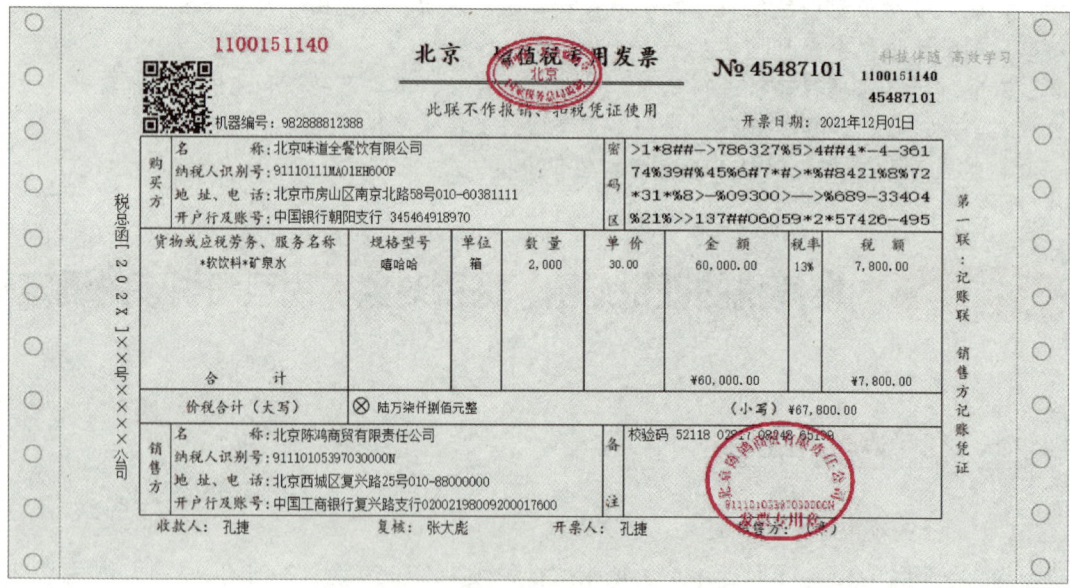

图 2-2　代理开具增值税专用发票

③ 2021 年 12 月 2 日，代理开具增值税电子普通发票。原始凭证如图 2-3 所示。

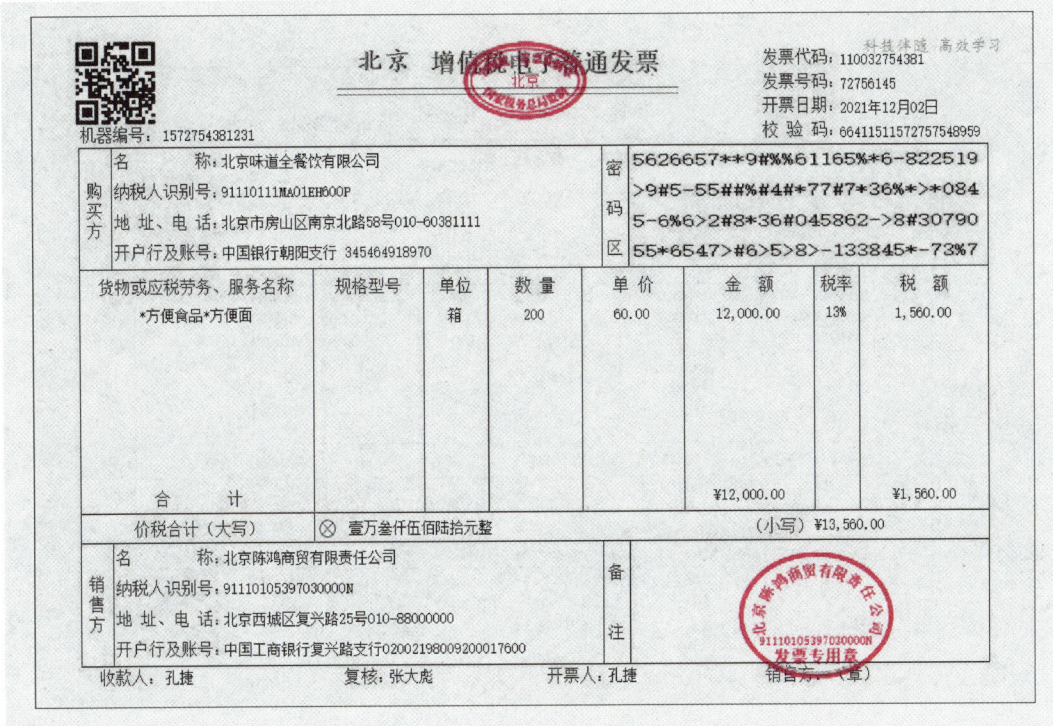

图 2-3　代理开具增值税电子普通发票

④ 2021 年 12 月 2 日，取得一张房屋租金增值税普通发票并以转账支票支付。原始凭证如图 2-4 所示。

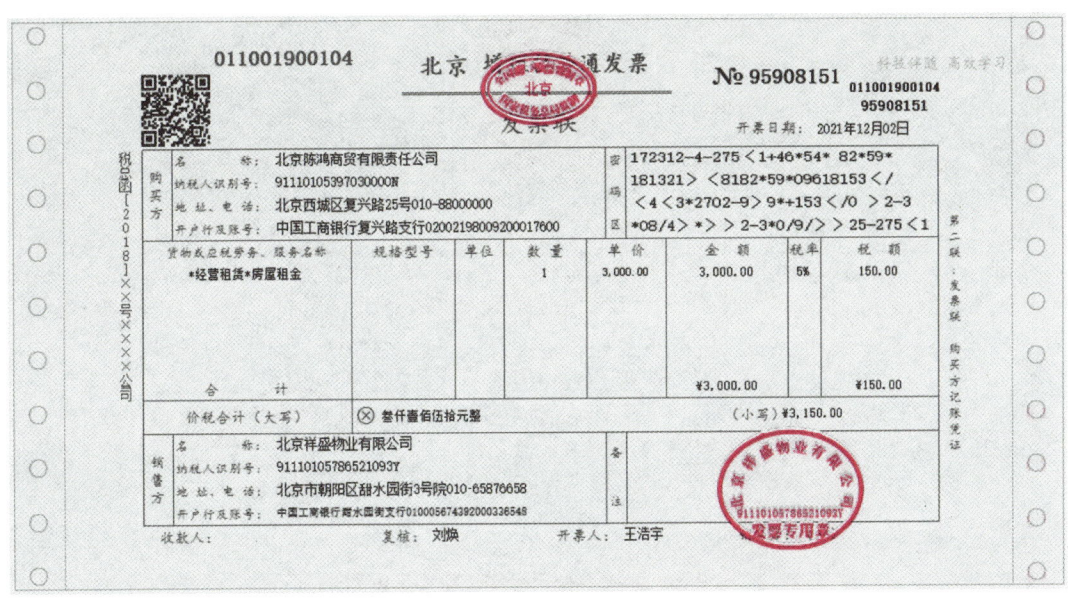

图 2-4　支付房租增值税普通发票

⑤ 2021年12月3日,由陈鸿公司自行给客户开具销售商品的增值税专用发票。原始凭证如图2-5所示。

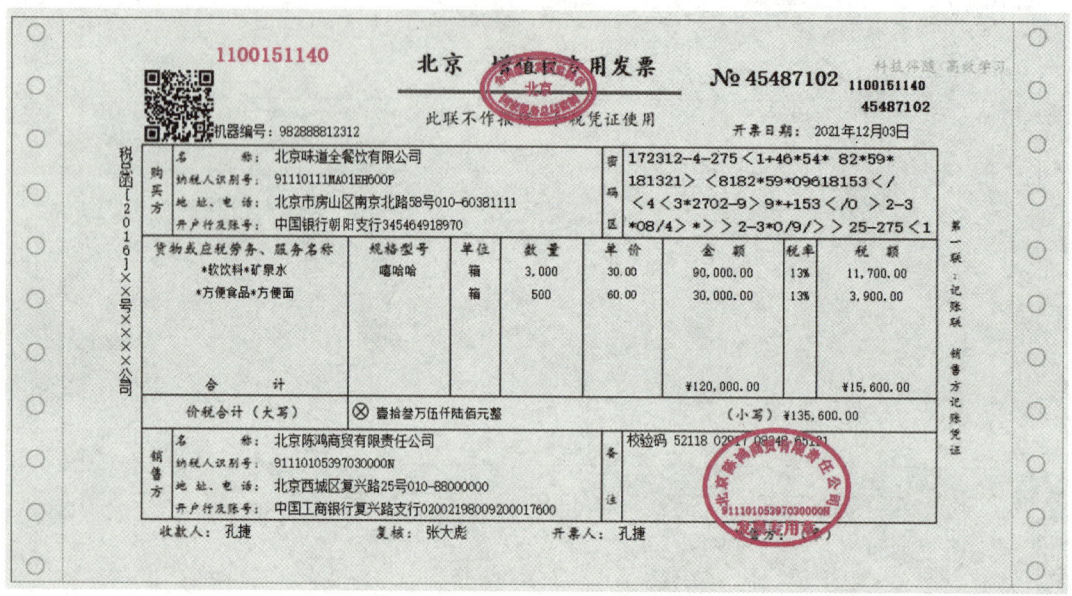

图2-5 销售商品增值税专用发票

⑥ 2021年12月3日,购入办公用品取得一张增值税普通发票并以现金支付。原始凭证如图2-6所示。

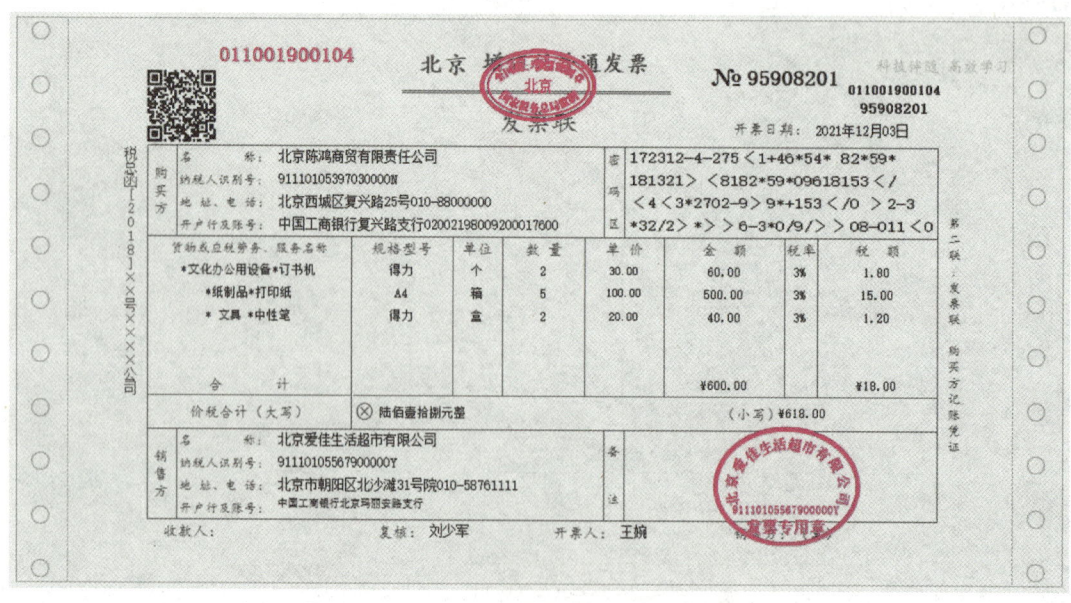

图2-6 购入办公用品增值税普通发票

⑦ 2021年12月9日，由陈鸿公司自行给客户开具销售商品增值税普通发票。原始凭证如图2-7所示。

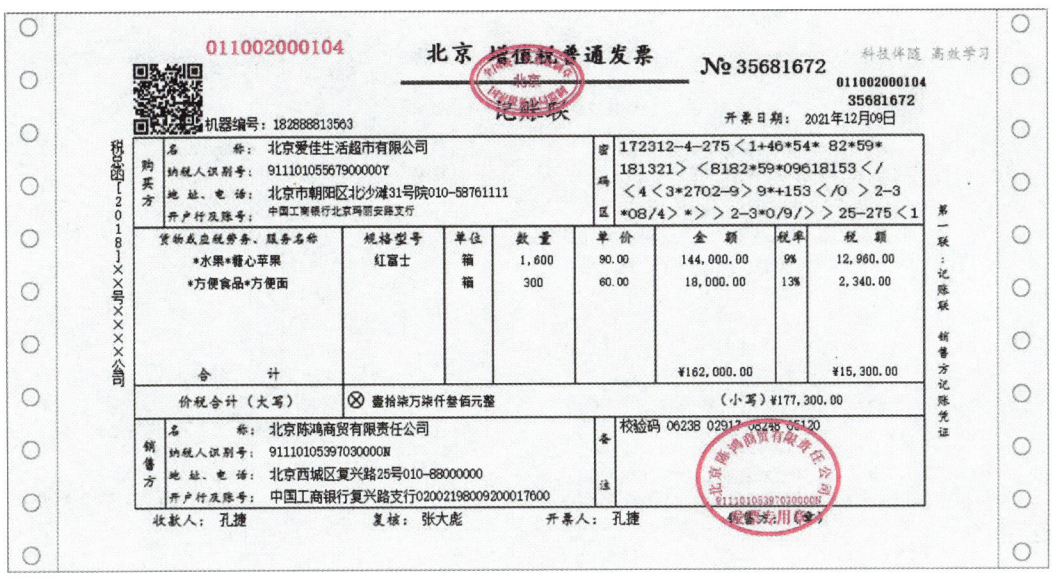

图2-7 销售商品增值税专用发票

⑧ 2021年12月9日，收到一张增值税电子普通发票报销业务招待费并以现金支付。原始凭证如图2-8所示。

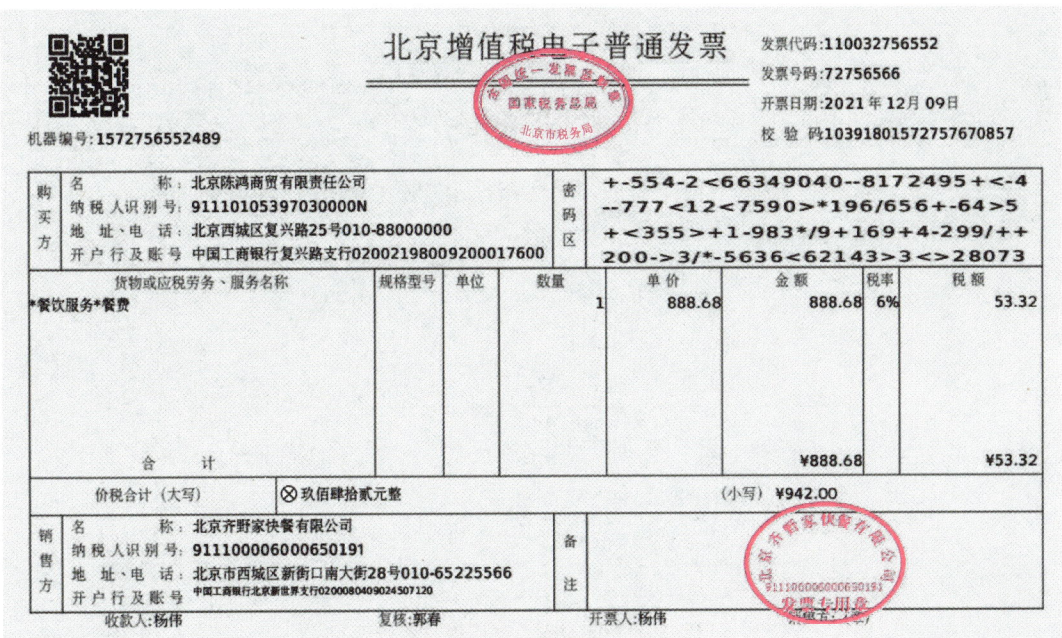

图2-8 报销业务招待费增值税电子普通发票

⑨ 2021年12月12日，由陈鸿公司自行给客户开具销售商品的增值税专用发票。原始凭证如图2-9所示。

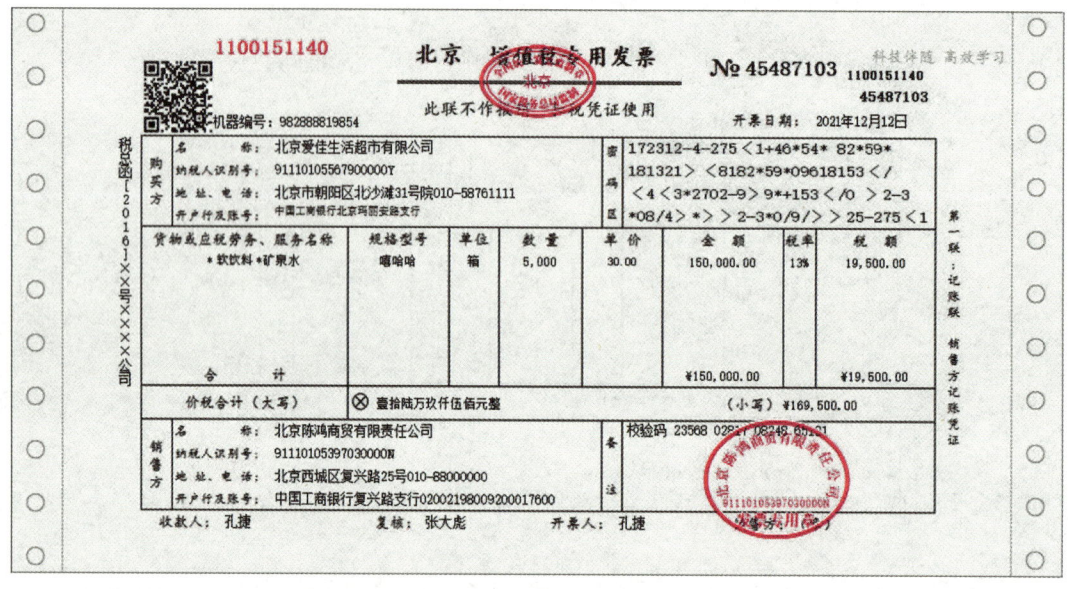

图2-9　销售商品增值税专用发票

⑩ 收到2021年12月13日采购商品的增值税专用发票。原始凭证如图2-10和图2-11所示。

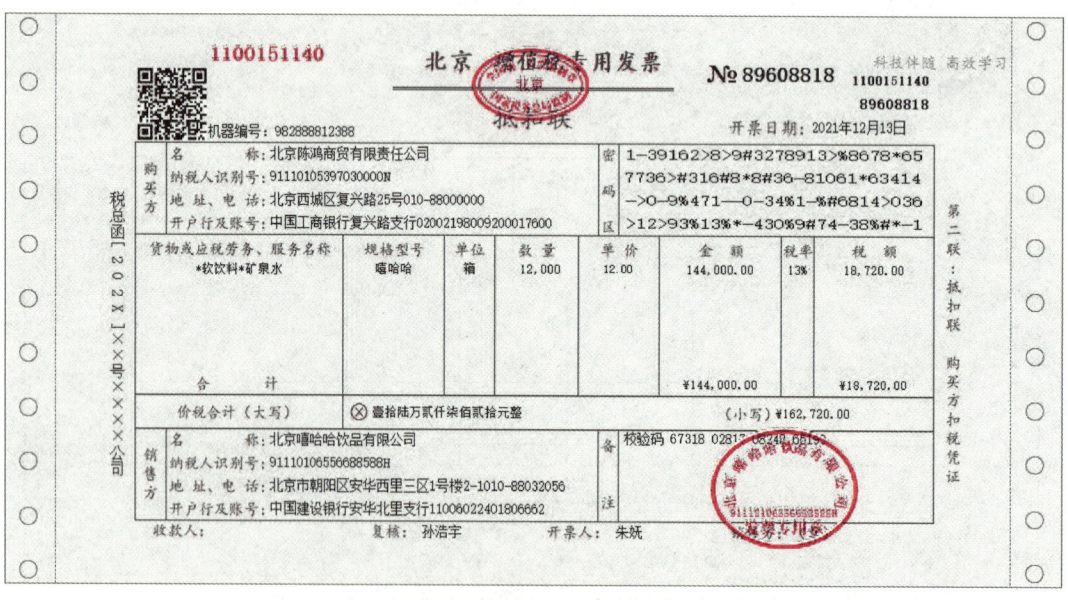

图2-10　采购商品增值税专用发票

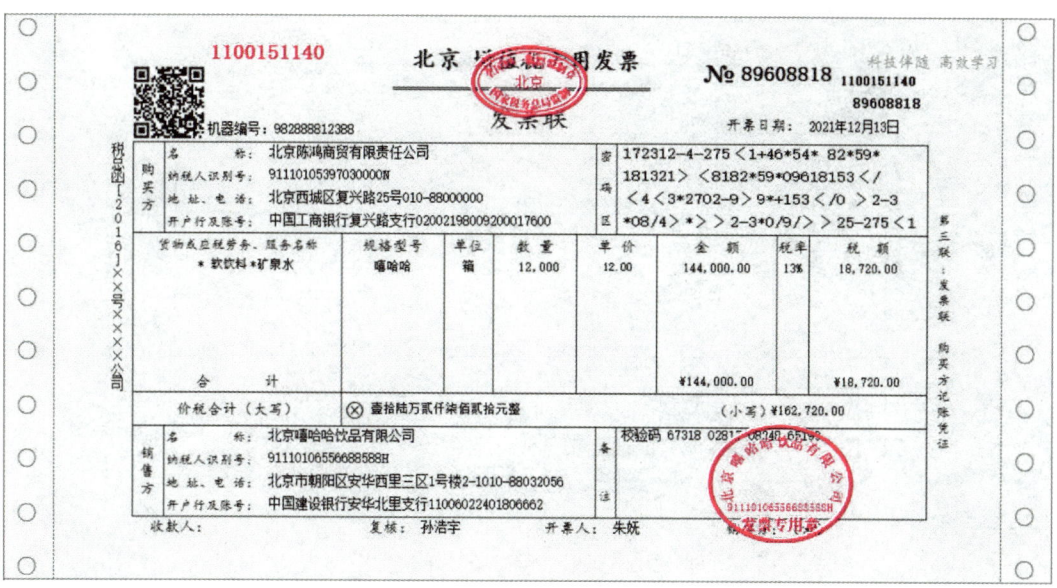

图 2-11 采购商品增值税专用发票

⑪收到 2021 年 12 月 17 日采购商品的增值税专用发票。原始凭证如图 2-12 和图 2-13 所示。

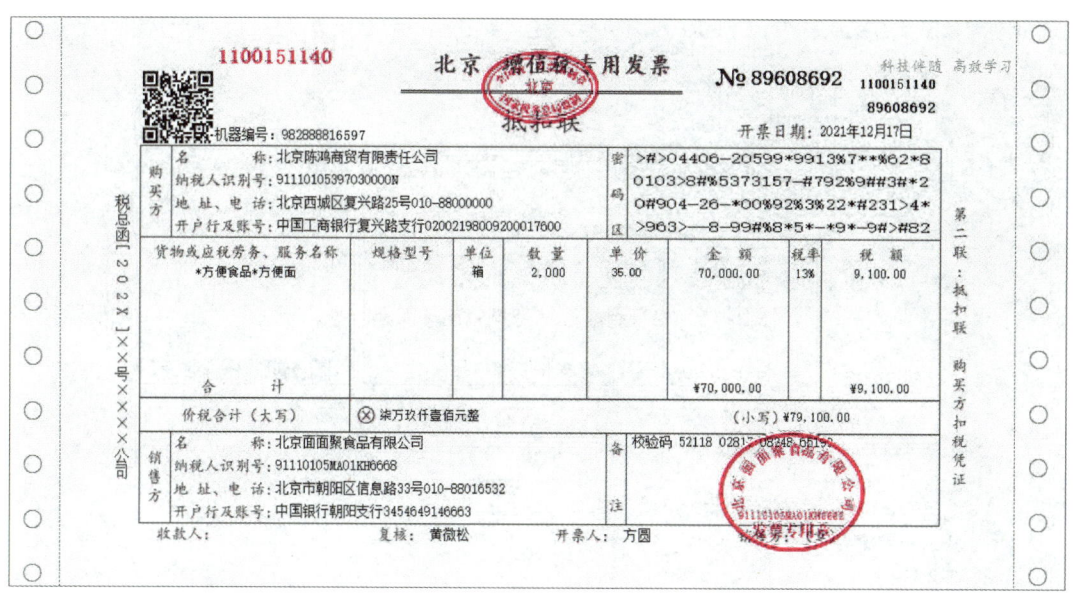

图 2-12 采购商品增值税专用发票

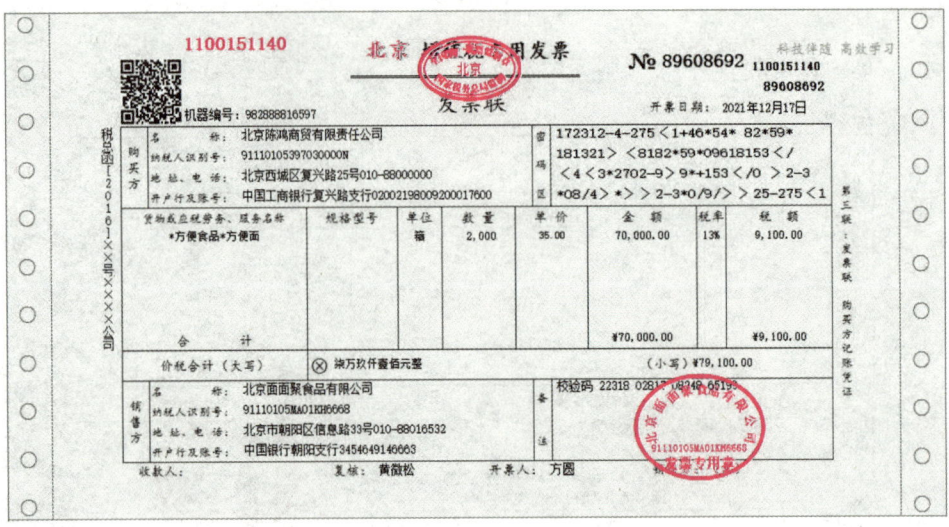

图 2-13　采购商品增值税专用发票

⑫ 2021 年 12 月 23 日，收到 2 张航空运输电子客票行程单和 1 张增值税普通发票（酒店住宿费），报销差旅费并以网上银行支付。原始凭证如图 2-14、图 2-15 和图 2-16 所示。

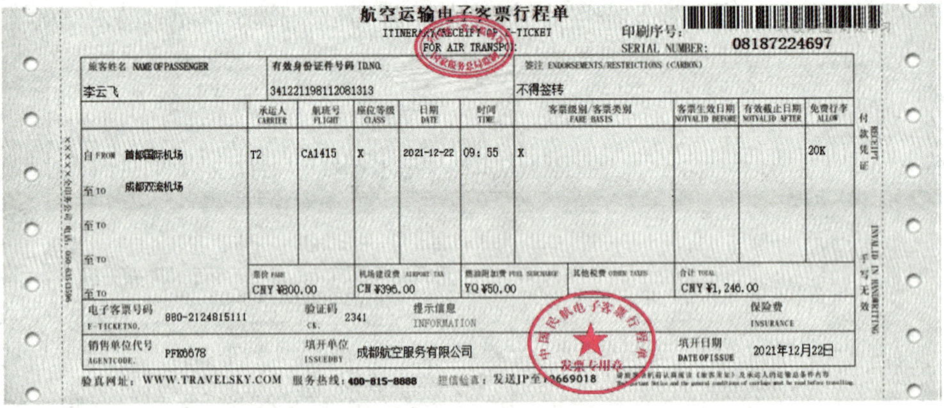

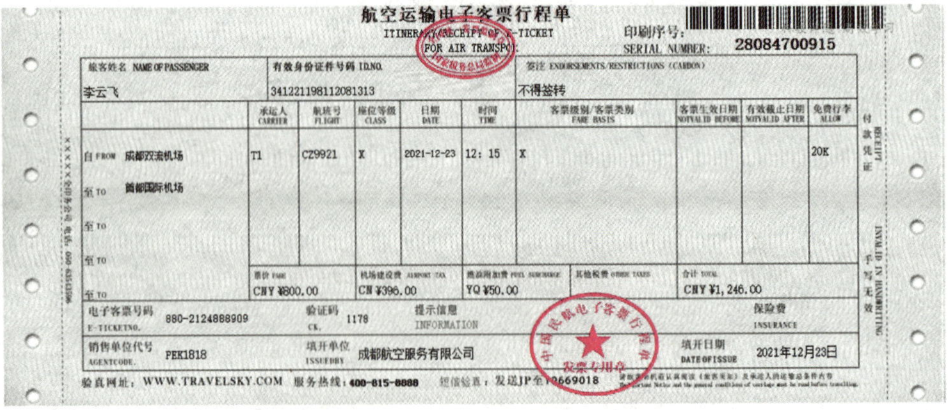

图 2-14　北京到成都航空运输电子客票行程单

图 2-15　成都到北京航空运输电子客票行程单

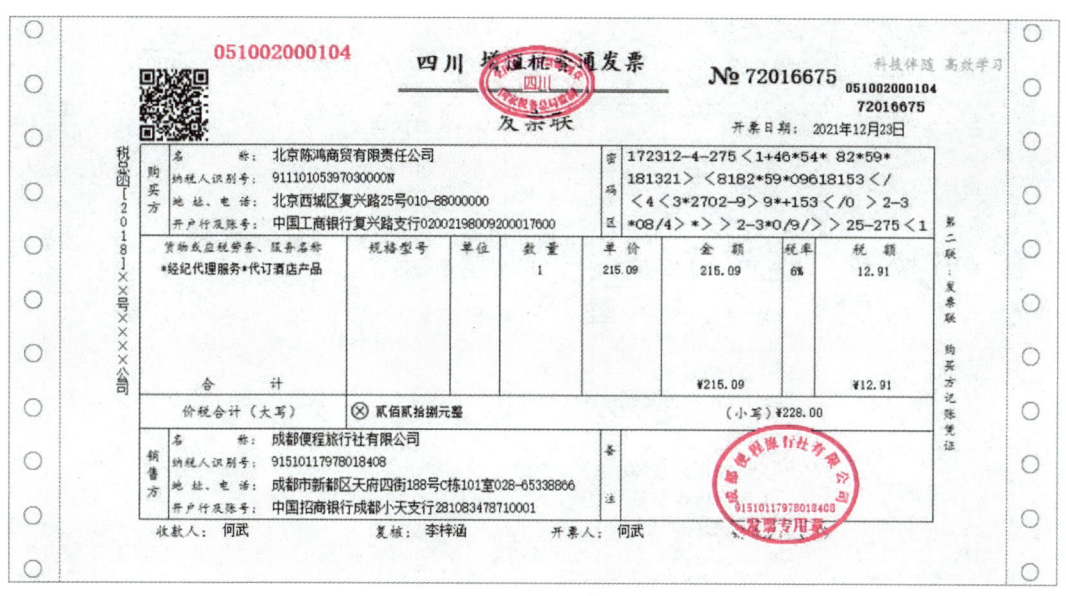

图 2-16 报销住宿费增值税普通发票

⑬根据公司经营信息预估在连续 12 个月内年应税销售额可达 600 万元。

（二）任务布置

① 判断陈鸿公司应缴纳的税种。
② 审核收到票据的合法性，判断是否属于增值税的纳税范围，对应税目是否准确。
③ 判断陈鸿公司的纳税人的类型。
④ 确定纳税义务的发生时间。
⑤ 确定陈鸿公司的增值税税率。

二、任务准备

（一）知识准备

1. 增值税的概念

增值税是以商品（含应税劳务、应税行为）在流转环节中实现的增值额作为计税依据而征收的一种流转税。

2. 增值税的征税范围

增值税的征税范围包括在我国境内销售或进口货物，提供加工、修理修配劳务及销售应税服务、无形资产或不动产。

一项经济行为是否需要缴纳增值税，主要满足以下几点：在我国境内、有偿、为他人、提供范围内的业务活动。

增值税的征税范围

(1) 一般规定（见表 2-1）

表 2-1 增值税征税范围的一般规定

征税范围		具体内容
销售货物		销售货物是指有偿转让货物的所有权。其中，货物是指有形动产，包括电力、热力、气体；有偿是指从购买方取得货币、货物或其他经济利益
进口货物		进口货物是指申报进入中国海关境内的应税货物，均属于增值税的征税范围。除享受免税政策的货物以外，在进口环节缴纳增值税
销售劳务		销售劳务是指有偿提供加工、修理修配劳务。加工、修理的对象为有形动产。加工劳务是指受托加工货物，即委托方提供原料及主要材料，受托方按照委托方的要求制造货物并收取加工费的业务 修理修配劳务是指受托方对损伤和丧失功能的货物进行修复，使其恢复原状和功能的业务
销售服务	交通运输服务	① 陆路运输服务：铁路运输和其他陆路运输；出租车公司收取的出租车管理费 ② 水路运输服务：远程运输程租和期租业务，而水路运输的光租业务属于现代服务业（租赁服务） ③ 航空运输服务：航空运输的湿租业务，而干租属于现代服务业（租赁服务）；航天运输（适用零税率） ④ 管道运输服务 ⑤ 无运输工具承运业务，已售票但客户逾期未消费取得的运输逾期票证收入，均按照交通运输服务缴纳增值税
	邮政服务	① 邮政普通服务：函件、包裹等邮件，邮票发行、报刊发行和邮政汇总等业务 ② 邮政特殊服务：义务兵平常信函、机要通信、盲人读物和革命烈士遗物的寄递等业务 ③ 其他邮政服务：邮册等邮品销售、邮政代理等业务
	电信服务	① 基础电信服务：利用固网、移动网等提供语音通话服务的业务活动，出租或出售带宽、波长等网络元素的业务 ② 增值电信服务：利用固网、移动网等提供短信和彩信服务、电子数据和信息的传输及应用服务、互联网接入服务等业务活动，卫星电视信号落地转接服务
	建筑服务	建筑服务包括工程服务、安装服务、修缮服务、装饰服务和其他建筑服务 ① 修缮服务是指对建筑物、构筑物进行修补、加固、养护、改善，使之恢复原来的使用价值或延长其使用期限的工程作业 ② 固定电话、有线电视、宽带、水、电、燃气、暖气等经营者向用户收取的安装费、初装费、开户费、扩容费及类似收费，按照安装服务缴纳增值税；物业服务企业为业主提供的装修服务，按照建筑服务缴纳增值税 ③ 其他建筑服务是指上列工程作业之外的各种工程作业服务，如钻井（打井）、拆除建筑物或构筑物、平整土地、园林绿化、疏浚（不包括航道疏浚）、建筑物平移、搭脚手架、爆破、矿山穿孔、表面附着物（包括岩层、土层、沙层等）剥离和清理等工程作业
	金融服务	金融服务包括贷款服务、直接收费金融服务、保险服务和金融商品转让 ① 贷款服务是指各种占用、拆借资金取得的收入，包括金融商品持有期间利息收入、信用卡透支利息收入、买入返售金融商品利息收入、融资融券收取的利息收入，以及融资性售后回租、押汇、罚息、票据贴现、转贷等业务取得的利息及利息性质的收入 ② 直接收费金融服务包括提供货币兑换、账户管理、电子银行、信用卡、信用证、财务担保、资产管理、信托管理、基金管理、金融交易场所（平台）管理、资金结算、资金清算、金融支付等服务 ③ 保险服务包括人身保险服务和财产保险服务 ④ 金融商品转让是指转让外汇、有价证券、非货物期货和其他金融商品所有权的业务活动 纳税人购入基金、信托、理财产品等各类资管产品持有至到期，不属于金融商品转让

(续表)

征税范围		具体内容
销售服务	现代服务	现代服务是指围绕制造业、文化产业、现代物流产业等提供技术性、知识性服务的业务活动，包括研发和技术服务、信息技术服务、文化创意服务、物流辅助服务、租赁服务、鉴证咨询服务、广播影视服务、商务辅助服务和其他现代服务 ① 研发和技术服务包括研发服务、合同能源管理服务、工程勘察勘探服务、专业技术服务。其中，专业技术服务是指气象服务、地震服务、海洋服务、测绘服务、城市规划、环境与生态监测服务等专项技术服务 ② 信息技术服务指利用计算机、通信网络等技术对信息进行生产、搜集、处理、加工、存储、运输、检索和利用，并提供信息服务的业务活动，包括软件服务、电路设计及测试服务、信息系统服务、业务流程管理服务和信息系统增值服务 ③ 文化创意服务包括设计服务、知识产权服务、广告服务和会议展览服务 ④ 物流辅助服务包括航空服务、港口码头服务、货运客运场站服务、打捞救助服务、装卸搬运服务、仓储服务和收派服务 ⑤ 租赁服务包括融资租赁和经营租赁。融资性售后回租不按照本税目缴纳增值税，属于金融保险税目。将建筑物、构筑物等不动产或飞机、车辆等有形动产的广告位出租给其他单位或个人用于发布广告，按照经营租赁服务缴纳增值税 ⑥ 鉴证咨询服务包括认证服务、鉴证服务和咨询服务。翻译服务和市场调查服务按咨询服务征税 ⑦ 广播影视服务包括广播影视节目（作品）的制作服务、发行服务和播映（含放映）服务 ⑧ 商务辅助服务包括企业管理服务（含物业管理）、经纪代理服务（含金融代理）、人力资源服务、安全保护服务。婚姻中介属于经纪代理服务，而婚庆服务属于生活服务（居民日常服务） ⑨ 其他现代服务是指上述服务以外的现代服务。纳税人对安装运行后的电梯提供的维护保养服务，按照其他现代服务缴纳增值税
	生活服务	生活服务是指为满足城乡居民日常生活需求提供的各类服务活动，包括文化体育服务、教育医疗服务、旅游娱乐服务、餐饮住宿服务、居民日常服务和其他生活服务 ① 文化体育服务是指为满足社会公众文化生活需求提供的各种服务，包括文艺创作、文艺表演、文化比赛，图书馆的图书和资料借阅，档案馆的档案管理，文物及非物质遗产保护，组织举办宗教活动、科技活动、文化活动，提供游览场所 纳税人在游览场所经营索道、摆渡车、电瓶车、游船等取得的收入，按照文化体育服务缴纳增值税 ② 各类培训、演讲、讲座、报告会等属于教育医疗服务 ③ 旅游娱乐服务包括旅游服务和娱乐服务。娱乐服务是指为娱乐活动同时提供场所和服务的业务，具体包括歌厅、舞厅、夜总会、酒吧、台球、高尔夫球、保龄球、游艺（包括射击、狩猎、跑马、游戏机、蹦极、卡丁车、热气球、动力伞、射箭、飞镖）
销售无形资产		销售无形资产是指转让无形资产所有权或使用权的业务活动。无形资产包括技术、商标、著作权、商誉、自然资源使用权和其他权益性无形资产
销售不动产		销售不动产是指有偿转让不动产所有权的行为。不动产是指不能移动，移动后会引起性质、形状改变的财产，包括建筑物、构筑物等。单独转让土地使用权按照销售无形资产缴纳增值税；转让不动产时一并转让其所占土地的使用权的，按照销售不动产缴纳增值税

（2）视同销售

① 将货物交付其他单位或个人代销。

② 销售代销货物。在委托代销业务中，委托方对委托代销行为和受托方受托销售行为均视同销售。委托方收到代销清单或者收到全部或部分货款的当天为纳税义务发生时间，未收到代销清单或货款的在发出代销货物满180天的当天确认销售。受托方取得的代销手

续费，按现代服务业征税。作为受托方必须取得委托方的增值税专用发票时才可以抵扣。

③ 总分机构不在同一县市，将货物从一个机构移送其他机构用于销售的。

④ 将自产或委托加工的货物用于非应税项目。

⑤ 将自产或委托加工的货物用于集体福利或个人消费。

⑥ 将自产、委托加工或购进的货物作为投资，提供给其他单位或个体工商户。

⑦ 将自产、委托加工或购进的货物分配给股东或投资者。

⑧ 将自产、委托加工或购进的货物无偿赠送其他单位或个人。

⑨ 单位和个体工商户向其他单位或个人无偿提供应税服务，无偿转让无形资产或不动产。但以公益事业或以社会公众为对象的除外。

⑩ 财政部和国家税务总局规定的其他情形。

（3）混合销售行为与兼营行为

① 混合销售行为。混合销售行为必须是一项销售行为，该行为必须既涉及销售，又涉及应税行为。

混合销售与兼营行为

② 兼营行为。兼营不同税率或征收率的应税行业，从高适用税率。

二者的区别如表 2-2 所示。

表 2-2　混合销售行为与兼营行为的区别

销售行为	行为特征	判定标准	税务处理	典型案例
混合销售行为	一项销售行为	经营主体从事货物生产、批发或零售	按销售货物缴纳增值税	超市销售货物同时提供送货上门服务
		经营主体从事其他行业	按销售服务缴纳增值税	娱乐场所提供娱乐服务同时销售烟、酒、饮料
兼营行为	多元化经营	增值税不同税目混业经营，不发生在同一项销售行为中	分别核算分别缴纳；未分别核算从高适用税率	商场销售商品，并经营美食城

（4）不征收增值税的行为

1）非营业活动

非营业活动包括：行政单位收取的满足条件的政府性基金或行政事业性收费；单位或个体工商户聘用的员工为本单位或雇主提供取得工资的服务；单位或个体工商户为聘用的员工提供服务。

2）非在境内提供应税服务

非在境内提供应税服务包括：境外单位或个人向境内单位或个人销售完全在境外发生的服务；境外单位或个人向境内单位或个人销售完全在境外使用的无形资产；境外单位或个人向境内单位或个人出租完全在境外使用的有形动产。可见在这种情况下，服务的提供方在境外并完全在境外发生或使用。

3）其他不征收增值税的项目

其他不征收增值税的项目包括：根据国家指令无偿提供的铁路运输服务、航空运输服务，属于《营业税改征增值税试点实施办法》规定的用于公益事业的服务；存款利息；被保险人获得的保险赔付；房地产主管部门或其指定机构、公积金管理中心、开发企业及物业管理单位代收的住宅专项维修资金。

3.增值税纳税人和扣缴义务人

（1）增值税纳税人和扣缴义务人的基本规定（见表2-3）

表2-3　增值税的纳税人和扣缴义务人的基本规定

增值税纳税人和扣缴义务人	基本规定
增值税纳税人	凡在境内销售货物或提供加工、修理修配劳务，销售服务、无形资产、不动产及进口货物的单位和个人为增值税的纳税人
扣缴义务人	① 境外单位或个人在境内销售劳务，在境内未设有经营机构的，以其境内代理人为扣缴义务人；在境内没有代理人的，以购买方为扣缴义务人 ② 境外的单位或个人在境内销售服务、无形资产、不动产，在境内未设有经营机构的，以购买方为增值税扣缴义务人。财政部和国家税务总局另有规定的除外

（2）一般纳税人和小规模纳税人的登记

增值税纳税人按会计核算水平和经营规模分为一般纳税人与小规模纳税人两类纳税人，分别采取不同的登记管理办法。

增值税纳税人的分类及依据如表2-4所示。

一般纳税人与小规模纳税人的区别

表2-4　增值税纳税人的分类及依据

年应税销售额	纳税人类型
年应税销售额在500万元及以下	① 一般情况下是小规模纳税人 ② 会计核算健全、能提供准确税务资料的可以登记为一般纳税人
年应税销售额超过500万元	① 一般情况下工业企业、商业企业及发生应税行为的纳税人年应税销售额超过小规模纳税人标准的企业和企业性单位应当向税务机关办理一般纳税人登记 ② 特殊情况： ● 个体工商户以外的其他个人（自然人），只能按小规模纳税人纳税 ● 非企业性单位、不能经常发生应税行为的单位、个体工商户可以选择按小规模纳税人纳税

纳税人登记为一般纳税人后，不得转为小规模纳税人，国家税务总局另有规定的除外。

4.纳税义务发生时间

纳税人发生应税销售行为，其纳税义务发生时间为收到销售款或取得销售款凭据的当天；先开具发票的，为开具发票的当天；进口货物为报关进口的当天。增值税扣缴义务发生时间为纳税人增值税纳税义务发生的当天。

增值税纳税义务发生时间的具体规定如表2-5所示。

表2-5　增值税纳税义务发生时间的具体规定

结算方式		纳税义务发生时间
采取直接收款方式销售货物		不论货物是否发出，均为收到销售款或取得销售款凭据的当天
采取托收承付和委托银行收款方式销售货物		发出货物并办妥托收手续的当天
预收款	采取预收货款方式销售货物	货物发出的当天。但生产销售工期超过12个月的大型机械设备、船舶、飞机等货物，为收到预收款或书面合同约定的收款日期的当天
	销售租赁服务采取预收款方式	收到预收款的当天

(续表)

结算方式	纳税义务发生时间
从事金融商品转让	金融商品所有权转移的当天
采取赊销和分期收款方式销售货物	书面合同约定的收款日期的当天；无书面合同的或书面合同没有约定收款日期的，为货物发出的当天
委托其他纳税人代销货物	下列时间中的最早者： ① 收到代销单位的代销清单的当天 ② 发出代销货物满 180 天的当天 ③ 收到全部或部分货款的当天
发生视同销售货物行为（委托他人代销货物、销售代销货物除外）	货物移送的当天
发生视同销售服务、无形资产或不动产情形	服务、无形资产转让完成的当天或不动产权属变更的当天
纳税人提供建筑服务，被工程发包方从应支付的工程款中扣押的质押金、保证金，未开具发票的	纳税人实际收到质押金、保证金的当天

5. 增值税税率与征收率

（1）基本税率

增值税一般纳税人基本税率有 13%、9% 和 6%，如表 2-6 所示。

表 2-6　增值税基本税率

税率类型	税　率	适用范围
基本税率	13%	销售或进口货物、提供应税劳务、提供动产租赁服务
	9%	提供交通运输服务、邮政服务、基础电信服务、建筑服务、不动产租赁服务，销售不动产，转让土地使用权
	6%	提供现代服务（租赁除外）、增值电信服务、金融服务、生活服务、销售无形资产（转让土地使用权除外）

（2）低税率

增值税一般纳税人销售或进口下列货物，适用 9% 的税率。

① 粮食等农产品、食用植物油、食盐、鲜奶（含巴氏杀菌乳和灭菌乳，不含调制乳）等。

② 自来水、暖气、冷气、热水、煤气、石油液化气、天然气、二甲醚、沼气、居民用煤炭制品。

③ 图书、报纸、杂志。

④ 饲料（包括宠物饲料）、化肥、农药、农机（整机）、农膜。

⑤ 国务院规定的其他货物，包括音像制品、电子出版物等。

（3）零税率

增值税纳税人的下列情形实行零税率。

① 境内单位和个人提供的国际运输服务。

② 航天运输服务。

③ 向境外单位提供完全在境外消费的服务。
④ 纳税人出口货物、劳务，税率为0。但是，国务院另有规定的除外。
⑤ 境内单位和个人跨境销售国务院规定范围内的服务、无形资产，税率为0。

（二）操作准备

① 查看陈鸿公司的会计核算是否健全。
② 了解陈鸿公司能否提供准确的税务资料。

（三）任务要领

① 理清业务所涉及的范围，准确判断税目，以便确认适用税率。
② 准确界定纳税义务的纳税时间。

三、任务实施

① 根据《增值税暂行条例》对增值税的概念的界定，陈鸿公司主要销售的方便面、矿泉水、糖心苹果等商品属于货物，应该缴纳增值税。

② 根据《增值税暂行条例》关于征税范围的规定，结合业务①至③、⑤、⑦和⑨，陈鸿公司涉及的商品或劳务类型主要是方便面、矿泉水、糖心苹果等货物，属于增值税的纳税范围。其中，方便面和矿泉水是普通货物，对应税率13%的货物税目；糖心苹果是农产品，对应税率9%的货物税目。因此业务①至③、⑤、⑦和⑨所开具的票据是合规的。

③ 根据《增值税暂行条例》对纳税人类型的规定，陈鸿公司会计核算制度健全，能够准确提供税务资料。同时，未来预计在连续12个月内年应税销售额为600万元，满足增值税一般纳税人资格登记条件，故应该向税务机关办理增值税一般纳税人资格登记。

④ 根据《增值税暂行条例》对纳税义务发生时间的规定，结合业务①至③、⑤、⑦和⑨，陈鸿公司代理开具和自己开具的发票均应在当月确认纳税义务。

⑤ 陈鸿公司销售方便面和矿泉水是普通货物，按基本税率13%征收；糖心苹果是农产品，按低税率9%征收。

四、任务评价

对于每一项任务，结合业务能力和评价指标，根据掌握情况在表2-7的自测结果相应的"□"中打"√"。自测结果共分为3类：A掌握；B基本掌握；C未掌握。

表2-7　任务测评表

任　务	任务布置	评价指标	自测结果	要　求
增值税的征税范围、征税对象、税目和税率的确定	判断陈鸿公司应缴纳的税种	明确什么是增值税	□A □B □C	了解增值税的概念
	审核收到票据的合法性；判断是否属于增值税的纳税范围；对应税目是否准确	① 货物、劳务、服务、无形资产和不动产分别对应哪些税目 ② 哪些是特殊的征税范围	□A □B □C	能够判断是否属于增值税征税范围，能区分特殊征税范围

(续表)

任 务	任务布置	评价指标	自测结果	要 求
增值税的征税范围、征税对象、税目和税率的确定	判断陈鸿公司的纳税人类型	判断陈鸿公司的纳税人类型	□A □B □C	能够区分增值一般纳税人和小规模纳税人
	确认纳税义务发生时间	①本月未开发票已出货，是否确认纳税义务 ②已开票未出货是否确认纳税义务	□A □B □C	能准确认纳税义务的发生时间
	确定陈鸿公司的增值税税率	①确定货物、劳务、服务、无形资产和不动产分别对应的税目所适用的税率 ②确定特定业务的增值税税率和征收率	□A □B □C	会正确应用增值税基本税率、低税率、零税率和征收率

五、任务拓展

（一）视同销售行为

1. 特定用途的相关业务

自产或委托加工货物的去向范围大于外购货物的去向范围：自产或委托加工的货物可用于投资、分配、赠送、集体福利、个人消费；外购的货物只有用于投资、分配、赠送才视同销售。例如，A公司将自产或委托加工货物用于集体福利视同销售；A公司将外购货物用于集体福利不视同销售。

2. 移送相关业务

相关机构设在同一县（市）的货物移送行为不视同销售，跨县（市）的货物移送行为才视同销售。例如，B公司将位于重庆市的货物移送到广州市用于销售视同销售，B公司将位于重庆市的货物移送到重庆市的荣昌区用于销售不视同销售。

3. 无偿相关业务

相关的服务、无形资产或不动产用于公益事业或以社会公众为对象的不视同销售；其余情况视同销售。例如，C公司无偿为关联企业D公司提供货物运输服务视同销售，C公司无偿为灾区提供货物运输服务不视同销售。

（二）思政教育

1. 增强民族自豪感，熟悉增值税税收优惠政策

2. 树立正确的法制观

正确解读《增值税暂行条例》和《增值税暂行条例实施细则》等相关文件。

增值税税收优惠政策

相关文件

单元二 增值税税务处理

任务二　增值税一般纳税人销项税额的计算

一、任务情境

（一）任务场景

见任务一"任务场景"中的业务①至③、⑤、⑦、⑨和⑬。

（二）任务布置

① 确定陈鸿公司的销售额。
② 计算陈鸿公司的销项税额。

二、任务准备

（一）知识准备

1. 销售额的确定
（1）一般销售方式下销售额的确定

销售额是指纳税人发生应税销售行为时向购买方（承受劳务和服务行为也视为购买方）收取的全部价款和价外费用，但不包括收取的销项税额。

价外费用包括价外向购买方收取的手续费、补贴、基金、集资费、返还利润、奖励费、违约金、滞纳金、延期付款利息、赔偿金、代收款项、代垫款项、包装费、包装物租金、储备费、优质费、运输装卸费及其他各种性质的价外收费。

价外费用不包括以下各项。

① 向购买方收取的销项税额。
② 受托加工应征消费税的消费品所代收代缴的消费税。
③ 同时符合以下条件的代垫运费：承运者的运费发票开给购买方；纳税人将该项发票转交给购买方。
④ 同时符合一定条件代为收取的政府性基金或行政事业性收费：由国务院或财政部批准设立的政府性基金，或者由国务院或省级人民政府及其财政、主管部门批准设立的行政事业性收费；收取时开具省级以上财政部门印制的财政票据；所收款项全额上缴财政。
⑤ 销售货物的同时代办保险等而向购买方收取的保险费，以及向购买方收取的代购买方缴纳的车辆购置税、车辆牌照费。
⑥ 以委托方名义开具发票代委托方收取的款项。

零售价格和价外费用中包含有销项税额，需要将其转换为不含税销售额时，可使用公式"不含税销售额＝含税销售额÷（1+适用税率）"。

（2）视同发生应税销售行为的销售额确定

纳税人发生应税销售行为的情形，价格明显偏低且无正当理由的，或者发生应税销售行为而无销售额的，由主管税务机关按照下列顺序核定销售额。

① 按照纳税人最近时期销售同类货物或应税行为的平均价格确定。
② 按照其他纳税人最近时期销售同类货物或应税行为的平均价格确定。
③ 按照组成计税价格确定。

组成计税价格的公式如下。

① 不涉及应税消费品：

$$组成计税价格 = 成本 \times (1+成本利润率)$$
$$= 成本 + 利润$$

② 涉及应税消费品：

$$组成计税价格 = 成本 \times (1+成本利润率) + 消费税税额$$
$$= 成本 + 利润 + 消费税税额$$

（3）特殊销售方式下销售额的确定

① 包装物押金的税务处理如表2-8所示。

特殊销售额的确定

表2-8 包装物押金的税务处理

所包装货物种类	税务处理
啤酒、黄酒以外的酒	无论是否返还及会计上如何核算，均应在收到押金时并入当期销售额征税
啤酒、黄酒和其他非酒类产品	按一般押金的规定处理，逾期时并入征税

说明：①"逾期"是指合同约定或虽没约定但已超过1年，对收取1年以上的押金，无论是否退还均并入销售额征税。
②注意押金和租金的区别，租金属于价外费用。
③押金一般为含税收入，要换算为不含税价计算。
④押金按所包装货物种类的适用税率计算销项税额。

② 折扣方式销售的税务处理如表2-9所示。

表2-9 折扣方式销售的税务处理

折扣方式	定义	税务处理
折扣销售（商业折扣）	销售方在发生应税销售行为时，因购买方购货数量较大等原因而给予购买方的价格优惠	① 销售额和折扣额在同一张发票"金额"栏上分别注明，按折扣后的余额计税 ② 将折扣额另开发票，按折扣前的金额作为销售额计税，即折扣额不得从销售额中减除 ③ 将折扣额在同一张发票的"备注"栏上注明，按折扣前的金额作为销售额计税，即折扣额不得从销售额中减除
销售折扣（现金折扣）	销售方在发生应税销售行为后，为了鼓励购买方及早偿还货款而协议许诺给予购买方的一种折扣优待	实质是融资性质的理财费用。销售折扣不得从销售额中减除，按折扣前的金额计税
销售折让	企业因售出商品的质量不合格等原因在售价上给予的减让	折让后的价款为销售额。可能通过开具红字增值税发票从销售额中减除

③ 以旧换新方式。金银首饰以旧换新销售的，按销售方实际收取的不含增值税的全

部价款确定销售额;非金银首饰以旧换新销售的,按新货物的同期销售价格确定销售额,不得扣减旧货物的收购价格。

④ 以物易物方式。以物易物双方都应做购销处理:以各自发出的货物核算销售额并计算销项税额;以各自收到的货物按规定核算购货额并计算进项税额。

⑤ 还本销售方式。还本销售是指纳税人在销售货物后,到一定期限由销售方一次或分次退还给购买方全部或部分价款。在还本销售方式中,销售额就是货物的销售价格,不得从销售额中减除还本支出。

⑥ 差额计税情况下的税务处理如表 2-10 所示。

表 2-10 差额计税情况下的税务处理

项 目	计算公式	适用范围
经纪代理服务	销售额 = 全部价款和价外费用 - 向委托方收取并代为支付的政府性基金或行政事业性收费	适用于一般纳税人
航空运输企业	销售额 = 全部价款和价外费用 - 代收的机场建设费和代售其他航空运输企业客票而代收转付的价款	
客运站服务	销售额 = 全部价款和价外费用 - 支付给承运方运费	
金融商品转让	销售额 = 卖出价 - 买入价 如果上期交易额为负差,则还应当减除上期负差。如果年末时仍出现负差,则不得结转至下一会计年度	适用一般纳税人,但不得开具增值税专用发票
旅游服务	销售额 = 全部价款 + 价外费用 - 住宿费、餐饮费、交通费、签证费、门票费、地接费	
销售不动产	销售额 = 全部价款 + 价外费用 - 土地出让金	适用房地产开发企业中的一般纳税人(选择简易计税方法的房地产老项目除外)
建筑服务	销售额 = 全部价款 + 价外费用 - 支付的分包费	适用执行简易征收办法的纳税人

2. 从全部价款和价外费用中扣除价款的规定

从全部价款和价外费用中扣除的价款,应该提供符合规定的凭证,否则不得扣除。其具体凭证如下。

① 支付给境内单位或个人的款项,以发票为合法有效凭证。

② 支付给境外单位或个人的款项,以该单位或个人的签收单据为合法有效凭证(税务机关对签收单据有疑义的,可以要求其提供境外公证机构的确认证明)。

③ 缴纳的税款,以完税凭证为合法有效凭证。

④ 扣除政府性基金、行政事业性收费或向政府支付的土地价款,以省级以上财政部门监制的财政票据为合法有效凭证。

⑤ 国家税务总局规定的其他凭证。

3. 增值税税额的计算

增值税的计税方法有 3 种,如表 2-11 所示。

智能化税费核算与管理

表 2-11　增值税计税方法

计税方法	适用纳税人	计算公式
一般计税方法	一般纳税人	当期应纳增值税税额＝当期销项税额－当期进项税额 当期销项税额＝不含税增值税销售额×适用税率 ＝含税增值税销售额÷（1+适用税率）×适用税率
简易计税方法	小规模纳税人 一般纳税人的特定情形	当期应纳增值税税额＝当期不含税增值税销售额×征收率 ＝含税增值税销售额÷（1+征收率）×征收率
扣缴计税方法	扣缴义务人	应扣缴增值税税额＝购买方支付的价款÷（1+适用税率）×适用税率

（二）操作准备

整理归类各种销售情形。

（三）任务要领

① 价外费用的确定。
② 特殊销售情形下的销售额确定。

三、任务实施

① 结合增值税税控系统导出数据，对陈鸿公司的销售情况进行统计，如表 2-12 所示。

表 2-12　陈鸿公司的销售情况统计　　　　　　　　　　　　　　元

征税项目	金　　额	销项税额	备注
13% 税率的货物及加工修理修配劳务	60 000+12 000 +120 000+18 000 +150 000=360 000	7 800+1 560 +15 600+2 340 +19 500=46 800	销售
9% 税率的货物及加工修理修配劳务	36 000+144 000=180 000	3 240+12 960=16 200	销售

② 计算陈鸿公司的销项税额。

根据表 2-12，本期销项税额 =7 800+1 560+15 600+2 340+19 500+3 240+12 960=63 000（元）。

四、任务评价

对于每一项任务，结合业务能力和评价指标，根据掌握情况在表 2-13 的自测结果相应的"□"中打"√"。自测结果共分为 3 类：A 掌握；B 基本掌握；C 未掌握。

表 2-13　任务测评表

任务	任务布置	评价指标	自测结果	要　　求
一般纳税人销项税额的计算	确认陈鸿公司的销售额	① 一般销售方式下的销售额的确定 ② 视同销售有哪些情况 ③ 特殊方式下销售额的确定	□A □B □C	能准确计算销售额
	计算陈鸿公司的销项税额	① 会换算不含税销售额 ② 掌握销项税额的计算公式	□A □B □C	熟练掌握销项税额的计算方法

单元二 增值税税务处理

五、任务拓展

（一）判断销售价款是否含税的方法（见表2-14）

表2-14 判断销售价款是否含税的方法（通常情况下）

含税价	不含税价
① 商业企业零售价 ② 普通发票中注明的价款 ③ 价外费用 ④ 需要并入销售额一并纳税的包装物押金 ⑤ 除右框中指明不含税的情况外的其他没有明确说明不含税的情况	① 增值税专用发票上注明的金额 ② 机动车销售统一发票上注明的金额 ③ 海关进口增值税专用缴款书上注明的金额 ④ 代扣代缴税款的完税凭证上注明的金额 ⑤ 按规定抵扣了进项税额的货物的成本

（二）特殊销售方式下的销项税额的计算

拓展训练 2-1 重庆辰辰有限公司是增值税一般纳税人，主营发动机配件销售。2021年12月，为了拓展市场，决定采取商业折扣方式，对一次性购买1 000件的，给予1%折扣；购买3 000件的，给予2%折扣。正常不含税销售价格为50元/件。现在重庆发达公司开来支票购买3 000件。发动机配件的增值税税率为13%，计算该笔业务的不含税销售额及销项税额。

不含税销售额=3 000×50×98%=147 000（元）

折扣额=3 000×50×2%=3 000（元）

销项税额=3 000×50×98%×13%=19 110（元）

拓展训练 2-2 六六金店是增值税一般纳税人，适用的增值税税率为13%。2021年12月，采取以旧换新方式销售纯金链20条。每条新项链的不含税销售额为5 000元，收购旧项链的不含税金额为每条2 000元。计算该笔业务的增值税不含税销售额及销项税额。

不含税销售额=(5 000-2 000)×20=60 000（元）

销项税额=60 000×13%=7 800（元）

拓展训练 2-3 八仙酒厂是增值税一般纳税人，适用的增值税税率为13%。2020年12月，销售白酒一批给小规模纳税人，开具的增值税普通发票上注明的价款为62 000元，同时收取包装物押金3 000元，约定3个月后返还包装物；销售啤酒一批给某百货公司，开具的增值税专用发票上注明的价款为20 000元。计算该公司的增值税不含税销售额及销项税额。

不含税销售额=(62 000+3 000)÷(1+13%)+20 000=77 522.12（元）

销项税额=77 522.12×13%=10 077.88（元）

任务三　增值税一般纳税人进项税额的计算

一、任务情境

（一）任务场景
见任务一"任务场景"中的业务④、⑥、⑧、⑩、⑪和⑫。

（二）任务布置
确定陈鸿公司准予抵扣的增值税进项税额。

二、任务准备

进项税额的计算

（一）知识准备

1. 准予抵扣的增值税进项税额

（1）凭票抵扣

① 从销售方取得的增值税专用发票（含机动车销售统一发票）上注明的增值税税额。

② 从海关取得的海关进口增值税专用缴款书上注明的增值税税额。

③ 从境外单位或个人购进劳务、服务、无形资产或境内的不动产，从税务机关或扣缴义务人处取得的代扣代缴税款的完税凭证抵扣票上注明的增值税税额。

④ 收费公路通行费增值税电子普通发票上注明的增值税税额。收费公路通行费准予抵扣的增值税进项税额如表 2-15 所示。

表 2-15　收费公路通行费准予抵扣的增值税进项税额

通行费种类	准予抵扣的增值税进项税额	备注
道路通行费	按照收费公路通行费增值税电子普通发票上注明的增值税税额抵扣进项税额	凭票抵扣
桥、闸通行费	可抵扣进项税额 = 桥、闸通行费发票上注明的金额 ÷(1+5%)×5%	计算抵扣

⑤ 购进国内旅客运输服务取得的增值税电子普通发票上注明的增值税税额。

（2）计算抵扣

1）农产品的抵扣政策

纳税人购进农产品取得增值税专用发票或海关进口增值税专用缴款书的，凭票抵扣增值税进项税额。

纳税人从适用 3% 增值税征收率的小规模纳税人处购入农产品，取得 3% 税率的增值税专用发票及购进免税农产品，取得或开具农产品收购（销售）发票，根据用途分别适用规定的扣除率计算抵扣增值税进项税额：后续用于生产或委托加工 13% 增值税税率的货物，适用 10% 的扣除率；后续用于生产或委托加工 9% 增值税税率的货物或 6% 增值税税率的服务，适用 9% 的扣除率。

增值税进项税额计算公式为：

$$进项税额 = 买价 \times 扣除率（9\% 或 10\%）$$

其中，买价是指纳税人购进农产品在农产品收购发票或销售发票上注明的价款和按照规定缴纳的烟叶税。

2）桥、闸通行费

$$可抵扣进项税额 = 桥、闸通行费发票上注明的金额 \div (1+5\%) \times 5\%$$

3）购进境内旅客运输服务的抵扣政策

自 2019 年 4 月 1 日起，纳税人购进国内旅客运输服务，其增值税进项税额允许从增值税销项税额中抵扣。未取得增值税专用发票的，暂按以下规定确定增值税进项税额：纳税人取得增值税电子普通发票的，按发票上注明的税额凭票抵扣；取得注明旅客身份信息的航空运输电子客票行程单的，按公式"（票价 + 燃油附加费）÷（1+9%）×9%"计算增值税进项税额；取得注明旅客身份信息的铁路车票的，按公式"票面金额 ÷（1+9%）×9%"计算增值税进项税额；取得注明旅客身份信息的公路、水路等其他客票的，按公式"票面金额 ÷（1+3%）×3%"计算增值税进项税额。

（3）加计抵减

增值税进项税额的加计抵减政策如表 2-16 所示。

表 2-16 增值税进项税额的加计抵减政策

要 点	政策规定	
行业	生产、生活性服务业纳税人（指提供邮政服务、电信服务、现代服务、生活服务取得的销售额占全部销售额的比重超过 50% 的纳税人）	生活性服务业纳税人（指提供生活服务取得的销售额占全部销售额的比重超过 50% 的纳税人）
实施的时间	2019 年 4 月 1 日到 2022 年 12 月 31 日	2019 年 10 月 1 日到 2021 年 12 月 31 日
基本政策	按照当期可抵扣增值税进项税额加计 10%，抵减增值税应纳税额	按照当期可抵扣增值税进项税额加计 15%，抵减增值税应纳税额
计算公式	当期计提加计抵减额 = 当期可抵扣增值税进项税额 ×10%	当期计提加计抵减额 = 当期可抵扣增值税进项税额 ×15%
不得计提加计抵减额的业务	① 纳税人出口货物劳务、发生跨境应税行为不适用加计抵减政策，对应的进项税额也不得提加计抵减额 ② 纳税人兼营出口货物劳务、发生跨境应税行为且无法划分不得计提加计抵减额的增值税进项税额，按照以下公式计算 　不得计提加计抵减额的增值税进项税额 = 当期无法划分的全部增值税进项税额 × 当期出口货物劳务和发生跨境应税行为的销售额 ÷ 当期全部销售额	
加计抵减规则	纳税人按现行规定计算一般计税方法下的应纳税额（以下简称抵减前的应纳税额）后，应按以下情况进行加计抵减 ① 抵减前的应纳税额 =0，当期可抵减加计抵减额全部结转下期抵减 ② 抵减前的应纳税额 > 0 且大于当期可抵减加计抵减额的，当期可抵减加计抵减额全部从抵减前的应纳税额中抵减 ③ 抵减前的应纳税额 < 0 小于或等于当期可抵减加计抵减额的，以当期可抵减加计抵减额抵减应纳税额到 0，未抵减完的当期可抵减加计抵减额，结转下期继续抵减	

2. 不得抵扣增值税进项税额的情形

（1）用于不产生增值税销项税额的项目

取得固定资产、无形资产、不动产或货物用于简易计税方法计税项目、免征增值税项目、集体福利或个人消费的购进货物、劳务、服务、无形资产和不动产的。

① 不得抵扣的固定资产、无形资产、不动产仅指专用于上述项目的固定资产、无形资产（不包括其他权益性无形资产）、不动产。

② 一般纳税人兼营简易计税方法计税项目、免税项目而无法划分不得抵扣的增值税进项税额的，按照下列公式计算不得抵扣的增值税进项税额。

不得抵扣的增值税进项税额 = 当期无法划分的全部增值税进项税额 ×（当期简易计税方法计税项目销售额 + 免征增值税项目销售额）÷ 当期全部销售额

（2）非正常损失

非正常损失是指因管理不善造成被盗、丢失、霉烂变质的损失及被执法部门依法没收、销毁、拆除的货物或不动产。非正常损失包括非正常损失的购进货物，以及相关的加工修理修配劳务和交通运输服务；非正常损失的在产品、产成品所耗用的购进货物（不包括固定资产）、加工修理修配劳务和交通运输服务；非正常损失的不动产，以及该不动产所耗用的购进货物、设计服务和建筑服务；非正常损失的不动产在建工程（纳税人新建、改建、扩建、修缮、装饰不动产）所耗用的购进货物、设计服务和建筑服务。因地震等自然灾害造成的非正常损失，进项税额准予抵扣。

（3）特殊规定

纳税人购进的贷款服务、餐饮服务、居民日常服务和娱乐服务，接受贷款服务向贷款方支付的与该笔贷款直接相关的投融资顾问费、手续费、咨询费等，其增值税进项税额不得从增值税销项税额中抵扣。

（4）会计核算不健全

一般纳税人会计核算不健全，不能够准确提供税务资料，或者应当办理一般纳税人资格登记而未办理，按照13%税率征收增值税，且不得抵扣增值税进项税额、不得使用增值税专用发票。

3. 进项税额转出计算

纳税人购入货物、劳务或服务，已抵扣增值税进项税额后，又发生不得抵扣的情形，需要将已抵扣的增值税进项税额转出。知道税额的，直接转出已抵扣税款；不知道税额的，应先计算需要转出的税额。

（1）存货

$$进项税额转出 = 不含税价款 × 税率$$

（2）服务（以运费为例）

$$进项税额转出 = 运费 × 9\%$$

（3）购入免税农产品

1）用于生产或委托加工13%税率的货物

$$进项税额转出 = 成本 ÷（1-10\%）× 10\%$$

2）用于生产或委托加工9%增值税税率的货物或6%增值税税率的服务

单元二　增值税税务处理

$$进项税额转出 = 成本 \div (1-9\%) \times 9\%$$

（4）固定资产、无形资产、不动产

$$进项税额转出 = 固定资产、无形资产、不动产净值 \times 适用税率$$

或

$$进项税额转出 = 已抵扣进项税额 \times 净值率$$

$$净值率 = (净值 \div 原值) \times 100\%$$

4. 转增增值税进项税额的规定——增值税进项税额转入

不得抵扣且未抵扣增值税进项税额的固定资产、无形资产、不动产，发生用途改变，用于允许抵扣增值税进项税额的应税项目，可在改变用途的次月，依据合法有效的增值税扣税凭证，计算可抵扣的增值税进项税额。其计算公式为：

$$可抵扣的增值税进项税额 = 固定资产、无形资产、不动产净值 \div (1+适用税率) \times 适用税率$$

或

$$可抵扣的增值税进项税额 = 增值税扣税凭证注明或计算的增值税进项税额 \times 净值率$$

$$净值率 = (净值 \div 原值) \times 100\%$$

（二）操作准备

整理归类各种采购和费用类票据。

（三）任务要领

① 掌握计算抵扣增值税进项税额的方法。
② 注意加计抵减税额的计算。
③ 分清哪些增值税进项税额不得从增值税销项税额中抵减。

三、任务实施

步骤1　结合综合服务平台已勾选认证的统计数据，统计进项类票据情况，如表2-17所示。

表2-17　进项税额统计　　　　　　　　　　　　　　　　　　　　　　　　元

项　目	份　数	金　额	税　额
凭票抵扣	1+1	144 000+70 000=214 000	18 720+9 100=27 820
其他	2	850÷(1+9%)×2=1 559.63	850÷(1+9%)×9%×2=140.37

说明：业务④、⑥、⑧和业务⑫的住宿费发票等票据因不属于增值税可抵扣的范围，故不能统计可抵扣增值税进项税额。

步骤2　计算可抵扣的增值税进项税额

根据表2-17，计算陈鸿公司本月可抵扣的增值税进项税额=18 720+9 100+850÷(1+9%)×9%×2=27 960.36（元）。

四、任务评价

对于每一项任务，结合业务能力和评价指标，根据掌握情况在表2-18的自测结果相应的"□"中打"√"。自测结果共分为3类：A掌握；B基本掌握；C未掌握。

智能化税费核算与管理

表2-18 任务测评表

任　务	任务布置	评价指标	自测结果	要　求
一般纳税人增值税进项税额的计算	确认陈鸿公司准予抵扣的增值税进项税额	①哪些票据可凭票抵扣 ②哪些是需要通过计算确认可抵扣的增值税进项税额 ③哪些增值税进项税额不能抵扣 ④哪些不可抵扣增值税可转为可抵扣增值税	□A □B □C	能准确计算可抵扣增值税进项税额

五、任务拓展

（一）加计抵减

拓展训练 2-4 重庆大一制造公司符合10%加计抵减政策适用条件。2021年12月，增值税销项税额为300万元，可抵扣的增值税进项税额为60万元。计算重庆大一制造公司当月应该缴纳的增值税税额。

抵减前应纳税额=300-60=240（万元）

当期可抵减加计抵减额=0+60×10%-0=6（万元）

240万元>6万元，6万元可全额从抵减前的应纳税额中抵减。

当月应该缴纳的增值税税额=240-6=234（万元）

（二）购入农产品进项税额的核算

拓展训练 2-5 重庆大兴农产品加工公司为增值税一般纳税人，适用的增值税税率为13%。2021年12月，购入免税农产品一批，收购价为50 000元。货物已验收入库，取得了农副产品收购发票，货款已支付。该免税农产品经加工销售，则可抵扣进项税额是多少？如果直接销售，则可抵扣进项税额又是多少？

如果加工销售，可抵扣的增值税税率为10%，则可抵扣的增值税进项税额=50 000×10%=5 000（元）

如果直接购进销售，可抵扣的增值税税率为9%，则可抵扣的增值税进项税额=50 000×9%=4 500（元）

（三）进项税额转出

拓展训练 2-6 重庆瑞生商贸公司是增值税一般纳税人，适用的增值税税率为13%。2021年12月，购进一批罐头，取得的增值税专用发票上注明的价款为10 000元、增值税税额为1 300元。货款已付。另支付运输公司运输费2 000元（有运输业发票）。12月底，将其中的10%作为福利发放给员工。计算12月可抵扣的增值税进项税额。

增值税进项税额转出=(1 300+2 000×9%)×10%=148（元）

当月可抵扣的增值税进项税额=1 300+2 000×9%-148=1 332（元）

（四）运输服务进项税额计算

拓展训练 2-7 重庆某公司是增值税一般纳税人。该公司营销总监胡某2021年12月发生的出差未能提供增值税专用发票和增值税电子普通发票，但提交了如下票据：取得注明旅客身份信息的往返航空运输电子客票行程单，赴美国学习的18 000元（票价和燃油附加费）；赴上海学习的5 600元（票价＋燃油附加费）；取得注明旅客身份信息的赴深圳推广会的往返铁路车票1 600元；取得注明旅客身份信息的赴南昌的往返长途客票800元；取得没有注明旅客身份信息的出租车票3 500元。计算胡某提交的票据可抵扣的增值税进项税额。

取得注明旅客身份信息的往返航空运输电子客票行程单，赴美国学习的18 000元（票价和燃油附加费），跨境旅客运输服务不能抵扣增值税进项税额；赴上海学习的5 600元（票价＋燃油附加费），按公式"（票价＋燃油附加费）÷（1+9%）×9%"计算增值税进项税额＝5 600÷(1+9%)×9%＝462.39（元）；取得注明旅客身份信息的赴深圳推广会的往返铁路车票1 600元，按公式"票面金额÷（1+9%）×9%"计算增值税进项税额＝1 600÷(1+9%)×9%＝132.11（元）；取得注明旅客身份信息的赴南昌的往返长途客票800元，按公式"票面金额÷（1+3%）×3%"计算增值税进项税额＝800÷(1+3%)×3%＝23.30（元）；取得没有注明旅客身份信息的出租车票3 500元，没有注明旅客身份的出租车票不能抵扣增值税进项税额。因此，共计可抵扣增值税进项税额＝462.39+132.11+23.3＝617.80（元）。

任务四 增值税进口货物应纳税额的计算

一、任务情境

（一）任务场景

重庆清清进出口公司于2021年12月签订了一笔进口合同，从国外进口设备。设备的离岸价为20万美元；国际运费率为5%；国际运输保险费率为4%；关税税率为10%；增值税税率为13%；外汇牌价为1美元＝6.0元人民币。

（二）任务布置

计算重庆清清进出口公司应该缴纳的增值税税额。

二、任务准备

（一）知识准备

1.进口货物的征税范围

申报进入中华人民共和国海关境内的货物，均应缴纳增值税。跨境电子商务零售进口商品按照货物征收关税和进口环节增值税、消费税。只要报关进口的应税货物，无论其是国外产制还是我国已出口而又转销国内的货物，是进口者自行采购还是国外捐赠的货物，是进口者自用还是作为贸易或其他用途等，均属于进口环节要缴纳增值税的范畴。

2. 进口货物的纳税人

进口货物的收货人或办理报关手续的单位和个人,为进口货物增值税的纳税人;对代理进口货物,以海关开具的完税凭证上的纳税人为增值税纳税人;购买跨境电子商务零售进口商品的个人为纳税义务人。

3. 进口环节增值税应纳税额的计算

纳税人进口货物,按规定的组成计税价格和税率计算增值税应纳税额。

(1)进口环节只征收增值税

其组成计税价格的计算公式为:

$$组成计税价格 = 关税完税价格 + 关税 = 关税完税价格 \times (1+关税税率)$$

(2)进口环节同时征收消费税

其组成计税价格的计算公式为:

$$组成计税价格 = 关税完税价格 + 关税 + 消费税 = 关税完税价格 \times (1+关税税率) \div (1-消费税税率)$$

注:在计算进口环节的增值税应纳税额时不得抵扣发生在我国境外的各种税金。

(二)任务要领

确定组成计税价格。

三、任务实施

步骤1 确定进口设备的国际运费 =20×5%=1(万美元)

步骤2 确定进口设备的国际运输保险费 =(20+1)×4‰=0.84(万美元)

步骤3 确定以人民币标价的进口设备到岸价 =(20+1+0.84)×6.0=131.04(万元)

步骤4 确定进口关税 =131.04×10%=13.10(万元)

步骤5 确定组成计税价格 =131.04+13.10=144.14(万元)

步骤6 确定增值税应纳税额 =144.14×13%=18.74(万元)

四、任务评价

对于每一项任务,结合业务能力和评价指标,根据掌握情况在表2-19的自测结果中相应的"□"中打"√"。自测结果共分为3类:A 掌握;B 基本掌握;C 未掌握。

表 2-19 任务测评表

任 务	任务布置	评价指标	自测结果	要 求
进口货物应纳税额的计算	计算重庆清清进出口公司应该缴纳的增值税税额	①计算国际运费 ②计算国际运输保险费 ③计算关税完税价格 ④计算组成计税价格 ⑤计算应缴纳的增值税税额	□A □B □C	能准确计算进口环节应缴纳的增值税税额

任务五 增值税出口退（免）税的计算

一、任务情境

（一）任务场景

重庆强强制造有限公司（生产企业）销售货物适用的增值税税率为13%，增值税退税率为9%。2021年12月，有关经营业务如下：12月3日，用银行存款购进原材料，增值税专用发票上注明的价款为100万元、增值税税额为13万元，通过认证可抵扣；12月10日，出口货物离岸价15万美元，款项未收，美元对人民币汇率为1∶6.0；12月18日，内销货物取得不含税销售额50万元，款项已收。

（二）任务布置

计算2021年12月重庆强强制造有限公司应退税额和免抵税额。

二、任务准备

（一）知识准备

我国的出口货物、劳务退（免）税，是指在国际贸易业务中对我国报关出口的货物、劳务或服务，退还或免征国内各生产和流通环节的增值税与消费税，即对出口货物、劳务或服务实行增值税零税率，对出口货物、劳务或服务免予征收消费税。出口货物、劳务或服务适用零税率，不但在出口环节不必纳税，而且可以退还以前环节已纳税款。这就是我们通常所说的出口退税。

1. 适用增值税出口退（免）税的基本政策（见表2-20）

表2-20 适用增值税出口退（免）税的基本政策

政　策	适用情况	政策规定内容
出口免税并退税	① 生产企业自营或委托外贸企业代理出口自产货物 ② 有出口经营权的外贸企业收购后直接出口或委托其他外贸企业代理出口的货物 ③ 出口企业从小规模纳税人购进并取得增值税专用发票的抽纱、工艺品、香料油、山货、松香、草柳竹藤制品、五倍子等12类货物 ④ 特定企业出口的特定货物	对货物在出口销售环节不征增值税，对货物在出口前实际承担的税收负担按规定的出口退税率计算后予以退还
出口免税但不退税	① 属于生产企业的小规模纳税人自营出口或委托外贸企业代理出口的自产货物 ② 外贸企业从小规模纳税人购进并持普通发票的货物出口 ③ 外贸企业直接购进国家规定的免税货物出口 ④ 其他的免税货物或项目	免征增值税

(续表)

政　策	适用情况	政策规定内容
出口环节不免也不退税	① 国家计划外出口的原油 ② 援外出口货物 ③ 天然牛黄、麝香、铜及铜基合金（出口电解铜按13%退税率退还增值税）、白银等	出口环节视同内销，照常征收增值税

2. 确定出口货物增值税退税率

出口货物增值税退税率是出口货物的实际退税额与退税计税依据在当年的比例。其具体规定如下。

① 除财政部和国家税务总局根据国务院的决定而明确规定的增值税出口退税率（以下简称退税率）外，出口货物增值税退税率为其适用税率。

由于国际市场瞬息万变，国家会根据对外贸易的实际情况对退税率及时做出调整。在申报出口退税时，应查询国家税务总局发布的退税率文件，按照当时的有关规定执行。

② 对货物退税率的特殊规定如下。

● 外贸企业购进按简易办法征税的出口货物、从小规模纳税人购进的出口货物，其适用的增值税退税率分别为按简易办法实际执行的征收率、小规模纳税人征收率。购进上述出口货物取得增值税专用发票的，增值税退税率按照增值税专用发票上的税率和出口货物退税率孰低的原则确定。

● 出口企业委托加工、修理修配货物，加工、修理修配费用的退税率为出口货物的退税率。

③ 适用不同增值税退税率的货物、劳务，应分开报关、核算并申报退（免）税。未分开报关、核算或划分不清的，从低适用增值税退税率。

3. 出口货物增值税退税额的计算

我国实行增值税出口退税有两种方法：一是免、抵、退的办法，主要适用于自营出口或委托外贸企业出口自产货物的生产企业；二是先征后退的办法，主要适用于收购货物出口的外贸企业。

出口货物增值税退税额的计算

（1）免、抵、退税的计算

对生产企业自营出口或委托外贸企业代理出口自产货物，除另有规定外，一律实行免、抵、退增值税的办法。其中，"免"增值税是指对生产企业出口的自产货物，免征本企业生产销售环节的增值税；"抵"增值税是指用生产企业出口的自产货物所耗用的原材料、零部件、燃料、动力等所含应予退还的增值税进项税额，抵减内销货物应纳税额；"退"增值税是指生产企业出口的自产货物应抵减的增值税进项税额大于应纳税额时，对未抵减完的部分予以退税。其具体计算步骤如下。

步骤1　免。免征出口环节增值税。

步骤2　剔。

当期免抵退税不得免征和抵扣税额 =（当期出口货物离岸价格 × 外汇人民币折合率 − 当期免税购进原材料价格）×（出口货物适用税率 − 出口货物退税率）

步骤3　抵。

当期应纳税额 = 当期内销货物的增值税销项税额 −（当期全部增值税进项税额 − 当期免抵退税不得免征和抵扣税额）− 上期末留抵税额

当期应纳税额小于 0 时才涉及退税。

步骤 4　退。

首先，计算免抵退税额。

$$当期免抵退税额 =（当期出口货物离岸价格 \times 外汇人民币折合率 - 当期免税购进原材料价格）\times 出口货物退税率$$

其次，确认应退税额并确认免抵税额。

① 当期期末留抵税额 ≤ 当期免抵退税额时

$$当期应退税额 = 当期期末留抵税额$$

$$当期免抵税额 = 当期免抵退税额 - 当期应退税额$$

② 当期期末留抵税额 > 当期免抵退税额时

$$当期应退税额 = 当期免抵退税$$

$$当期免抵税额 = 0$$

（2）免退税的计算

步骤 1　免。

免征出口环节增值税。

步骤 2　退。

$$应退税额 = 增值税退（免）税计税依据 \times 退税率$$

（二）任务要领

① 确认是生产企业还是外贸企业。

② 掌握应退税额和免抵税额的计算。

三、任务实施

确定重庆强强制造有限公司是生产企业，所以适用免、抵、退税方法。

步骤 1　免。免征出口环节增值税。

步骤 2　剔。

$$\begin{aligned}当期免抵退税不得免征和抵扣税额 &=（当期出口货物离岸价格 \times 外汇人民币折合率 \\ &\quad - 当期免税购进原材料价格）\times（出口货物适用税率 - \\ &\quad 出口货物退税率）\\ &=(150\,000 \times 6.0-0) \times (13\%-9\%) = 36\,000（元）\end{aligned}$$

步骤 3　抵。

当期应纳税额 = 当期内销货物的增值税销项税额 -（当期全部增值税进项税额 - 当期免抵退税不得免征和抵扣税额）- 上期末留抵税额 = $500\,000 \times 13\% - (130\,000 - 36\,000) - 0 = -29\,000$（元）

因为当期应纳税额小于 0，所以涉及退税。

步骤 4　退。

首先，计算免抵退税额。

$$\begin{aligned}当期免抵退税额 &=（当期出口货物离岸价格 \times 外汇人民币折合率 \\ &\quad - 当期免税购进原材料价格）\times 出口货物退税率 = (150\,000 \times 6.0-0) \times 9\% \\ &= 81\,000（元）\end{aligned}$$

其次，确认应退税额，并确认免抵税额。
当期期末留抵税额≤当期免抵退税额，即 29 000 ＜ 81 000 时：
当期应退税额 = 当期期末留抵税额 = 29 000（元）
当期免抵税额 = 当期免抵退税额 − 当期应退税额 = 81 000−29 000 = 52 000（元）

四、任务评价

对于每一项任务，结合业务能力和评价指标，根据掌握情况在表 2-21 的自测结果相应的"□"中打"√"。自测结果共分为 3 类：A 掌握；B 基本掌握；C 未掌握。

表 2-21　任务测评表

任　务	任务布置	评价指标	自测结果	要　求
增值税出口退（免）税的计算	计算 2021 年 12 月重庆强强制造有限公司应退税额和免抵税额	① 计算当期不得免征和抵扣税额 ② 当期应纳税额 ③ 当期免抵退税额 ④ 当期应退税额 ⑤ 当期免抵税额	□ A □ B □ C	能准确计算增值税出口环节的应退税额

五、任务拓展

（一）生产企业的出口退税

拓展训练 2-8 假定本任务场景中用银行存款购进原材料，增值税专用发票上注明的价款为 300 万元、增值税税额为 39 万元，通过认证可抵扣；其他条件不变。计算 2021 年 12 月重庆强强制造有限公司应退税额和免抵税额。

确定重庆强强制造有限公司是生产企业，所以适用免、抵、退税方法。

步骤 1　免。免征出口环节增值税。

步骤 2　剔。

当期免抵退税不得免征和抵扣税额 =（当期出口货物离岸价格 × 外汇人民币折合率 − 当期免税购进原材料价格）×（出口货物适用税率 − 出口货物退税率）=（150 000×6.0 − 0）×（13%−9%）= 36 000（元）

步骤 3　抵。

当期应纳税额 = 当期内销货物的增值税销项税额 −（当期全部增值税进项税额 − 当期免抵退税不得免征和抵扣税额）− 上期末留抵税额 = 500 000×13% −（390 000 − 36 000）− 0 = −289 000（元）

因为当期应纳税额小于 0，所以涉及退税。

步骤 4　退。

首先，计算免抵退税额。

当期免抵退税额 =（当期出口货物离岸价格 × 外汇人民币折合率 − 当期免税购进原材料价格）× 出口货物退税率 =（150 000×6.0 − 0）×9% = 81 000（元）

其次，确认应退税额，并确认免抵税额。

当期期末留抵税额＞当期免抵退税额，即 289 000 ＞ 81 000 时：

当期应退税额＝当期免抵退税额＝81 000（元）
当期免抵税额＝0

（二）外贸企业的出口退税

拓展训练 2-9 2021年12月20日，外贸企业华华公司报关出口销售产品60万美元。适用的退税率为11%，美元对人民币的汇率为1:6.20，退税款于12月28日收到。计算华华公司的应退税额。

确定华华公司是外贸企业，所以适用免退税方法。
步骤1 免。免征出口环节增值税。
步骤2 退。
应退税额＝增值税退（免）税计税依据×退税率＝600 000×6.20×11%＝409 200(元)。

任务六　一般纳税人应纳税额及附加税费的综合计算与申报

一、任务情境

（一）任务场景

见任务一。

一般纳税人应纳税额及
附加税费的综合计算

（二）任务布置

① 计算陈鸿公司的增值税应纳税额。
② 计算城市维护建设税、教育费附加和地方教育附加等附加税费。
③ 编制陈鸿公司的纳税申报表。

二、任务准备

（一）知识准备

1. 增值税征税范围的界定
纳入增值税征税范围要满足以下4个基本条件。
（1）在境内
提供服务（租赁不动产除外）或无形资产（自然资源使用权除外）的销售方或购买方在境内；所销售或租赁的不动产在境内；所销售自然资源使用权的自然资源在境内。
（2）经营性
非经营性业务活动不征收增值税，如与应税行为无关的财政补贴，行政单位收取的满足规定条件的政府性基金或行政事业性收费。
（3）为他人
为"自己人"提供的不征增值税。例如，单位或个体户聘用的员工为本单位或雇主提供加工、修理修配劳务；单位或个体户聘用的员工为本单位或雇主提供取得工资的服务；

单位或个体户为聘用的员工提供服务。

（4）有偿性

从购买方取得货币、货物或其他经济利益。

2. 计算增值税应纳税额的时间界定

一般纳税人计算公式中的"当期"是个重要的时间界定，只有在纳税期限内实际发生的增值税销项税额、增值税进项税额才是法定的当期增值税销项税额和当期增值税进项税额。

（1）增值税纳税义务发生的时间界定

参见表 2-5。

（2）防伪税控专用发票增值税进项税额抵扣的时间界定

自 2020 年 3 月 1 日起，增值税一般纳税人取得 2017 年 1 月 1 日及以后开具的增值税专用发票、海关进口增值税专用缴款书、机动车销售统一发票、收费公路通行费增值税电子普通发票，取消认证确认、稽核比对、申报抵扣的期限。纳税人在进行增值税纳税申报时，应当通过本省（自治区、直辖市和计划单列市）增值税发票综合服务平台对上述扣税凭证信息进行用途确认。

自 2020 年 1 月 1 日起，增值税一般纳税人取得 2016 年 12 月 31 日及以前开具的增值税专用发票、海关进口增值税专用缴款书、机动车销售统一发票，超过认证确认、稽核比对、申报抵扣期限但符合规定条件的，仍可继续抵扣增值税进项税额。

（3）进口货物的纳税义务发生的时间界定

进口货物的纳税义务发生时间为报关进口的当天。

（4）海关完税凭证增值税进项税额抵扣的时间界定

增值税一般纳税人进口货物，应凭取得的海关进口增值税专用缴款书（即海关完税凭证），依票面列明的增值税税额申报抵扣，并应当向税务机关报送海关完税凭证抵扣清单（电子数据），申请稽核比对。经税务机关稽核比对相符后，其增值税税额作为增值税进项税额在增值税销项税额中抵扣。自 2020 年 3 月 1 日起取消申报抵扣的期限。

3. 计算应纳税额时增值税进项税额不足抵扣的税务处理

纳税人如果当期增值税销项税额小于当期增值税进项税额，则其不足部分可以结转下期继续抵扣。

4. 计算增值税应纳税额的公式

应纳税额 = 当期增值税销项税额 − 当期增值税进项税额 − 上期留抵税额

5. 增值税纳税期限

增值税纳税期限如表 2-22 所示。

表 2-22 增值税纳税期限

税款征收机关	纳税期限
税务机关	以一个月或一个季度为一个纳税期的，自期满之日起 15 日内申报纳税
	以 1、3、5、10、15 日为一个纳税期的，自期满之日起 5 日内预缴税款，次月 1 日起 15 日内申报纳税并结清上月应纳税款
海关	海关填发海关进口增值税专用缴款书之日起 15 日内缴纳税款

说明：以一个季度为纳税期限的规定适用于银行、财务公司、信托投资公司、信用社（不包括保险公司），以及财政部和国家税务总局规定的其他纳税人。按固定期限纳税的小规模纳税人可以选择以一个月或一个季度为纳税期限。一经选择，一个会计年度内不得变更。

5. 增值税纳税地点

增值税纳税地点如表2-23所示。

表2-23　增值税纳税地点

类　型	具体情况	纳税地点
固定业户	一般情况	应向机构所在地主管税务机关申报纳税
	总机构和分支机构不在同一县（市）的	分别向各自所在地主管税务机关申报纳税。经批准，可以由总机构汇总向总机构所在地主管税务机关申报纳税
	到外县（市）销售货物或劳务	① 向机构所在地主管税务机关申请开具外出经营活动税收管理证明 ② 未持有其机构所在地主管税务机关开具的外出经营活动税收管理证明的，应向销售地主管税务机关申报纳税 ③ 未向销售地主管税务机关申报纳税的，由其机构所在地主管税务机关补征税款
非固定业户	销售货物、提供应税劳务或发生应税行为	① 应向销售地或应税行为发生地主管税务机关申报纳税 ② 未申报纳税的，由其机构所在地或居住地主管税务机关补征税款
其他个人提供建筑服务，销售或租赁不动产，转让自然资源使用权		向建筑服务发生地、不动产所在地、自然资源所在地主管税务机关申报纳税
进口		应向报关地海关申报纳税
扣缴义务人		应向其机构所在地或居住地主管税务机关申报缴纳扣缴的税款

6. 城市维护建设税、教育费附加和地方教育附加等附加税费的计算

（1）城市维护建设税的计算

城市维护建设税是国家对缴纳增值税、消费税的单位和个人以其实际缴纳的增值税税额、消费税税额为计税依据而征收的一种税。它附加于增值税、消费税，本身没有独立的征税对象。2021年9月1日，《中华人民共和国城市维护建设税法》开始施行。

城市维护建设税的要素、计税依据和应纳税额如表2-24和表2-25所示。

表2-24　城市维护建设税要素

要　素	内　容
纳税义务人	在中华人民共和国境内缴纳增值税、消费税的单位和个人，包括国有企业、集体企业、私营企业、股份制企业、其他企业和行政单位、事业单位、军事单位、社会团队、其他单位，以及个体工商户和其他个人
扣缴义务人	负有增值税、消费税扣缴义务的单位和个人
税率	① 纳税人所在地在市区的税率为7% ② 纳税人所在地在县城、镇的税率为5% ③ 纳税人所在地不在市区、县城或镇的税率为1%

说明：除进口环节外，纳税人只要缴纳增值税或消费税其中之一就需要缴纳城市维护建设税；纳税人所在地是指纳税人住所地或与纳税人生产经营活动相关的其他地点，具体地点由省、自治区、直辖市确定。

智能化税费核算与管理

表2-25 城市维护建设税的计税依据和应纳税额

项　目	内　容
计税依据	包含： ①纳税人向税务机关实际缴纳的增值税税额、消费税税额 ②纳税人被税务机关查补的增值税税额、消费税税额 ③纳税人出口货物免抵的增值税税额 不包含： ①进口货物或境外单位和个人向境内销售劳务、服务、无形资产缴纳的增值税、消费税税额 ②除增值税、消费税以外的其他税 ③非税款项（纳税人违反增值税、消费税有关规定而被加收的滞纳金和罚款等） ④期末留抵退税退还的增值税税额
应纳税额	＝计税依据×具体适用税率 ＝（实际缴纳的增值税税额＋实际缴纳的消费税税额）×税率

（2）教育费附加和地方教育附加的计算

教育费附加和地方教育附加是对缴纳增值税与消费税的单位及个人征收的，以其实际缴纳的增值税和消费税为计征依据，分别与增值税和消费税同时缴纳。相关规定如表2-26所示。

表2-26 教育费附加和地方教育附加

要　素	教育费附加	地方教育附加
征收比率	3%	2%
缴费人	实际缴纳增值税、消费税的单位和个人	
计征依据	实际缴纳的增值税、消费税税额	
缴费期限	与增值税、消费税同时缴纳	
计算公式	应纳教育费附加＝实际缴纳的增值税、消费税税额×3%	应纳地方教育附加＝实际缴纳的增值税、消费税税额×2%

说明：由省、自治区、直辖市人民政府根据本地区实际情况，以及宏观调控需要确定，对增值税小规模纳税人可以在50%的税额幅度内减征城市维护建设税和教育费附加、地方教育附加。自2021年4月1日起，小规模纳税人发生增值税应税销售行为，合计月销售额超过15万元，但扣除本期发生的销售不动产的销售额后未超过15万元（以一个季度为一个纳税期的，季度销售额未超过45万元）的，其销售货物、劳务、服务、无形资产取得的销售额免征增值税，同时免征城建税及两个附加。

7. 增值税及附加税费申报表的编制

（1）申报表内容

纳税申报的核心是填写并报送纳税申报表及相关资料。2021年7月起，启用新的增值税及附加税费申报表（一般纳税人适用）及其附列资料（以下简称新申报表），主要包括主表"增值税及附加税费申报表（一般纳税人适用）"，附列资料（一）"本期销售情况明细"，附列资料（二）"本期进项税额明细"，附列资料（三）"服务、不动产和无形资产扣除项目明细",附列资料(四)"税额抵减情况表",附列资料(五)"附加税费情况表",附表"增值税减免税申报明细表"。

新申报表的主要变化有以下 3 个方面。

① 在原"增值税纳税申报表(一般纳税人适用)"主表增加第 39 栏至第 41 栏"附加税费"栏次,并将表名调整为"增值税及附加税费申报表(一般纳税人适用)",如图 2-17 所示。

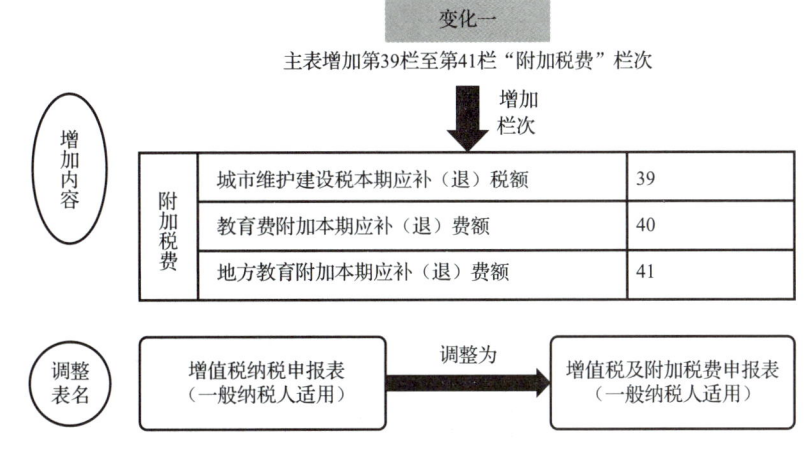

图 2-17　新申报表变化一

② 将原附列资料(二)第 23 栏"其他应做进项税额转出的情形"拆分为第 23a 栏"异常凭证转出进项税额"和第 23b 栏"其他应做进项税额转出的情形",并将表名调整为"增值税及附加税费申报表附列资料(二)(本期进项税额明细)"。其中,第 23a 栏专门用于填报异常增值税扣税凭证转出情况;第 23b 栏填报原第 23 栏的内容。具体如图 2-18 所示。

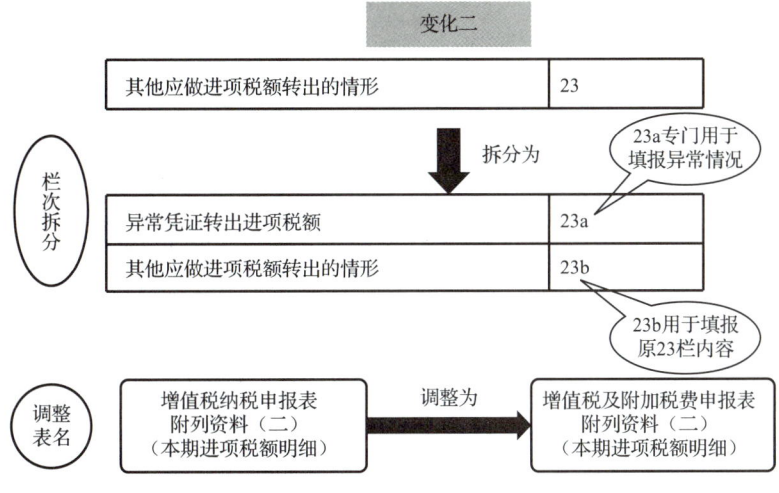

图 2-18　新申报表变化二

③增加附列资料（五），如图2-19所示。

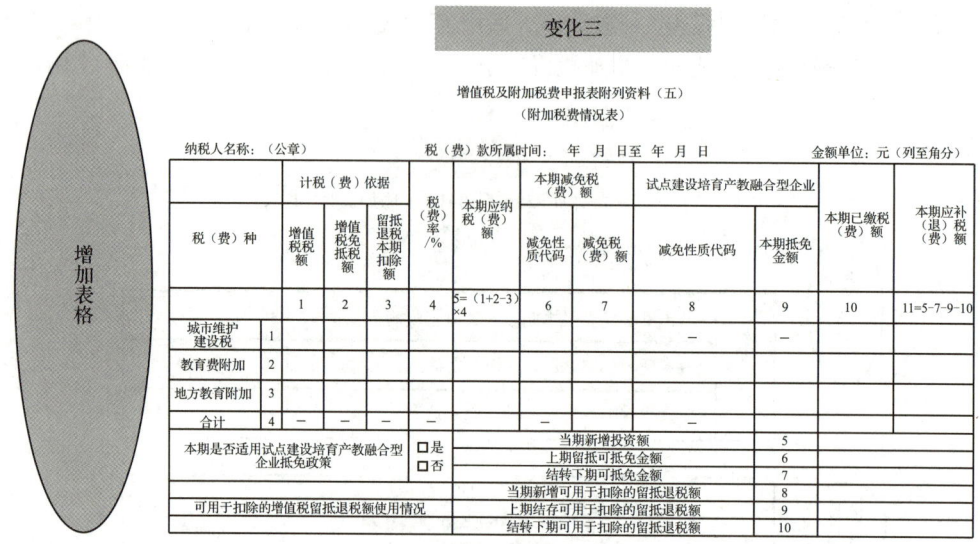

图2-19 新申报表变化三

（2）申报表各表的逻辑关系分析

申报表主表的大多数数据来源于附表，所以一般按这样的顺序填写：附表→附列资料（四）→附列资料（三）→附列资料（二）→附列资料（一）→主表→附列资料（五）→主表。

申报表各表的逻辑关系分析

（3）附列资料（二）第23a栏"异常凭证转出进项税额"的税务处理

涉及增值税纳税申报内容的变化主要是：纳税人在办理纳税申报时，需要将按照规定本期应当做异常增值税扣税凭证转出处理的进项税额，填写在附列资料（二）的第23a栏"异常凭证转出进项税额"。对于前期已经做过异常增值税扣税凭证转出处理，解除异常凭证或经税务机关核实允许继续抵扣的，并且纳税人重新确认用于抵扣的增值税进项税额，在本栏填入负数。

如果纳税人的纳税信用等级不为A级，则按照《国家税务总局关于异常增值税扣税凭证管理等有关事项的公告》（2019年第38号，以下简称38号公告）第三条第（一）项的规定，应当在纳税人办理收到相关税务事项通知书对应税款所属期的增值税及附加税费申报时，按照附列资料（二）填写说明的要求，将对应专用发票已抵扣税额记入附列资料（二）第23a栏。

如果纳税人的纳税信用等级为A级，则可以按照38号公告第三条第（四）项的规定，自接到税务机关通知之日起10个工作日内，向主管税务机关提出核实申请，在主管税务机关出具核实结果之前既不需要做增值税进项税额转出处理，也不需要将对应增值税专用发票已抵扣税额记入附列资料（二）第23a栏。如果纳税人逾期未提出核实申请，或者提出核实申请但经核实确认相关发票不符合现行增值税进项税额抵扣相关规定的，则应当继续做增值税进项税额转出处理。

纳税人在 2021 年 7 月及之后税款所属期，做增值税进项税额转出处理的异常凭证，在解除异常凭证后，纳税人应先通过增值税发票综合服务平台对相关发票再次进行抵扣勾选，然后在办理抵扣、勾选税款所属期增值税及附加税费申报时，按照附列资料（二）填写说明的要求，将允许继续抵扣的税额以负数形式记入附列资料（二）第 23a 栏。在 2021 年 7 月税款所属期之前已做增值税进项税额转出处理的异常凭证不需要再次进行抵扣勾选，可以经税务机关核实后，直接将允许继续抵扣的税额以负数形式记入附列资料（二）第 23a 栏。具体如图 2-20 所示。

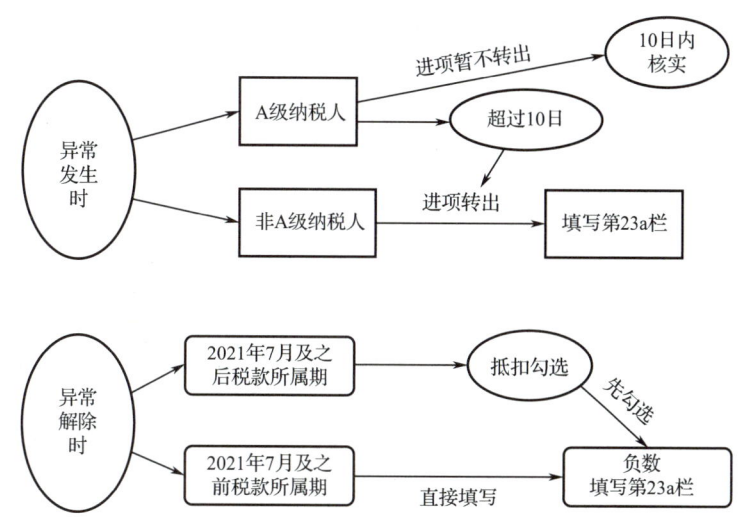

图 2-20　第 23a 栏"异常凭证转出进项税额"的税务处理

（二）操作准备

① 复核增值税销项税额数据的准确性。

② 复核增值税进项税额数据的准确性。

③ 计算应缴增值税税额。

④ 计算应缴城市维护建设税、教育费附加和地方教育附加的金额。

⑤ 熟悉增值税及附加税费申报各表之间的逻辑关系。

（三）任务要领

① 注意整理视同销售行为。

② 梳理特殊销售行为。

③ 注意区分进项税额转出。

④ 注意表和表之间的关系。

三、任务实施

（一）任务流程

增值税及附加税费申报流程如图 2-21 所示。

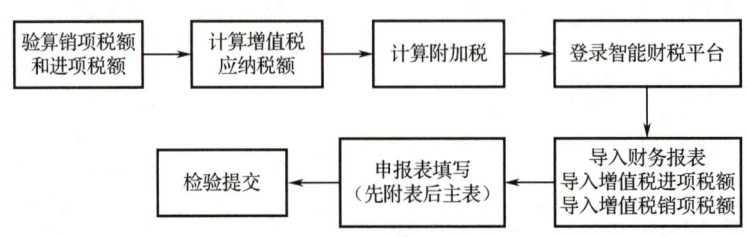

图 2-21　增值税及附加税费申报流程

（二）任务操作

① 验算任务二确认陈鸿公司的当期增值税销项税额为 63 000 元。

② 验算任务三确认陈鸿公司的当期增值税进项税额为 27 960.36 元。

③ 梳理检查陈鸿公司本期是否有视同销售行为、免税行为、减免税行为。经整理，确认无以上行为。

④ 梳理检查陈鸿公司本期是否有增值税进项税额转出、待抵扣进项税额等。经整理，确认无以上行为。

⑤ 陈鸿公司本期增值税应纳税额 = 当期增值税销项税额 − 当期增值税进项税额 − 上期留抵税额 =63 000−27 960.36−29 150=5 889.64（元）

⑥ 应缴城市维护建设税 = 实纳的增值税税额 × 税率 =5 889.64×7%=412.27（元）

⑦ 应缴教育费附加 = 实纳的增值税税额 × 征收率 =5 889.64×3%=176.69（元）

⑧ 应缴地方教育附加 = 实纳的增值税税额 × 征收率 =5 889.64×2%=117.79（元）

⑨ 登录智能财税平台进行申报。

步骤 1　填写附表。由于陈鸿公司本月未涉及减免税，所以直接单击"保存"按钮。结果如图 2-22 所示。

步骤 2　填写附列资料（四）。由于陈鸿公司本月未涉及税额抵减，所以直接单击"保存"按钮。结果如图 2-23 所示。

视频演示

步骤 3　填写附列资料（三）。由于陈鸿公司本月未涉及服务、不动产和无形资产扣除项目，所以直接单击"保存"按钮。结果如图 2-24 所示。

步骤 4　填写附列资料（二）。根据任务三表 2-17，将已认证相符的 2 份发票填写到第 2 栏和第 35 栏，将 2 份行程单填写到 8b 栏和 10 栏，第 1 栏、第 4 栏和第 12 栏会自动计算金额。结果如图 2-25 所示。

增值税减免税申报明细表

税款所属时间：自2021年12月1日至2021年12月31日

纳税人名称（公章）：北京陈鸿商贸有限责任公司　　　　　　　　金额单位：元（列至角分）

一、减税项目

减税性质代码及名称	栏次	期初余额 1	本期发生额 2	本期应抵减税额 3=1+2	本期实际抵减税额 4≤3	期末余额 5=3-4
合计	1					
	2					
	3					
	4					
	5					
	6					

二、免税项目

免税性质代码及名称	栏次	免征增值税项目销售额 1	免税销售额扣除项目本期实际扣除金额 2	扣除后免税销售额 3=1-2	免税销售额对应的进项税额 4	免税额 5
合　计	7					
出口免税	8		—	—	—	
其中：跨境服务	9		—	—	—	
	10				—	
	11				—	
	12				—	
	13				—	
	14				—	
	15				—	
	16				—	

图2-22　附表

增值税及附加税费申报表附列资料（四）

（税额抵减情况表）

税款所属时间：自2021年12月1日至2021年12月31日

纳税人名称：(公章)北京陈鸿商贸有限责任公司　　　　　　　　金额单位：元（列至角分）

一、税额抵减情况

序号	抵减项目	期初余额 1	本期发生额 2	本期应抵减税额 3=1+2	本期实际抵减税额 4≤3	期末余额 5=3-4
1	增值税税控系统专用设备费及技术维护费					
2	分支机构预征缴纳税款					
3	建筑服务预征缴纳税款					
4	销售不动产预征缴纳税款					
5	出租不动产预征缴纳税款					

二、加计抵减情况

序号	加计抵减项目	期初余额 1	本期发生额 2	本期调减额 3	本期可抵减额 4=1+2-3	本期实际抵减额 5	期末余额 6=4-5
6	一般项目加计抵减额计算						
7	即征即退项目加计抵减额计算						
8	合计						

图2-23　附列资料（四）

增值税及附加税费申报表附列资料（三）
（服务、不动产和无形资产扣除项目明细）

税款所属时间：自2021年12月1日至2021年12月31日

纳税人名称：(公章)北京陈鸿商贸有限责任公司　　　　金额单位：元（列至角分）

项目及栏次		本期服务、不动产和无形资产价税合计额（免税销售额）	服务、不动产和无形资产扣除项目				
			期初余额	本期发生额	本期应扣除金额	本期实际扣除金额	期末余额
		1	2	3	4=2+3	5(5≤1且5≤4)	6=4-5
13%税率的项目	1						
9%税率的项目	2						
6%税率的项目（不含金融商品转让）	3						
6%税率的金融商品转让项目	4						
5%征收率的项目	5						
3%征收率的项目	6						
免抵退税的项目	7						
免税的项目	8						

图2-24　附列资料（三）

增值税及附加税费申报表附列资料（二）
（本期进项税额明细）

税款所属时间：自2021年12月1日至2021年12月31日

纳税人名称：（公章）北京陈鸿商贸有限责任公司　　　　金额单位：元（列至角分）

一、申报抵扣的进项税额				
项目	栏次	份数	金额	税额
（一）认证相符的增值税专用发票	1=2+3	2	214000	27820
其中：本期认证相符且本期申报抵扣	2	2	214000	27820
前期认证相符且本期申报抵扣	3			
（二）其他扣税凭证	4=5+6+7+8a+8b	2	850	140.36
其中：海关进口增值税专用缴款书	5			
农业产品收购发票或者销售发票	6			
代扣代缴税收缴款凭证	7		—	—
加计扣除农产品进项税额	8a		—	
其他	8b	2	850	140.36
（三）本期用于购建不动产的扣税凭证	9			
（四）本期用于抵扣的旅客运输服务扣税凭证	10	2	850	140.36
（五）外贸企业进项税额抵扣证明	11		—	
当期申报抵扣进项税额合计	12=1+4+11	4	214850	27960.36
二、进项税额转出额				
项目	栏次		税额	
本期进项税额转出额	13=14至23之和			
其中：免税项目用	14			
集体福利、个人消费	15			
非正常损失	16			
简易计税方法征税项目用	17			
免抵退税办法不得抵扣的进项税额	18			
纳税检查调减进项税额	19			
红字专用发票信息表注明的进项税额	20			
上期留抵税额抵减欠税	21			
上期留抵税额退税	22			
异常凭证转出进项税额	23a			
其他应作进项税额转出的情形	23b			
三、待抵扣进项税额				
项目	栏次	份数	金额	税额
（一）认证相符的增值税专用发票	24		—	
期初已认证相符但未申报抵扣	25			
本期认证相符且本期未申报抵扣	26			
期末已认证相符但未申报抵扣	27			
其中：按照税法规定不允许抵扣	28			
（二）其他扣税凭证	29=30至33之和			
其中：海关进口增值税专用缴款书	30			
农产品收购发票或者销售发票	31			
代扣代缴税收缴款凭证	32		—	
其他	33			
四、其他				
项目	栏次	份数	金额	税额
本期认证相符的增值税专用发票	35	2	214000	27820
代扣代缴税额	36			

图2-25　附列资料（二）

步骤 5 填写附列资料（一）。根据任务二表 2-12，将 13% 税率的增值税专用发票的销售额和税额分别填入第 1 行第 1 列和第 2 列，将 13% 税率的增值税普通发票的销售额和税额分别填入第 1 行第 3 列和第 4 列，将 9% 税率的增值税普通发票的销售额和税额分别填入第 3 行第 3 列与第 4 列，第 9 列和第 10 列会自动汇总计算。结果如图 2-26 所示。

增值税及附加税费申报表附列资料（一）
（本期销售情况明细）
税款所属时间：自2021年12月1日至2021年12月31日

纳税人名称：（公章）北京陈鸿商贸有限责任公司　　　金额单位：元（列至角分）

项目及栏次			开具增值税专用发票		开具其他发票		未开具发票		纳税检查调整		合计		服务、不动产和无形资产本期实际扣除金额	扣除后	
			销售额	销项（应纳）税额	销售额	销项（应纳）税额	销售额	销项（应纳）税额	销售额	销项（应纳）税额	销售额	销项（应纳）税额	价税合计		含税（免税）销售额	销项（应纳）税额
			1	2	3	4	5	6	7	8	9=1+3+5+7	10=2+4+6+8	11=9+10	12	13=11-12	14=13÷(100%+税率或征收率)×税率或征收率
一、一般计税方法计税	全部征税项目	13%税率的货物及加工修理修配劳务	1	330000.00	42900.00	30000.00	3900.00					360000.00	46800.00			—	—
		13%税率的服务、不动产和无形资产	2									0.00	0.00			—	—
		9%税率的货物及加工修理修配劳务	3			180000.00	16200.00					180000.00	16200.00			—	—
		9%税率的服务、不动产和无形资产	4									0	0				
		6%税率	5									0	0				
	其中：即征即退项目	即征即退货物及加工修理修配劳务	6	—	—	—	—	—	—							—	—
		即征即退服务、不动产和无形资产	7	—	—	—	—	—	—							—	—
二、简易计税方法计税	全部征税项目	3%征收率	8													—	—
		5%征收率的货物及加工修理修配劳务	9a													—	—
		5%征收率的服务、不动产和无形资产	9b														
		4%征收率	10													—	—
		3%征收率的货物及加工修理修配劳务	11													—	—
		3%征收率的服务、不动产和无形资产	12														
		预征率　%	13a														
		预征率　%	13b														
		预征率　%	13c														
	其中：即征即退项目	即征即退货物及加工修理修配劳务	14	—	—	—	—	—	—							—	—
		即征即退服务、不动产和无形资产	15	—	—	—	—	—	—							—	—
三、免抵退税		货物及加工修理修配劳务	16													—	—
		服务、不动产和无形资产	17													—	—
四、免税		货物及加工修理修配劳务	18													—	—
		服务、不动产和无形资产	19													—	—

图 2-26 附列资料（一）

步骤 6 填写主表。附列资料（一）第 9 列第 1 栏和第 3 栏合计会自动带入主表"一般项目"第 2 栏，附列资料（一）第 10 列第 1 栏和第 3 栏合计会自动带入主表"一般项目"第 11 栏，将 11 月末留抵税额填写到主表"一般项目"第 13 栏，其余行次会自动计算得出。自动计算出第 34 栏"本期应补（退）税额"为 5 889.64 元，如图 2-27 所示。

步骤 7 填写附列资料（五）。第 1 列"增值税税额"填写主表第 34 栏增值税本期应补（退）税额 5 889.64 元，第 4 列分别填写对应税率 7%、征收率 3% 和 2%，会自动计算出第 5 列。结果如图 2-28 所示。

步骤 8 填写主表。附列资料（五）填写完成后，会自动带入主表第 39 至第 41 栏。结果如图 2-29 所示。

智能化税费核算与管理

增值税及附加税费申报表
（一般纳税人适用）

根据国家税收法律法规及增值税相关规定制定本表。纳税人不论有无销售额，均应按税务机关核定的纳税期限填写本表，并向当地税务机关申报。

税款所属时间：自2021年12月1日至2021年12月31日　　　填表日期：2022年1月8日　　　金额单位：元（列至角分）

纳税人识别号（统一社会信用代码）：91110105397030000X

纳税人名称：北京陈鸿商贸有限责任公司

项　目		栏次	一般项目		即征即退项目	
			本月数	本年累计	本月数	本年累计
销售额	（一）按适用税率计税销售额	1	540000.00			
	其中：应税货物销售额	2	540000.00			
	应税劳务销售额	3				
	纳税检查调整的销售额	4				
	（二）按简易办法计税销售额	5				
	其中：纳税检查调整的销售额	6				
	（三）免、抵、退办法出口销售额	7			—	—
	（四）免税销售额	8			—	—
	其中：免税货物销售额	9			—	—
	免税劳务销售额	10			—	—
税款计算	销项税额	11	63000.00			
	进项税额	12	27960.36			
	上期留抵税额	13	29150			
	进项税额转出	14				
	免、抵、退应退税额	15			—	—
	按适用税率计算的纳税检查应补缴税额	16				
	应抵扣税额合计	17=12+13-14-15+16	57110.36			
	实际抵扣税额	18（如17<11，则为17，否则为11）	57110.36			
	应纳税额	19=11-18	5889.64			
	期末留抵税额	20=17-18	0			
	简易计税办法计算的应纳税额	21				
	按简易办法计算的纳税检查应补缴税额	22				
	应纳税额减征额	23				
	应纳税额合计	24=19+21-23	5889.64			
税款缴纳	期末未缴税额（多缴为负数）	25				
	实收出口开具专用缴款书退税额	26				
	本期已缴税额	27=28+29+30+31				
	①分次预缴税额	28				
	②出口开具专用缴款书预缴税额	29			—	—
	③本期缴纳上期应纳税额	30				
	④本期缴纳欠缴税额	31				
	期末未缴税额（多缴为负数）	32=24+25+26-27	5889.64			
	其中：欠缴税额（≥0）	33=25+26-27				
	本期应补（退）税额	34=24-28-29	5889.64			
	即征即退实际退税额	35				
	期初未缴查补税额	36				
	本期入库查补税额	37				
	期末未缴查补税额	38=16+22+36-37				
附加税费	城市维护建设税本期应补（退）税额	39				
	教育费附加本期应补（退）费额	40				
	地方教育附加本期应补（退）费额	41				

声明：此表是根据国家税收法律法规及相关规定填写的，本人（单位）对填报内容（及附带资料）的真实性、可靠性、完整性负责。

图2-27　主表

增值税及附加税费申报表附列资料（五）
（附加税费情况表）

税（费）款所属时间：自2021年12月1日至2021年12月31日　　　金额单位：元（列至角分）

纳税人名称：（公章）北京陈鸿商贸有限责任公司

税（费）种		计税（费）依据			税（费）率（%）	本期应纳税（费）额	本期减免税（费）额		试点建设培育产教融合型企业		本期已缴税（费）额	本期应补（退）税（费）额
		增值税税额	增值税免抵额	留抵退税本期扣除额			减免性质代码	减免税（费）额	减免性质代码	本期抵免金额		
		1	2	3	4	5=(1+2-3)×4	6	7	8	9	10	11=5-7-9-10
城市维护建设税	1	5889.64			7	412.27		—		—		
教育费附加	2	5889.64			3	176.69						
地方教育附加	3	5889.64			2	117.79						
合计	4	—	—	—								

本期是否适用试点建设培育产教融合型企业抵免政策	□是 □否	当期新增投资额	5	
		上期留抵免金额	6	
		结转下期可抵免金额	7	
可用于扣除的增值税留抵退税额使用情况		当期新增可用于扣除的留抵退税额	8	
		上期结存可用于扣除的留抵退税额	9	
		结转下期可用于扣除的留抵退税额	10	

图2-28　附列资料（五）

单元二 增值税税务处理

增值税及附加税费申报表
（一般纳税人适用）

根据国家税收法律法规及增值税相关规定制定本表。纳税人不论有无销售额，均应按税务机关核定的纳税期限填写本表，并向当地税务机关申报。

税款所属时间：自2021年12月1日至2021年 12月31日　　　　填表日期：2022年1月8日　　　　金额单位：元（列至角分）

纳税人识别号（统一社会信用代码）：　91110105397030000N　　　　　　　　　　　所属行业：

纳税人名称：北京陈鸿商贸有限责任公司　　　法定代表人姓名　　　注册地址　　　生产经营地址

开户银行及账号　　　　　登记注册类型　　　　　　　　　　　　　　　　　　　　电话号码

项 目		栏次	一般项目		即征即退项目	
			本月数	本年累计	本月数	本年累计
销售额	（一）按适用税率计税销售额	1	540000.00			
	其中：应税货物销售额	2	540000.00			
	应税劳务销售额	3				
	纳税检查调整的销售额	4				
	（二）按简易办法计税销售额	5				
	其中：纳税检查调整的销售额	6				
	（三）免、抵、退办法出口销售额	7			—	—
	（四）免税销售额	8				
	其中：免税货物销售额	9				
	免税劳务销售额	10				
税款计算	销项税额	11	63000.00			
	进项税额	12	27960.36			
	上期留抵税额	13	29150			
	进项税额转出	14				
	免、抵、退应退税额	15				
	按适用税率计算的纳税检查应补缴税额	16				
	应抵扣税额合计	17=12+13-14-15+16	57110.36	—		
	实际抵扣税额	18（如17<11，则为17，否则为11）	57110.36			
	应纳税额	19=11-18	5889.64			
	期末留抵税额	20=17-18	0		—	
	简易计税办法计算的应纳税额	21				
	按简易计税办法计算的纳税检查应补缴税额	22			—	—
	应纳税额减征额	23				
	应纳税额合计	24=19+21-23	5889.64			
税款缴纳	期初未缴税额（多缴为负数）	25				
	实收出口开具专用缴款书退税额	26			—	—
	本期已缴税额	27=28+29+30+31				
	①分次预缴税额	28		—		
	②出口开具专用缴款书预缴税额	29				
	③本期缴纳上期应纳税额	30				
	④本期缴纳欠缴税额	31				
	期末未缴税额（多缴为负数）	32=24+25+26-27	5889.64			
	其中：欠缴税额（≥0）	33=25+26-27			—	—
	本期应补(退)税额	34=24-28-29	5889.64			
	即征即退实际退税额	35	—			
	期初未缴查补税额	36			—	—
	本期入库查补税额	37			—	—
	期末未缴查补税额	38=16+22+36-37			—	—
附加税费	城市维护建设税本期应补（退）税额	39	412.27			
	教育费附加本期应补（退）费额	40	176.69			
	地方教育附加本期应补（退）费额	41	117.79			

声明：此表是根据国家税收法律法规及相关规定填写的，本人（单位）对填报内容（及附带资料）的真实性、可靠性、完整性负责。

　　　　　　　　　　　　　　　　　　　　　　　　　　　　　　纳税人（签章）：　　　　　年　月　日

经办人：
经办人身份证号：　　　　　　　　　　受理人：
代理机构签章：
代理机构统一社会信用代码：　　　　　受理税务机关（章）：　　　　受理日期：　　年　月　日

图 2-29　主表

四、任务评价

对于每一项任务，结合业务能力和评价指标，根据掌握情况在表 2-27 的自测结果相应的"□"中打"√"。自测结果共分为 3 类：A 掌握；B 基本掌握；C 未掌握。

表 2-27　任务测评表

任务	任务布置	评价指标	自测结果	要求
一般纳税人应纳税额及附加税费的综合计算与申报	计算陈鸿公司的增值税应纳税额	计算应缴增值税应纳税额的公式	□A □B □C	能准确计算增值税应纳税额
	计算城市维护建设税、教育费附加和地方教育附加等附加税费	① 计算应缴城市维护建设税的公式 ② 计算应缴教育费附加费的公式 ③ 计算应缴地方教育附加税费的公式	□A □B □C	① 能准确计算应缴城市维护建设税 ② 能准确计算应缴教育费附加 ③ 能准确计算应缴地方教育附加
	编制陈鸿公司的纳税申报表	① 编制申报表的顺序 ② 各表之间的逻辑关系 ③ 填制各表的要领	□A □B □C	能熟练填写增值税及附加税费申报表

五、任务拓展

（一）享受增值税加计抵减企业的增值税及附加税费的计算与申报

拓展训练 2-10 银诚公司为酒店一般纳税人，成立于 2016 年 8 月，主要从事酒店行业，同时兼营销售家具。2021 年 9 月至 2021 年 11 月，该公司取得酒店餐饮服务收入 100 万元、取得住宿收入 200 万元、取得销售家具收入 150 万元，共计 450 万元。银诚公司 2021 年 12 月产生增值税销项税额 45 万元，取得可抵扣的增值税进项税额 30 万元。

① 银诚公司能否享受增值税税额加计抵减政策？
② 如能享受，计算当期可加计抵减金额，并填写附列资料（四）。

① 相关政策如图 2-30 所示。银诚公司 2021 年 9 月至 2021 年 11 月的全部收入 =100+200+150=450（万元），生活服务收入 =100+200=300（万元），生活服务收入占全部收入的比例 =300÷450≈67%，超过 50%，故银诚公司能享受增值税税额加计抵减 15% 的政策。

② 当期可加计抵减金额 =30×15%=4.5（万元）
填写附列资料（四）。

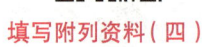

填写附列资料（四）

单元二 增值税税务处理

财政部 税务总局关于明确生活性服务业增值税加计抵减政策的公告

财政部 税务总局公告 2019 年第 87 号

现就生活性服务业增值税加计抵减有关政策公告如下：

一、2019 年 10 月 1 日至 2021 年 12 月 31 日，允许生活性服务业纳税人按照当期可抵扣进项税额加计 15%，抵减应纳税额（以下称加计抵减 15% 政策）。

二、本公告所称生活性服务业纳税人，是指提供生活服务取得的销售额占全部销售额的比重超过 50% 的纳税人。生活服务的具体范围按照《销售服务、无形资产、不动产注释》（财税〔2016〕36 号印发）执行。

2019 年 9 月 30 日前设立的纳税人，自 2018 年 10 月至 2019 年 9 月期间的销售额（经营期不满 12 个月的，按照实际经营期的销售额）符合上述规定条件的，自 2019 年 10 月 1 日起适用加计抵减 15% 政策。

2019 年 10 月 1 日后设立的纳税人，自设立之日起 3 个月的销售额符合上述规定条件的，自登记为一般纳税人之日起适用加计抵减 15% 政策。

纳税人确定适用加计抵减 15% 政策后，当年内不再调整，以后年度是否适用，根据上年度销售额计算确定。

三、生活性服务业纳税人应按照当期可抵扣进项税额的 15% 计提当期加计抵减额。按照现行规定不得从销项税额中抵扣的进项税额，不得计提加计抵减额；已按照 15% 计提加计抵减额的进项税额，按规定做进项税额转出的，应在进项税额转出当期，相应调减加计抵减额。计算公式如下：

当期计提加计抵减额 = 当期可抵扣进项税额 ×15%
当期可抵减加计抵减额 = 上期末加计抵减额余额 + 当期计提加计抵减额 - 当期调减加计抵减额

四、纳税人适用加计抵减政策的其他有关事项，按照《关于深化增值税改革有关政策的公告》（财政部 税务总局 海关总署公告 2019 年第 39 号）等有关规定执行。

特此公告。

财政部 税务总局
2019 年 9 月 30 日

图 2-30 生活性服务业增值税加计抵减政策公告

（二）按简易计算方法差额征收企业的增值税及附加税费的计算与申报

拓展训练 2-11 重庆安可劳务派遣公司适用 5% 征收率差额计税。2021 年 12 月，该公司取得劳务派遣收入 80 万元，其中支付给派遣员工的工资社保成本 68 万元，开具增值税普通发票。取得的增值税专用发票对应增值税进项税额 3 000 元。计算 2021 年 12 月应该缴纳的增值税税额，并填报增值税部分的申报表。

① 由于实行简易计税办法，所以增值税进项税额不能抵扣。本月应该缴纳的增值税税额 =（800 000 - 680 000）÷（1+5%）×5%=5 714.29（元）

② 填写附列资料（三）。

③ 填写附列资料（一）。

④ 主表自动生成。

填写附列资料（三）和（一）

（三）取得免税收入的企业应缴纳增值税及附加税费的计算与申报

拓展训练 2-12 湖北大方公司为从事生活性服务业增值税一般纳税人。2020 年 5 月的销售额为 40 万元，尚未开具增值税发票。计算湖北大方公司本期应缴纳增值税税额并填写相关增值税部分的申报表。

① 根据《财政部 税务总局关于支持新型冠状病毒感染的肺炎疫情防控有关税收政策的公告》（财政部 税务总局公告 2020 年第 8 号）"五、对纳税人提供公共交通运输服务、生活服务，以及为居民提供必需生活物资快递收派服务取得的收入，免征增值税"，所取

得的 40 万元免征增值税。

②填写减免税申报表。

③填写附列资料（一）。

④主表会自动生成免税销售额。

填写附列资料（一）

（四）含特殊业务的生产企业的增值税及附加税费的计算与申报

拓展训练 2-13 2021 年 12 月，富有公司发生业务如下。

① 购入净水机的原材料，取得增值税专用发票 12 张，注明的价款合计 800 万元、增值税税额合计 104 万元；取得运输服务专用发票 8 张，价款合计 6 万元、增值税税额合计 0.54 万元。所有材料验收入库，款项以银行存款支付。

② 直接销售净水机 2 400 台给商户，按照每台 3 000 元的价格开具增值税专用发票 12 张，不含税价格合计 720 万元、增值税税额合计 93.6 万元。全部款项已经到账。

③ 员工宿舍领用一批原材料，成本 1 万元。属于集体福利支出。

④ 购入生产设备一套，取得增值税专用发票 1 张。增值税专用发票上注明的价款为 5 万元、增值税税额为 0.65 万元。款项以银行存款支付。

⑤ 与经销商签订代销协议，约定经销商以每台不含税价格 3 000 元销售一批净水机。富有公司以每台 200 元的价格作为代销手续费进行结算。月底对账，收到经销商发来的代销清单显示销售净水机 500 台。富有公司按照 500 台、每台 3 000 元的价格开具不含税金额合计为 150 万元的增值税专用发票 4 张。

⑥ 提供物流运输服务，取得不含税收入 30 万元，增值税销项税额为 2.7 万元。开具增值税专用发票 5 张。

⑦ 按照每台不含税价格 3 000 元销售给个人客户 50 台净水机。其中，30 台开具增值税普通发票 30 张；剩余 20 台由于客户未索要发票，故没有开具发票。所有款项已经收到。

⑧ 提供净水机售后维修服务取得不含税收入 7 万元，开具增值税专用发票 8 张。

⑨ 提供技术咨询服务取得不含税收入 50 万元，增值税税额为 3 万元。开具增值税专用发票 2 张。

⑩ 发生水电费价税合计 3 万元。取得普通发票 3 张。

⑪ 保管不善丢失一批原材料，成本为 0.2 万元。

分析富有公司本月应缴增值税的情况。

① 增值税发票开票情况统计如表 2-28 所示。

表 2-28 增值税发票开票情况统计　　　　　　　　　　　　　　　　　万元

开具增值税专用发票情况				
序 号	发票份数	金 额	销项税额	备 注
1	16	870	113.1	净水机
2	8	7	0.91	修理修配
3	2	50	3	技术服务费用
4	5	30	2.7	运输服务
	合　计	957	119.71	

(续表)

开具增值税普通发票情况				
序号	发票份数	金额	销项税额	备注
1	30	9	1.17	净水机
未开具发票				
序号	发票份数	金额	销项税额	备注
1	0	6	0.78	净水机

②未开具发票情况。销售给个人客户的20台净水机，因客户未索要发票，当月没有开具发票，应该按照未开具发票收入申报缴纳增值税。未开票收入金额6万元，增值税税额为0.78万元。

③发票认证情况。将本月取得的增值税专用发票全部勾选认证，确认勾选发票清单显示：已认证相符的、符合本期抵扣条件的增值税专用发票21份，金额811（800+6+5）万元，税额105.19（104+0.54+0.65）万元。

④进项税额转出情况。员工宿舍领用原材料一批用于集体福利和个人消费，实际成本为1万元，增值税进项税额转出0.13万元。由于保管不善，原材料发生非常损失，其实际成本为0.2万元，因此增值税进项税额转出0.026万元。

⑤本期增值税应纳税额=（119.71+1.17+0.78）−105.19+（0.13+0.026）=16.626（万元）。

（五）思政教育

思政教育

任务七　小规模纳税人税额计算与申报

一、任务情境

（一）任务场景

北京飞扬数码科技有限公司（以下简称飞扬公司）是一家从事计算机硬件销售和技术服务的公司，属于增值税小规模纳税人。2022年1月6日，会计人员需要对公司2021年第四季度的增值税进行纳税申报。相关销售资料如下：2021年10月、11月和12月分别取得不含税的计算机硬件销售收入5万元（其中开具增值税普通发票4万元）、7万元（其中开具增值税电子普通发票5.5万元）和8万元（其中开具增值税电子普通发票8万元），同时分别取得不含税的技术服务收入20万元（其中开具增值税电子普通发票18万元）、32万元（其中，开具增值税普通发票10万元、增值税电子普通发票16万元）和30万元（其中开具增值税电子普通发票21万元,税务机关代开专票6万元)。公司向税务机关申请代开增值税专用发票。

(二)任务布置

① 准确进行飞扬公司发票的归类整理。
② 准确计算飞扬公司应缴纳的增值税。
③ 准确填写飞扬公司的增值税季度纳税申报表并申报。

二、任务准备

(一)知识准备

1. 小规模纳税人增值税征收率

小规模纳税人在增值税征收管理中采用简易征收,按照其销售额与规定的征收率计算缴纳增值税,不得抵扣增值税进项税额。

(1)3%征收率的适用范围

小规模纳税人在境内销售货物或加工、修理修配劳务,销售应税服务、无形资产,增值税征收率为3%。

(2)5%征收率的适用范围

小规模纳税人在境内销售不动产、出租不动产、转让土地使用权,增值税征收率为5%。

2. 小规模纳税人应纳税额的计算

(1)小规模纳税人采用简易方法计算应纳税额

小规模纳税人采用简易计税方法计算应纳增值税税额,不能使用增值税专用发票,其购进货物不论是否取得增值税专用发票,都不能抵扣增值税进项税额。小规模纳税人(其他个人除外)可以自愿使用增值税发票管理系统自行开具增值税专用发票,或者向税务机关申请代开。选择自行开具增值税专用发票的小规模纳税人,税务机关不再为其代开。小规模纳税人应纳增值税税额的基本计算公式为:

$$应纳税额 = 销售额 \times 征收率$$

其中,销售额应为不含税销售额。如果是含税销售额,则应换算为不含税销售额:

$$不含税销售额 = 含税销售额 \div (1+征收率)$$

纳税人适用简易计税方法计税的,因销售折让、中止或退回而退还给购买方的销售款,应当从当期销售额中扣减。扣减当期销售额后仍有余额造成多缴的税款,可以从以后的应纳税额中扣减。

小规模纳税人初次购买增值税税控系统专用设备,以及缴纳的技术维护费,可凭购买增值税税控系统专用设备取得的增值税专用发票和技术维护费发票,在增值税应纳税额中全额抵减(抵减额为价税合计额),不足抵减的可结转下期继续抵减。

(2)"营改增"试点小规模纳税人缴纳增值税的相关政策

① 小规模纳税人跨县(市)提供建筑服务,应以取得的全部价款和价外费用扣除支付的分包款后的余额为销售额,按照3%的征收率计算应纳税额。

② 小规模纳税人销售其取得(不含自建)的不动产(不含个体工商户销售购买的住房和其他个人销售不动产),应以取得的全部价款和价外费用减去该项不动产购置原价或

取得不动产时的作价后的余额为销售额，按照 5% 的征收率计算应纳税额；小规模纳税人转让其自建的不动产，以取得的全部价款和价外费用为销售额，按照 5% 的征收率计算应纳税额。

③ 小规模纳税人（除其他个人外）销售自己使用过的固定资产，减按 2% 的征收率征收增值税。自 2020 年 5 月 1 日至 2023 年 12 月 31 日，从事二手车经销的纳税人销售其收购的二手车，由原按照简易办法依 3% 征收率减按 2% 征收增值税，改为减按 0.5% 征收增值税。

④ 小规模纳税人提供劳务派遣服务，可以以取得的全部价款和价外费用为销售额，按照简易计税方法依 3% 的征收率计算缴纳增值税。也可以选择差额纳税，以取得的全部价款和价外费用，扣除代用工单位支付给劳务派遣员工的工资、福利和为其办理社会保险及住房公积金后的余额为销售额，按照简易计税方法依 5% 的征收率计算缴纳增值税。

3. 小规模纳税人税收优惠政策

① 自 2019 年 1 月 1 日起，小规模纳税人发生增值税应税销售行为，合计月销售额未超过 10 万元（以一个季度为一个纳税期的，季度销售额未超过 30 万元）的，免征增值税。适用增值税差额征收政策的小规模纳税人，以差额后的销售额确定是否可以享受月销售额 10 万元以下或季销售额 30 万元以下免征增值税政策；自 2021 年 4 月 1 日至 2022 年 12 月 31 日，小规模纳税人发生增值税应税销售行为，合计月销售额未超过 15 万元（以一个季度为一个纳税期的，季度销售额未超过 45 万元）的，免征增值税。

小规模纳税人以包括销售货物、劳务、服务、无形资产和不动产在内的所有应税行为合并计算销售额，判断是否达到月销售额 15 万元或季销售额 45 万元免税标准。

- 小规模纳税人的合计月销售额不超过 15 万元或季销售额不超过 45 万元的，其包含不动产在内的所有销售额均免征增值税。
- 小规模纳税人的合计月销售额超过 15 万元或季销售额超过 45 万元，但扣除不动产销售额后月销售额未超过 15 万元或季销售额未超过 45 万元的，其货物、劳务、服务、无形资产的销售额免征增值税，不动产的销售额按规定征收增值税（其他个人销售不动产除外）。
- 按季纳税申报的小规模纳税人，实际经营期不足一个季度的，以实际经营月份计算当期免征增值税的销售额度。

② 由于受疫情影响，财政部与税务总局于 2020 年发布第 13 号公告《关于支持个体工商户复工复业增值税政策的公告》。2020 年 3 月 1 日至 12 月 31 日，对湖北省增值税小规模纳税人，适用 3% 征收率的应税销售收入，免征增值税；适用 3% 预征率的预缴增值税项目，暂停预缴增值税。除湖北省外，其他省、自治区、直辖市的增值税小规模纳税人，适用 3% 征收率的应税销售收入，减按 1% 征收率征收增值税；适用 3% 预征率的预缴增值税项目，减按 1% 预征率预缴增值税。自 2021 年 4 月 1 日至 2021 年 12 月 31 日，湖北省增值税小规模纳税人适用 3% 征收率的应税销售收入，减按 1% 征收率征收增值税；适用 3% 预征率的预缴增值税项目，减按 1% 预征率预缴增值税。

③ 北京市、上海市、广州市和深圳市之外的个人将购买不足 2 年的住房对外销售的，按照 5% 的征收率全额缴纳增值税；个人将购买 2 年以上（含 2 年）的住房对外销售的，免征增值税。

北京市、上海市、广州市和深圳市的个人将购买不足 2 年的住房对外销售的，按照 5%

的征收率全额缴纳增值税;个人将购买 2 年以上(含 2 年)的非普通住房对外销售的,以销售收入减去购买住房价款后的差额按照 5% 的征收率缴纳增值税;个人将购买 2 年以上(含 2 年)的普通住房对外销售的,免征增值税。

④ 个人出租住房,按 5% 征收率减按 1.5% 计算应纳税额。其他个人采取一次性收取租金的形式出租不动产,取得的租金收入可在租金对应的租赁期内平均分摊,分摊后的月租金收入不超过 15 万元的,可享受小微企业免征增值税优惠政策。

(二)操作准备

增值税小规模纳税人进行纳税申报时,应填报的资料包括:增值税及附加税费申报表(小规模纳税人适用)主表及附列资料(一)和附列资料(二)。

自 2021 年 8 月 1 日起,增值税、消费税分别与城市维护建设税、教育费附加、地方教育附加申报表整合,启用增值税及附加税费申报表(一般纳税人适用)、增值税及附加税费申报表(小规模纳税人适用)、增值税及附加税费预缴表及其附列资料和消费税及附加税费申报表。

新启用的"增值税及附加税费申报表(小规模纳税人适用)"主表及其附列资料,主要变化有以下 3 个方面。

① 在原"增值税纳税申报表(小规模纳税人适用)"主表增加第 23 栏至第 25 栏"附加税费",并将表名调整为"增值税及附加税费申报表(小规模纳税人适用)"。

② 将原"增值税纳税申报表(小规模纳税人适用)"主表中开具增值税专用发票销售额和开具普通发票销售额相关栏名称调整为更准确的表述,即将第 2、5 栏名称由原"税务机关代开的增值税专用发票不含税销售额"调整为"增值税专用发票不含税销售额",将第 3、6、8、14 栏名称由原"税控器具开具的普通发票不含税销售额"调整为"其他增值税发票不含税销售额"。

③ 增加附列资料(二)"附加税费情况表"。

(三)任务要领

在填写"增值税及附加税费申报表(小规模纳税人适用)"时应注意:"货物及劳务"列与"服务、不动产和无形资产"列分别填写对应的收入;自开增值税专用发票或税务机关代开增值税专用发票的小规模纳税人应将当期开具专用发票的销售额,按照 3% 和 5% 的征收率,分别填写在"增值税及附加税费申报表(小规模纳税人适用)"第 2 栏和第 5 栏"增值税专用发票不含税销售额"的"本期数"相应列中,并同时以不含税销售额按照 3% 和 5% 征收率计算的税额填写在第 21 栏"本期预缴税额"的"本期数"相应列中。

三、任务实施

(一)任务流程(见图 2-31)

注意,"生成报表"在财天下平台中生成,如果不通过财天下平台,则需要手动导入报表。

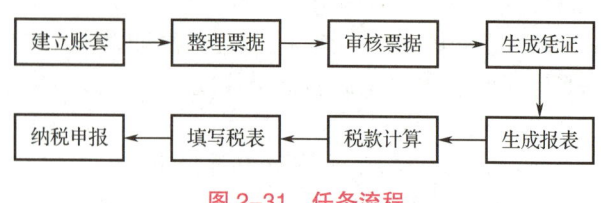

图 2-31 任务流程

单元二 增值税税务处理

（二）任务操作

步骤 1　在财天下平台中为飞扬公司建立账套，并进行基础设置，如图 2-32 所示。

图 2-32　基础设置

步骤 2　将票据分类整理，通过扫描或拍照将纸质票据转成电子影像文件，如图 2-33 所示。其中，票据包括增值税销项发票、增值税进项发票、火车票、行程单、增值税卷票、出租车票、定额发票、银行回单及其他票据。

步骤 3　采集票据影像，自动识别票据并进行人工校验，如图 2-34 所示。

图 2-33　整理票据　　　　　　　　图 2-34　审核票据

步骤 4　生成凭证，包括财天下平台根据采集的影像自动生成的凭证、智能工资自动生成的凭证及人工编制的凭证。

步骤 5　审核财务业务，生成财务报表。

根据要求将飞扬公司 2021 年第四季度销售额的数据整理，形成应税销售额、税额汇总表，如表 2-29 所示。

表 2-29　应税销售额、税额汇总表

制表时间：2022 年 01 月 06 日　　　　　　　　　　　　　　　　　　　　　　　　元

开票情况	应税项目	销售额	征收率	税　额
增值税普通发票	货物及劳务	40 000	1%	400
增值税电子普通发票		135 000	1%	1 350
开具发票小计		175 000		1 750
未开发票		25 000	1%	250
货物小计		200 000		2 000

(续表)

开票情况	应税项目	销售额	征收率	税　额
增值税普通发票	服务	100 000	1%	1 000
增值税电子普通发票		550 000	1%	5 500
开具发票小计		650 000		6 500
未开发票		110 000	1%	1 100
服务小计		760 000	1%	7 600
合　计		960 000		9 600
税务机关代开增值税专用发票	服务	60 000	1%	600

步骤 6　进入金税师平台的"纳税工作台"，单击"北京飞扬数码科技有限公司"，查询与核对基本信息，如图 2-35 所示。

图 2-35　查询与核对基本信息

步骤 7　选择申报日期，由于申报 2021 年第四季度的增值税，因此应选择 2022 年 1 月，选择所要申报的税种"增值税"。结合飞扬公司具体情况及小规模纳税人增值税税收优惠政策，检查并修改表 2-30；由于飞扬公司本季度没有服务、不动产和无形资产扣除项目，因此无须填写表 2-31，直接单击"保存"按钮；表 2-32 中的"计税依据"由表 2-30 中的"应纳税额合计"自动关联，系统自动生成附加税的"本期应纳税额"，同时飞扬公司享受增值税小规模纳税人"六税两费"减征政策，则"减征比例"为 50%，"减征额"为"本期应纳税额"的 50%，系统自动生成"本期应补税额"。

视频演示

表 2-30　增值税及附加税费申报表（小规模纳税人适用）

纳税人识别号（统一社会信用代码）：911101087364811111
纳税人名称：北京飞扬数码科技有限公司　　　　　　　　　　　　　　金额单位：元（列至角分）
税款所属时期：2021 年 10 月 01 日至 2021 年 12 月 31 日　　　　　　填表日期：2022 年 01 月 06 日

项　目		栏次	本期数		本年累计	
			货物及劳务	服务、不动产和无形资产	货物及劳务	服务、不动产和无形资产
一、计税依据	（一）应征增值税不含税销售额（3% 征收率）	1	200 000.00	820 000.00		

(续表)

项目		栏次	本期数		本年累计	
			货物及劳务	服务、不动产和无形资产	货物及劳务	服务、不动产和无形资产
一、计税依据	增值税专用发票不含税销售额	2		60 000.00		
	其他增值税发票不含税销售额	3	175 000.00	650 000.00		
	（二）应征增值税不含税销售额（5%征收率）	4	—		—	
	增值税专用发票不含税销售额	5				
	其他增值税发票不含税销售额	6				
	（三）销售使用过的固定资产不含税销售额	7（7≥8）		—		
	其中：其他增值税发票不含税销售额	8				
	（四）免税销售额	9=10+11+12				
	其中：小微企业免税销售额	10				
	未达起征点销售额	11				
	其他免税销售额	12				
	（五）出口免税销售额	13（13≥14）				
	其中：其他增值税发票不含税销售额	14				
二、税款计算	本期应纳税额	15	6 000.00	24 600.00		
	本期应纳税额减征额	16	4 000.00	16 400.00		
	本期免税额	17				
	其中：小微企业免税额	18				
	未达起征点免税额	19				
	应纳税额合计	20=15-16	2 000.00	8 200.00		
	本期预缴税额	21		600.00		
	本期应补（退）税额	22=20-21	2 000.00	7 600.00	—	—
三、附加税费	城市维护建设税本期应补（退）税额	23	336.00			
	教育费附加本期应补（退）税额	24	144.00			
	地方教育附加本期应补（退）税额	25	96.00			

表2-31　增值税及附加税费申报表（小规模纳税人适用）附列资料（一）

（服务、不动产和无形资产扣除项目明细）

税款所属期：2021年10月01日至2021年12月31日　　　　　　　　　　　填表日期：2022年01月06日

纳税人名称（公章）：北京飞扬数码科技有限公司　　　　　　　　　　　金额单位：元（列至角分）

应税行为（3%征收率）扣除额计算			
期初余额	本期发生额	本期扣除额	期末余额
1	2	3（3≤1+2之和，且3≤5）	4=1+2-3
应税行为（3%征收率）计税销售额计算			
全部含税收入（适用3%征收率）	本期扣除额	含税销售额	不含税销售额
5	6=3	7=5-6	8=7÷1.03
应税行为（5%征收率）扣除额计算			
期初余额	本期发生额	本期扣除额	期末余额
9	10	11（11≤9+10之和，且11≤13）	12=9+10-11
应税行为（5%征收率）计税销售额计算			
全部含税收入（适用5%征收率）	本期扣除额	含税销售额	不含税销售额
13	14=11	15=13-14	16=15÷1.05

表2-32　增值税及附加税费申报表（小规模纳税人适用）附列资料（二）

（附加税费情况表）

税款所属期：2021年10月01日至2021年12月31日　　　　　　　　　　　填表日期：2022年01月06日

纳税人名称（公章）：北京飞扬数码科技有限公司　　　　　　　　　　　金额单位：元（列至角分）

税（费）种	计税（费）依据	税（费）率/%	本期应纳税（费）额	本期减免税（费）额		增值税小规模纳税人"六税两费"减征政策		本期已缴税（费）额	本期应补（退）税（费）额
	增值税税额			减免性质代码	减免税（费）额	减征比例/%	减征额		
	1	2	3=1×2	4	5	6	7=(3-5)×6	8	9=3-5-7-8
城市维护建设税	10 200.00	7%	714.00			50%	357.00	21.00	336.00
教育费附加	10 200.00	3%	306.00			50%	153.00	9.00	144.00
地方教育附加	10 200.00	2%	204.00			50%	102.00	6.00	96.00
合　计	—		1 224.00	—		—		612.00	36.00	576.00

单元二　增值税税务处理

步骤8　税表检查无误后单击"申报",即完成了申报表报送。

四、任务评价

对于每一项任务,结合业务能力和评价指标,根据掌握情况在表2-33的自测结果相应的"□"中打"√"。自测结果共分为3类:A 掌握;B 基本掌握;C 未掌握。

表2-33　任务测评表

任务	任务布置	评价指标	自测结果	要求
小规模纳税人税额计算与申报	准确进行飞扬公司发票的归类整理	① 整理飞扬公司第四季度的票据 ② 审核飞扬公司第四季度的票据	□A □B □C	能够准确进行发票整理并审核
	准确计算飞扬公司应缴纳的增值税税额	① 确定应税销售额 ② 确定征收率	□A □B □C	能够准确计算小规模纳税人应缴纳的增值税税额
	准确填写飞扬公司的增值税季度纳税申报表并申报	① 填写申报表 ② 填写附列资料	□A □B □C	能够准确填写小规模纳税人增值税及附加税费申报表

五、任务拓展

(一)拓展训练

拓展训练 2-18 飞扬公司于2020年11月开业,并按季缴纳增值税。2020年11月、12月销售货物和服务取得销售额合计21万元(不含税,下同);2021年第一季度销售计算机硬件取得销售额3万元,提供软件服务取得收入20万元,销售不动产取得销售额5万元;2021年第二季度销售计算机硬件取得销售额5万元、提供软件服务取得收入22万元、销售不动产取得销售额16万元。上述收入均开具增值税普通发票。判断该公司2020年第四季度至2021年第二季度是否享受小规模纳税人免税政策。

解析

飞扬公司2020年第四季度可享受小规模纳税人免税政策;2021年第一季度可享受小规模纳税人免税政策;2021年第二季度销售货物和服务可以享受小规模纳税人免税政策,销售不动产销售额应照章纳税。

拓展训练 2-19 飞扬公司2021年第三季度销售计算机硬件取得不含税销售额 200 000 元(其中开具发票 175 000 元)。计算该公司应缴纳的增值税税额。

该公司应缴纳的增值税税额 = 200 000 × 1% = 2 000 (元)

解析

拓展训练 2-20 飞扬公司2021年第三季度取得含税的技术服务收入 60 600 元,全部由税务机关代开增值税专用发票。计算该公司应缴纳的增值税税额。

该公司应缴纳的增值税税额 = 60 600 ÷ (1+1%) × 1% = 60 000 × 1% =

解析

600（元）

（二）思政教育

体现社会主义优越性，熟练运用小规模纳税人税收优惠政策。

运用税收优惠政策

同步练习

在线测试

实务题

单元三

消费税及附加税税务处理

思政目标
1. 树立正确的世界观、价值观、人生观。
2. 树立正确的消费观，履行依法纳税义务。
3. 培养学生遵守社会公德和良好的职业素养。

知识目标
1. 理解消费税的概念、征税范围、税目、税率和纳税人。
2. 掌握消费税纳税义务发生时间、纳税期限和纳税地点。
3. 掌握消费税应纳税额的计算及纳税申报表的填写。

技能目标
1. 掌握消费税基础理论。
2. 掌握消费税应纳税额的计算。
3. 能应用 1+X 智能财税平台完成消费税纳税申报表及相关附表的填写。

任务一　消费税认知

一、任务情境

（一）任务场景

1. 基本信息

企业名称：重庆清珂摩托车有限公司；统一社会信用代码（纳税人识别号）：91500106203078350G；企业登记注册类型：有限责任公司；主管税务机关：国家税务总局重庆市沙坪坝区税务局；税务登记状态：正常；是否一般纳税人：是；是否上市公司：否；是否高新技术企业：是。

2. 经营范围及主要产品

主营业务：摩托车研发、生产和销售。

经营范围：研发、生产、销售摩托车整车、摩托车发动机、摩托车配件、小型汽油机及配件、电动自行车及配件、汽油机助力车及配件；销售有色金属（不含贵金属）、金属材料、金属制品等；为本企业研发、生产、销售的产品提供售后服务，经营本企业研发技术和生产产品的出口业务，经营本企业研发和生产所需的技术、原辅材料、机械设备、仪器仪表、零配件进口等；国内普通货物运输。

重庆清珂摩托车有限公司在国内市场上的主要产品（种类、排量、售价等可增加、修改）如表 3-1 所示。

表 3-1 国内市场上的主要产品

种 类	排量 /mL	缸 型	市场平均售价（不含税）/元
LP350LF350-2	350	双缸	24 666
JF250-3P	250	单缸	16 800
LPT200LF200-10D	200	单缸	13 450
LPT200LF200-10L	200	单缸	12 980
LPM200LF200-3B	200	单缸	12 880
L19LF150-14P	150	单缸	12 680
LPR150 LF150-10S	150	单缸	9 380
JF150-H	150	单缸	7 680
JF110T-P	电动车		6 380
JF100T-V	电动车		5 680

在国际市场上的主要产品有 LP250-C、LP350LF350-2、LP400 等。

（二）任务布置

根据任务场景判断重庆清珂摩托车有限公司的产品是否属于应税消费品及适用税率。

二、任务准备

（一）知识准备

消费税是对特定消费品征收的一种流转税。消费税的纳税人是生产、委托加工和进口应税消费品的单位与个人。纳税人可以通过提高定价等方式将税负转嫁出去，因而消费税实际上最终由消费者承担。消费税是政府贯彻消费政策、引导消费结构、进行产业调控的重要手段，对保证政府财政收入、体现政府经济政策具有十分重要的意义。

2019 年 9 月 26 日，国务院印发《实施更大规模减税降费后调整中央与地方收入划分改革推进方案》，提出"后移消费税征收环节并稳步下划地方"。按照健全地方税体系改革的要求，在征管可控的前提下，将部分在生产（进口）环节征收的现行消费税品目逐步后移至批发或零售环节征收，拓展地方收入来源，引导地方改善消费环境。先对高档手表、贵重首饰和珠宝玉石等条件成熟的品目实施改革，再结合消费税立法对其他具备条件的品目实施改革试点。

单元三　消费税及附加税税务处理

1. 消费税纳税人

根据相关规定，在中华人民共和国境内，生产、委托加工和进口应税消费品的单位和个人，以及国务院确定的销售《增值税暂行条例》所规定的消费品的其他单位和个人，均为消费税的纳税人。其中，单位是指企业、行政单位、事业单位、军事单位、社会团体及其他单位；个人是指个体工商户及其他个人。

消费税认知

由于消费税是在对所有货物普遍征收增值税的基础上选择少量消费品征收的，因此消费税纳税人同时也是增值税纳税人。

2. 消费税的征税范围

根据《消费税暂行条例》及其实施细则的规定，消费税的征税范围如下。

（1）生产应税消费品

纳税人生产的应税消费品于纳税人销售时纳税。纳税人自产自用的应税消费品，用于连续生产应税消费品的，不纳税；用于其他方面的，于移送使用时纳税。

（2）委托加工应税消费品

委托加工的应税消费品是指由委托方提供原料和主要材料，受托方只收取加工费和代垫部分辅助材料加工的应税消费品。

委托加工的应税消费品除受托方为个人外，由受托方在向委托方交货时代收代缴消费税。委托个人加工的应税消费品，由委托方收回后缴纳消费税。

委托加工的应税消费品，委托方用于连续生产应税消费品的，所纳税款准予按规定抵扣。委托方将收回的应税消费品以不高于受托方的计税价格出售的，为直接出售，不再缴纳消费税；委托方以高于受托方的计税价格出售的，不属于直接出售，需要按照规定申报缴纳消费税，在计税时准予扣除受托方已代收代缴的消费税。

（3）进口应税消费品

单位和个人进口应税消费品，于报关进口时缴纳消费税。为了减少征税成本，进口环节缴纳的消费税由海关代征。

（4）零售应税消费品

自 1995 年 1 月 1 日起，金银首饰消费税由生产销售环节征收改为零售环节征收。改在零售环节征收消费税的金银首饰仅限于金基、银基合金首饰及金、银和金基、银基合金的镶嵌首饰。自 2002 年 1 月 1 日起，对钻石及钻石饰品消费税的纳税环节由生产环节、进口环节后移至零售环节。自 2003 年 5 月 1 日起，铂金首饰消费税改为零售环节征税。

超豪华小汽车在生产和零售两个环节征收消费税，零售环节需要按 10% 进行加征。

（5）批发销售卷烟

烟草批发企业将卷烟销售给其他烟草批发企业的，不缴纳消费税。

卷烟消费税改为在生产和批发两个环节征收后，批发企业在计算应纳税额时不得扣除已含的生产环节的消费税税款。

3. 消费税的税目和税率

我国目前消费税的税目有 15 种商品，具体可以划分为以下 3 类。

① 过量消费后不利于身体健康的：烟、酒。

② 奢侈品或高档消费品：高档化妆品、贵重首饰及珠宝玉石、高尔夫球及球具、高

档手表、游艇、摩托车、小汽车。

③ 为保护生态环境、节约自然资源而不鼓励消费的商品：鞭炮焰火成品油、木制一次性筷子、实木地板、电池、涂料。

15 个消费税税目如表 3-2 所示。

表 3-2 消费税税目

税　目	征税范围
一、烟 凡是以烟叶为原料加工生产的产品，不论使用何种辅料，均属于本税目的征收范围	① 卷烟。卷烟包括甲类卷烟和乙类卷烟 ● 甲类卷烟是指每标准条（200 支）调拨价格在 70 元（不含增值税）以上（含 70 元）的卷烟 ● 乙类卷烟是指每标准条（200 支）调拨价格在 70 元（不含增值税）以下的卷烟 ② 雪茄烟。雪茄烟的征税范围包括各种规格、型号的雪茄烟 ③ 烟丝。烟丝的征税范围包括以烟叶为原料加工生产的不经卷制的散装烟
二、酒 包括白酒、黄酒、啤酒和其他酒	① 白酒。白酒包括粮食白酒和薯类白酒 ● 粮食白酒。粮食白酒是指以高粱、玉米、大米、糯米、大麦、小麦、青稞等各种粮食为原料，经过糖化、发酵后，采用蒸馏方法酿制的白酒 ● 薯类白酒。薯类白酒是指以白薯（红薯、地瓜）、木薯、马铃薯、芋头、山药等各种干鲜薯类为原料，经过糖化、发酵后，采用蒸馏方法酿制的白酒。用甜菜酿制的白酒，比照薯类白酒征税 ② 黄酒。黄酒是指以糯米、粳米、籼米、大米、黄米、玉米、小麦、薯类等为原料，经加温、糖化、发酵、压榨酿制的酒，包括各种原料酿制的黄酒和酒度超过 12 度（含 12 度）的土甜酒 ③ 啤酒。啤酒是指以大麦或其他粮食为原料，加入啤酒花，经糖化、发酵、过滤酿制的含有二氧化碳的酒 对饮食业、商业、娱乐业举办的啤酒屋（啤酒坊）利用啤酒生产设备生产的啤酒，应当征收消费税 ④ 其他酒。其他酒是指除粮食白酒、薯类白酒、黄酒、啤酒以外的酒，包括糠麸白酒、其他原料白酒、土甜酒、复制酒、果木酒、汽酒、药酒、葡萄酒等 对以黄酒为酒基生产的配制或泡制酒，按其他酒征收消费税。调味料酒不征收消费税
三、高档化妆品 包括各类高档美容、修饰类化妆品、高档护肤类化妆品和成套化妆品	高档美容、修饰类化妆品和高档护肤类化妆品是指生产（进口）环节销售（完税）价格（不含增值税）在 10 元／毫升（克）或 15 元／片（张）及以上的美容、修饰类化妆品和护肤类化妆品 舞台、戏剧、影视演员化妆用的上妆油、卸装油、油彩不属于本税目的征税范围
四、贵重首饰及珠宝玉石 包括各种金银珠宝首饰和经采掘、打磨、加工的各种珠宝玉石	① 金银首饰、铂金首饰和钻石及钻石饰品，包括凡以金、银、铂金、宝石、珍珠、钻石、翡翠、珊瑚、玛瑙等高贵稀有物质及其他金属、人造宝石等制作的各种纯金银首饰及镶嵌首饰（含人造金银、合成金银首饰）等 ② 其他贵重首饰和珠宝玉石，包括钻石、珍珠、松石、青金石、欧泊石、橄榄石、长石、玉、石英、玉髓、石榴石、锆石、尖晶石、黄玉、碧玺、金绿玉、绿柱石、刚玉、琥珀、珊瑚、煤玉、龟甲、合成刚玉、合成宝石、双合石及玻璃仿制品等 宝石坯是经采掘、打磨、初级加工的珠宝玉石半成品，对宝石坯应按规定征收消费税

(续表)

税　目	征税范围
五、鞭炮、焰火 包括各种鞭炮、焰火	具体包括喷花类、旋转类、旋转升空类、火箭类、吐珠类、线香类、小礼花类、烟雾类、造型玩具类、炮竹类、摩擦炮类、组合烟花类、礼花弹类等 体育上用的发令纸、鞭炮药引线，不按本税目征收
六、成品油 包括汽油、柴油、石脑油、溶剂油、航空煤油、润滑油、燃料油7个子目	① 汽油。汽油是指用原油或其他原料加工生产的辛烷值不小于66的可用作汽油发动机燃料的各种轻质油 以汽油、汽油组分调和生产的甲醇汽油、乙醇汽油也属于本税目征税范围 ② 柴油。柴油是指用原油或其他原料加工生产的凝点或倾点在-50℃～30℃的可用作柴油发动机燃料的各种轻质油和以柴油组分为主，经调和精制可用作柴油发动机燃料的非标油 以柴油、柴油组分调和生产的生物柴油也属于本税目征税范围 ③ 石脑油。石脑油又称化工轻油，是以石油加工生产的或二次加工汽油经加氢精制而得的用于化工原料的轻质油 石脑油的征税范围包括除汽油、柴油、航空煤油、溶剂油以外的各种轻质油 ④ 溶剂油。溶剂油是以石油加工生产的用于涂料、油漆生产、食用油加工、印刷油墨、皮革、农药、橡胶、化妆品生产的轻质油 ⑤ 航空煤油。航空煤油又称喷气燃料，是以石油加工生产的用于喷气发动机和喷气推进系统中作为能源的石油燃料 ⑥ 润滑油。润滑油是用于内燃机、机械加工过程的润滑产品。润滑油分为矿物性润滑油、植物性润滑油、动物性润滑油和化工原料合成润滑油 润滑油的征税范围包括矿物性润滑油、矿物性润滑油基础油、植物性润滑油、动物性润滑油和化工原料合成润滑油 ⑦ 燃料油。燃料油又称重油、渣油。燃料油的征税范围包括用于电厂发电、船舶锅炉燃料、加热炉燃料、冶金和其他工业炉燃料的各类燃料油 自2012年11月1日起，催化料、焦化料属于燃料油的征税范围，应当征收消费税
七、摩托车	① 汽缸容量在250毫升（含）以下的摩托车和汽缸容量在250毫升（不含）以上的摩托车两种 ② 对最大设计车速不超过50千米/小时、发动机汽缸总工作容量不超过50毫升的三轮摩托车不征收消费税
八、小汽车 汽车是指由动力驱动，具有4个或4个以上车轮的非轨道承载的车辆，包括乘用车、中轻型商用客车和超豪华小汽车3个子目	① 乘用车。乘用车是在设计和技术特性上用于载运乘客和货物，包括含驾驶员座位在内最多不超过9个座位（含）的汽车 用排气量小于1.5升（含）的乘用车底盘（车架）改装、改制的车辆属于乘用车征税范围 ② 中轻型商用客车。中轻型商用客车是在设计和技术特性上用于载运乘客和货物，包括含驾驶员座位在内的座位数在10～23座（含23）的汽车 用排气量大于1.5升的乘用车底盘（车架）或用中轻型商用客车底盘（车架）改装、改制的车辆属于中轻型商用客车征税范围 含驾驶员人数（额定载客）为区间值（如8～10人、17～26人）的小汽车，按其区间值下限人数确定征税范围 ③ 超豪华小汽车。超豪华小汽车是每辆零售价格为130万元（不含增值税）及以上的乘用车和中轻型商用客车，即乘用车和中轻型商用客车子税目中的超豪华小汽车 电动汽车不属于本税目征税范围 车身长度大于7米（含），并且座位在10～23座（含）以下的商用客车，不属于中轻型商用客车征税范围，不征收消费税 沙滩车、雪地车、卡丁车、高尔夫车不属于消费税征税范围，不征收消费税 对于企业购进货车或箱式货车改装生产的商务车、卫星通信车等专用汽车不属于消费税征税范围，不征收消费税 对于购进乘用车和中轻型商用客车整车改装生产的汽车，应按规定征收消费税

(续表)

税　目	征税范围
九、高尔夫球及球具	高尔夫球，高尔夫球杆及高尔夫球包（袋），高尔夫球杆的杆头、杆身和握把
十、高档手表	高档手表是指销售价格（不含增值税）每只在 10 000 元（含）以上的各类手表
十一、游艇	游艇是指长度大于 8 米小于 90 米，船体由玻璃钢、钢、铝合金、塑料等多种材料制作，可以在水上移动的水上浮载体。按照动力划分，游艇分为无动力艇、帆艇和机动艇 本税目征税范围包括艇身长度大于 8 米（含）小于 90 米（含），内置发动机，可以在水上移动，一般为私人或团体购置，主要用于水上运动和休闲娱乐等非牟利活动的各类机动艇
十二、木制一次性筷子	木制一次性筷子又称卫生筷子，是指以木材为原料经过锯段、浸泡、旋切、刨切、烘干、筛选、打磨、倒角、包装等环节加工而成的各类一次性使用的筷子，包括各种规格的木制一次性筷子和未经打磨、倒角的木制一次性筷子
十三、实木地板	实木地板是指以木材为原料，经锯割、干燥、刨光、截断、开榫、涂漆等工序加工而成的块状或条状的地面装饰材料。实木地板按生产工艺不同，可分为独板（块）实木地板、实木指接地板和实木复合地板 3 类；按表面处理状态不同，可分为未涂饰地板（白坯板、素板）和漆饰地板两类 实木地板包括各类规格的实木地板、实木指接地板、实木复合地板及用于装饰墙壁、天棚的侧端面为榫、槽的实木装饰板及未经涂饰的素板
十四、电池	电池是一种将化学能、光能等直接转换为电能的装置，一般由电极、电解质、容器、极端，通常还有隔离层组成基本功能单元，以及用一个或多个基本功能单元装配成的电池组。其范围包括原电池、蓄电池、燃料电池、太阳能电池和其他电池 对无汞原电池、金属氢化物镍蓄电池（又称氢镍蓄电池或镍氢蓄电池）、锂原电池、锂离子蓄电池、太阳能电池、燃料电池、全钒液流电池免征消费税 自 2016 年 1 月 1 日起，对铅蓄电池按 4% 税率征收消费税
十五、涂料	涂料是指涂于物体表面能形成具有保护、装饰或特殊性能的固态涂膜的一类液体或固体材料的总称 自 2015 年 2 月 1 日起对涂料征收消费税。对施工状态下挥发性有机物含量低于 420 克/升（含）的涂料免征消费税

现行的消费税税目税率表如表 3-3 所示。

表 3-3　消费税税目税率表

税　目	税　率
一、烟	
1. 卷烟	
（1）甲类卷烟	56%+0.003 元/支（生产环节）
（2）乙类卷烟	36%+0.003 元/支（生产环节）
（3）批发环节	11%+0.005 元/支
2. 雪茄烟	36%
3. 烟丝	30%

（续表）

税　目	税　率
二、酒	
1. 白酒	20%+0.5 元 /500 克（或 500 毫升）
2. 黄酒	240 元 / 吨
3. 啤酒	
（1）甲类啤酒	250 元 / 吨
（2）乙类啤酒	220 元 / 吨
4. 其他酒	10%
三、高档化妆品	15%
四、贵重首饰及珠宝玉石	
1. 金银首饰、铂金首饰和钻石及钻石饰品	5%
2. 其他贵重首饰及珠宝玉石	10%
五、鞭炮、烟火	15%
六、成品油	
1. 汽油	1.52 元 / 升
2. 柴油	1.20 元 / 升
3. 航空煤油	1.20 元 / 升
4. 石脑油	1.52 元 / 升
5. 溶剂油	1.52 元 / 升
6. 润滑油	1.52 元 / 升
7. 燃料油	1.20 元 / 升
七、摩托车	
1. 气缸容量（排气量，下同）250 毫升（含）以下的	3%
2. 气缸容量 250 毫升以上的	10%
八、小汽车	
1. 乘用车	
（1）气缸容量（排气量，下同）1.0 升（含）以下的	1%
（2）气缸容量（排气量，下同）1.0 升～1.5 升（含）的	3%
（3）气缸容量（排气量，下同）1.5 升～2.0 升（含）的	5%
（4）气缸容量（排气量，下同）2.0 升～2.5 升（含）的	9%
（5）气缸容量（排气量，下同）2.5 升～3.0 升（含）的	12%
（6）气缸容量（排气量，下同）3.0 升～4.0 升（含）的	25%
（7）气缸容量（排气量，下同）4.0 升以上的	40%
2. 中轻型商用客车	5%
3. 超豪华小汽车	10%（零售环节）
九、高尔夫球及球具	10%
十、高档手表	20%
十一、游艇	10%
十二、木质一次性筷子	5%
十三、实木地板	5%
十四、电池	4%
十五、涂料	4%

4. 消费税特殊情况

消费税采取列举法按具体应税消费品设置税目税率，征税界限清楚，一般不易发生错用税率的情况。但是，存在下列情况时，纳税人应按照相关规定确定适用税率。

纳税人兼营不同税率的应税消费品，应当分别核算不同税率应税消费品的销售额、销售数量。未分别核算销售额、销售数量，或者将不同税率的应税消费品组成成套消费品销售的，从高适用税率。

（1）配制酒适用税率的确定

配制酒（露酒）是指以发酵酒、蒸馏酒或食用酒精为酒基，加入可食用或药食两用的辅料或食品添加剂，进行调配、混合或再加工制成的并改变了其原酒基风格的饮料酒。

① 以蒸馏酒或食用酒精为酒基，同时符合以下条件的配制酒，按其他酒税率征收消费税。

● 具有国家相关部门批准的国食健字或卫食健字文号。
● 酒精度低于38度（含）。

② 以发酵酒为酒基，酒精度低于20度（含）的配制酒，按其他酒税率征收消费税。

③ 其他配制酒，按白酒税率征收消费税。

上述蒸馏酒或食用酒精为酒基是指酒基中蒸馏酒或食用酒精的比重超过80%（含）；发酵酒为酒基是指酒基中发酵酒的比重超过80%（含）。

（2）卷烟税率的确定

纳税人自产自用的卷烟应当按照纳税人生产的同牌号规格的卷烟销售价格确定征税类别和适用税率。

卷烟由于接装过滤嘴、改变包装或其他原因提高销售价格后，应按照新的销售价格确定征税类别和适用税率。

委托加工的卷烟按照受托方同牌号规格卷烟的征税类别和适用税率征税没有同牌号规格卷烟的，一律按卷烟最高税率征税。

残次品卷烟应当按照同牌号规格正品卷烟的征税类别确定适用税率。

下列卷烟不分征税类别一律按照56%卷烟税率征税，并按照定额每标准箱150元计算征税：白包卷烟；手工卷烟；未经国务院批准纳入计划的企业和个人生产的卷烟。

（二）操作准备

对企业基本信息进行仔细审核。

（三）任务要领

① 判断应税消费税业务及适用税率。
② 区分是否为消费税应税业务。

三、任务实施

重庆清珂摩托车有限公司的商品种类，属于表3-2所列的第七项内容，因此属于应税消费品。

根据表3-3可知，汽缸容量≥250毫升以上的，税率为10%；汽缸容量<250毫升的，税率为3%；电动车不需要缴消费税。

四、任务评价

对于每一项任务,结合业务能力和评价指标,根据掌握情况在表3-4的自测结果相应的"□"中打"√"。自测结果共分为3类:A 掌握;B 基本掌握;C 未掌握。

表3-4 任务测评表

任务	业务能力	评价指标	自测结果	要 求
消费税认知	判断重庆清珂摩托车有限公司的商品是否属于应税消费品及适用税率	明确什么是消费税 判断是否属于消费税税目及适用税率	□ A □ B □ C □ A □ B □ C	能够判断是否属于应纳消费税税目 确定适用税率

五、任务拓展

(一)拓展训练

甲卷烟厂基本情况如下。

甲卷烟厂为增值税一般纳税人,纳税人识别号:910194143041234567

地址:重庆市中山南路77号;邮编:426600;电话:0532-86052044

法人代表:陈宏发

2021年12月的生产经营情况如下。

① 12月1日,将外购的烟叶所需100 000元发给向荣加工公司,委托其加工成烟丝。向荣加工公司代垫辅助材料4 000元(款已付)。本月应支付的加工费30 000元不含税、增值税税额为3 900元。

② 12月10日,甲卷烟厂以银行存款付清全部款项和代缴的消费税。

③ 12月11日,收回已加工的烟丝并全部用于生产卷烟10箱。

④ 12月25日,该批卷烟全部用于销售,总售价为300 000元。款已收到。

⑤ 12月26日,向张氏超市销售用上月外购的烟丝生产的卷烟20个标准箱。每标准条调拨价格80元,共计400 000元(购入烟丝支付含增值税的价款为90 400元)。采取托收承付结算方式,货已发出并办妥托收手续。

要求:

(1)判断甲卷烟厂的产品是否属于应税消费品。

(2)确定应税消费品所适用的税率。

(二)思政教育

解析与思政教育

任务二　消费税计算

一、任务情境

（一）任务场景

重庆清珂摩托车有限公司2021年12月发生如下业务。

① 12月2日，向重庆一帆股份有限公司销售摩托车，签订销售合同，并开具增值税专用发票。已收到款项。销售清单如表3-5所示。

表3-5　销售清单1

种　类	排量/毫升	销售数量/辆	售价（不含税）/元
A型摩托车	350	200	20 000
B型摩托车	250	100	15 000

② 12月8日，向重庆风顺股份有限公司销售摩托车，签订销售合同，并开具增值税专用发票。同时，收取运费5 000元，开具运输业专用发票。上述款项已收到。销售清单如表3-6所示。

表3-6　销售清单2

种　类	排量/毫升	销售数量/辆	售价（不含税）/元
B型摩托车	250	300	15 000
C型摩托车	200	160	12 000

③ 12月12日，向重庆风顺股份有限公司销售摩托车，签订销售合同，并开具增值税专用发票。已收到款项。销售清单如表3-7所示。

表3-7　销售清单3

种　类	排量/毫升	销售数量/辆	售价（不含税）/元
A型摩托车	350	50	20 000
C型摩托车	200	60	12 000

④ 12月18日，向重庆一帆股份有限公司销售摩托车，签订销售合同，并开具增值税专用发票。已收到款项。销售清单如表3-8所示。

表 3-8　销售清单 4

种　类	排量／毫升	销售数量／辆	售价（不含税）／元
C 型摩托车	150	20	12 000
D 型摩托车	电动自行车	300	3 000

⑤ 12 月 22 日，向重庆小生活有限责任公司销售摩托车和电动车，签订销售合同，并开具增值税普通发票。已收到款项。销售清单如表 3-9 所示。

表 3-9　销售清单 5

种　类	排量／毫升	销售数量／辆	售价（不含税）／元
B 型摩托车	250	3	15 000
D 型电动车	电动车	10	3 000

⑥ 12 月 26 日，向重庆小生活有限责任公司销售电动车，签订销售合同，并开具增值税普通发票。向购买方收取 5 000 元装卸费。已收到款项。销售清单如表 3-10 所示。

表 3-10　销售清单 6

种　类	销售数量／辆	不含税售价／元
D 型电动自行车	220	3 000

（二）任务布置

确定应税消费业务并计算应纳税额。

二、任务准备

消费税一般计税方法

（一）知识准备

1. 直接对外销售应税消费品消费税应纳税额的计算

根据《消费税暂行条例》的规定，消费税应纳税额的计算分为从价计征、从量计征和复合计征 3 种方法。

（1）从价计征销售额的确定

销售额是指纳税人销售应税消费品向购买方收取的全部价款和价外费用，不包括应向购买方收取的增值税税款。价外费用是指价外向购买方收取的手续费、补贴、基金、集资费、返还利润、奖励费、违约金、滞纳金、延期付款利息、赔偿金、代收款项、代垫款项、包装费、包装物租金、储备费、优质费、运输装卸费及其他各种性质的价外收费。下列项目不包括在销售额内。

① 同时符合以下条件的代垫运输费用：承运部门的运输业专用发票开具给购买方的；纳税人将该项发票转交给购买方的。

② 同时符合以下条件代为收取的政府性基金或行政事业性收费：由国务院或财政部批

准设立的政府性基金,由国务院或省级人民政府及其财政、价格主管部门批准设立的行政事业性收费;收取时开具省级以上财政部门印制的财政票据;所收款项全额上缴财政。

(2)含增值税销售额的换算

应税消费品在缴纳消费税的同时,与一般货物一样,还应缴纳增值税。按照《消费税暂行条例实施细则》的规定,应税消费品的销售额不包括应向购货方收取的增值税税款。如果纳税人应税消费品的销售额中未扣除增值税税款或因不得开具增值税专用发票而发生价款和增值税税款合并收取的,则在计算消费税时,应将含增值税税款的销售额换算为不含增值税税款的销售额。其换算公式为:

应税消费品的销售额 = 含增值税税款的销售额 ÷ (1 + 增值税税率或征收率)

对外销售应税消费品消费税应纳税额的计算公式如表3-11所示。

表3-11 对外销售应税消费品消费税应纳税额的计算公式

从价计征	应税消费品的销售额 × 比例税率
从量计征	应税消费品的销售数量 × 定额税率
复合计征	应税消费品的销售额 × 比例税率 + 应税消费品的销售数量 × 定额税率

2. 自产自用应税消费品消费税应纳税额的计算

纳税人自产自用的应税消费品,用于连续生产应税消费品的,不纳税;凡用于其他方面的,于移送使用时,按照纳税人生产的同类消费品的销售价格计算纳税;没有同类消费品销售价格的,按照组成计税价格计算纳税。

(1)实行从价计征法计征消费税的

组成计税价格 = (成本 + 利润) ÷ (1 - 比例税率)

(2)实行从量计征法计征消费税的

在从量计征法下,消费税以应税消费品的移送使用数量为计税依据。

(3)实行复合计征法计征消费税的

组成计税价格 = (成本 + 利润 + 自产自用数量 × 定额税率) ÷ (1 - 比例税率)

式中,成本是指应税消费品的产品生产成本;利润是指根据应税消费品的全国平均成本利润率计算的利润。应税消费品全国平均成本利润率由国家税务总局确定。

自产自用应税消费品消费税应纳税额的计算公式如表3-12所示。

表3-12 自产自用应税消费品消费税应纳税额的计算公式

从价计征	应税消费品的同类销售价格(或组成计税价格) × 比例税率
从量计征	应税消费品的自产自用数量 × 单位税额
复合计征	组成计税价格 × 比例税率 + 自产自用数量 × 定额税率

3. 委托加工应税消费品消费税应纳税额的计算

根据《消费税暂行条例》的规定,委托加工的应税消费品按照受托方的同类消费品的销售价格计算纳税;没有同类消费品销售价格的,按照组成计税价格计算纳税。

实行从价计征法计征消费税的,其组成计税价格的计算公式为:

组成计税价格 = (材料成本 + 加工费) ÷ (1 - 消费税税率)

委托加工应税消费品消费税应纳税额的计算公式如表3-13所示。

表 3-13　委托加工应税消费品消费税应纳税额的计算公式

从价计征	应税消费品的同类销售价格（或组成计税价格）×比例税率
从量计征	委托加工收回的应税消费品数量×定额税率
复合计征	组成计税价格×比例税率＋委托加工数量×定额税率

4. 进口应税消费品消费税应纳税额的计算

纳税人进口应税消费品，按照组成计税价格和规定的税率计算消费税应纳税额。其组成计税价格的计算公式如下。

（1）实行从价计征法计征消费税的

组成计税价格＝（关税完税价格＋关税）÷（1－消费税比例税率）

式中，关税完税价格是指海关核定的关税计税价格。

（2）实行复合计征法计征消费税的

组成计税价格＝（关税完税价格＋关税＋进口数量×定额税率）÷（1－消费税比例税率）

进口应税消费品消费税应纳税额的计算公式如表 3-14 所示。

表 3-14　进口应税消费品消费税应纳税额的计算公式

从价计征	应税消费品的同类销售价格（或组成计税价格）×比例税率
从量计征	进口应税消费品的数量×单位额
复合计征	组成计税价格×比例税率＋进口应税消费品的数量×定额税率

进口环节消费税除国务院另有规定者外，一律不得给予减税、免税。

（二）操作准备

根据重庆清珂摩托车有限公司所发生的业务，判断应采用的计税方法。

（三）任务要领

① 判断消费品应税义务的发生环节及征收方式。
② 区分对外销售、委托加工、进口等环节的消费税计算。
③ 掌握消费税单一环节征税的方式。

三、任务实施

完成重庆清珂摩托车有限公司 2021 年 12 月业务①至⑥相关消费税的计算。

1. 业务①解析

消费税的相关规定为：取消气缸容量 250 毫升（不含）以下的小排量摩托车消费税；气缸容量 250 毫升和 250 毫升（不含）以上的摩托车继续分别按 3% 与 10% 的税率征收消费税。

应纳消费税税额 = 不含税的销售额×消费税税率 =200×20 000×10%+100×15 000×3%= 445 000（元）

2. 业务②解析

应纳消费税税额 = 不含税的销售额×消费税税率 =300×15 000×3%=135 000（元）

3. 业务③解析

取消气缸容量 250 毫升（不含）以下的小排量摩托车消费税；气缸容量 250 毫升和

250 毫升（不含）以上的摩托车继续分别按 3% 与 10% 的税率征收消费税。

应纳消费税税额 = 不含税的销售额 × 消费税税率 =50×20 000×10%=100 000（元）

4. 业务④解析

不缴纳消费税。

5. 业务⑤解析

取消气缸容量 250 毫升（不含）以下的小排量摩托车消费税；气缸容量 250 毫升和 250 毫升（不含）以上的摩托车继续分别按 3% 与 10% 的税率征收消费税。

应纳消费税税额 = 不含税的销售额 × 消费税税率 =3×15 000×3%=1 350（元）

6. 业务⑥解析

由于电动车不属于消费税征税范围，故不征收消费税。

四、任务评价

对于每一项任务，结合业务能力和评价指标，根据掌握情况在表 3-15 的自测结果相应的"□"中打"√"。自测结果共分为 3 类：A 掌握；B 基本掌握；C 未掌握。

表 3-15 任务测评表

任务	业务能力	评价指标	自测结果	要 求
消费税的计算	任务情境中应税消费业务的确定及应纳税额的计算	直接销售方式 委托加工方式 自产自用方式 进口方式	□ A □ B □ C □ A □ B □ C □ A □ B □ C □ A □ B □ C	对不同方式下的消费税应纳税额的计算

五、任务拓展

（一）拓展训练

企业基本经营情况见任务一的任务拓展。

要求：

对甲卷烟厂 2021 年 12 月应纳消费税税额进行计算。

（二）思政教育

解析与思政教育

任务三　消费税的纳税申报

一、任务情境

（一）任务场景

见任务一、任务二的任务场景。

单元三　消费税及附加税税务处理

（二）任务布置

根据重庆清珂摩托车有限公司 2021 年 12 月所发生的消费税应税行为完成消费税及附加税费申报表的编制与申报。

二、任务准备

（一）知识准备

1. 纳税义务发生时间的确定

纳税人销售应税消费品的，按不同的销售结算方式确定纳税义务发生时间。

① 采取赊销和分期收款结算方式的，为书面合同约定的收款日期的当天；书面合同没有约定收款日期或无书面合同的，为发出应税消费品的当天。

② 采取预收货款结算方式的，为发出应税消费品的当天。

③ 采取托收承付和委托银行收款方式的，为发出应税消费品并办妥托收手续的当天。

④ 采取其他结算方式的，为收讫销售款或取得销售款凭据的当天。

⑤ 纳税人自产自用应税消费品的，为移送使用的当天。

⑥ 纳税人委托加工应税消费品的，为纳税人提货的当天。

⑦ 纳税人进口应税消费品的，为报关进口的当天。

2. 纳税地点

① 纳税人销售的应税消费品，以及自产自用的应税消费品，除国务院财政、税务主管部门另有规定外，应当向纳税人机构所在地或居住地的主管税务机关申报纳税。

② 委托加工的应税消费品，除受托方为个人外，由受托方向机构所在地或居住地的主管税务机关解缴消费税税款。受托方为个人的，由委托方向机构所在地的主管税务机关申报纳税。

③ 进口的应税消费品，由进口人或其代理人向报关地海关申报纳税。

④ 纳税人到外县（市）销售或委托外县（市）代销自产应税消费品的，于应税消费品销售后，向机构所在地或居住地主管税务机关申报纳税。

⑤ 纳税人的总机构与分支机构不在同一县（市）的，应当分别向各自机构所在地的主管税务机关申报纳税。

纳税人的总机构与分支机构不在同一县（市），但在同一省（自治区、直辖市）范围内，经省（自治区、直辖市）财政厅（局）、国家税务局审批同意，可以由总机构汇总向总机构所在地的主管税务机关申报缴纳消费税。

省（自治区、直辖市）财政厅（局）、国家税务局应将审批同意的结果，上报财政部、国家税务总局备案。

⑥ 纳税人销售的应税消费品，因质量等原因由购买者退回时，经机构所在地或居住地主管税务机关审核批准后，可退还已缴纳的消费税税款。

⑦ 出口的应税消费品办理退税后，发生退关，或者国外退货进口时予以免税的，报关出口者必须及时向其机构所在地或居住地主管税务机关申报补缴已退还的消费税税款。

纳税人直接出口的应税消费品办理免税后，发生退关或国外退货，进口时已予以免税的，经机构所在地或居住地主管税务机关批准，可暂不办理补税，待其转为国内销售时，再申报补缴消费税。

⑧ 个人携带或邮寄进境的应税消费品的消费税，连同关税一并计征，具体办法由国务院关税税则委员会会同有关部门制定。

3. 纳税期限

消费税的纳税期限分别为1日、3日、5日、10日、15日、一个月或一个季度。纳税人的具体纳税期限，由主管税务机关根据纳税人应纳税额的大小分别核定。不能按照固定期限纳税的，可以按次纳税。

纳税人以一个月或一个季度为一个纳税期的，自期满之日起15日内申报纳税；以1日、3日、5日、10日或15日为一个纳税期的，自期满之日起5日内预缴税款，于次月1日起至15日内申报纳税并结清上月应纳税款。

纳税人进口应税消费品，应当自海关填发海关进口消费税专用缴款书之日起15日内缴纳税款。

（二）操作准备

对消费税及附加税费申报表的项目进行了解。

（三）任务要领

① 消费税的征收管理及消费税的申报与缴纳。
② 根据业务资料填制消费税及附加税费申报表及税款缴纳书。
③ 准确填写消费税及附加税费申报表。

三、任务实施

完成对重庆清珂摩托车有限公司2021年12月消费税的申报，如表3-16所示。

表3-16 消费税及附加税费申报表

税款所属期：自　　年　　月　　日至　　年　　月　　日

纳税人识别号（统一社会信用代码）：

纳税人名称：　　　　　　　　　　　　　　　　　　　　　　　金额单位：人民币元（列至角分）

应税消费品名称	项目					
	适用税率		计量单位	本期销售数量	本期销售额	本期应纳税额
	定额税率	比例税率				
	1	2	3	4	5	6=1×4+2×5
气缸容量（排气量，下同）≤250毫升		3%	辆	100+300+3	6 045 000	181 350
气缸容量>250毫升		5%	辆	200+50	5 000 000	500 000
合　计	—	—	—	—	—	681 350

单元三　消费税及附加税税务处理

(续表)

	栏次	本期税费额
本期减（免）税额	7	
期初留抵税额	8	
本期准予扣除税额	9	
本期应扣除税额	10=8+9	
本期实际扣除税额	11[10＜（6-7），则为10，否则为6-7]	
期末留抵税额	12=10-11	
本期预缴税额	13	
本期应补（退）税额	14=6-7-11-13	
城市维护建设税本期应补（退）税额	15	
教育费附加本期应补（退）费额	16	
地方教育附加本期应补（退）费额	17	

声明：此表是根据国家税收法律法规及相关规定填写的，本人（单位）对填报内容（及附带资料）的真实性、可靠性、完整性负责。

纳税人（签章）：　　　　年　月　日

经办人：	受理人：
经办人身份证号：	受理税务机关（章）：
代理机构签章：	
代理机构统一社会信用代码：	受理日期：　　年　月　日

消费税及附加税费申报表填表说明如下。

① 本表作为消费税及附加税费申报表的主表，由消费税纳税人填写。

② 税款所属期。纳税人申报的消费税应纳税额所属时间，应填写具体的起止年、月、日。根据任务要求，应填写"2021年12月1日至2021年12月31日"。

③ 纳税人识别号（社会统一信用代码）。填写纳税人识别号或统一社会信用代码。

④ 纳税人名称。填写纳税人名称全称。

⑤ 应税消费品名称、定额税率、比例税率、计量单位。按照附注1"应税消费品名称、税率和计量单位对照表"内容对应填写。

⑥ 本期销售数量。填写国家税收法律、法规及相关规定（以下简称税法）规定的本期应当申报缴纳消费税的应税消费品销售数量（不含出口免税销售数量）。用自产汽油生产的乙醇汽油，按照生产乙醇汽油所耗用的汽油数量填写；以废矿物油生产的润滑油基础油为原料生产的润滑油，扣除耗用的废矿物油生产的润滑油基础油的数量后填写。此处根据任务二任务场景的业务，应按税额计算填列。

⑦ 本期销售额。填写税法规定的本期应当申报缴纳消费税的应税消费品销售额（不含出口免税销售额）。此处根据任务二任务场景的业务计算填列。

⑧ 本期应纳税额。其计算公式为：

实行从价计征法计征的消费税应纳税额 = 销售额 × 比例税率

实行从量计征法计征的消费税应纳税额 = 销售数量 × 定额税率

实行复合计征法计征的消费税应纳税额 = 销售额 × 比例税率 + 销售数量 × 定额税率

暂缓征收的应税消费品，不计算应纳税额。

⑨ 本期应补（退）税额。填写纳税人本期应纳税额中应补缴或应退回的数额。其计算公式为：

本期应补（退）税额 = 本期应纳税额合计 − 本期减（免）税额 −

本期实际扣除税额 − 本期预缴税额

四、任务评价

对于每一项任务，结合业务能力和评价指标，根据掌握情况在表 3-17 的自测结果相应的"□"中打"√"。自测结果共分为 3 类：A 掌握；B 基本掌握；C 未掌握。

表 3-17 任务测评表

任务	业务能力	评价指标	自测结果	要　求
消费税的纳税申报	纳税申报表的填制	消费税及附加税费申报表的编制	□ A □ B □ C	掌握报表不同项目的填列内容
	纳税申报	纳税申报时间确定 纳税申报流程	□ A □ B □ C □ A □ B □ C	掌握消费税纳税义务发生时间及纳税申报流程

五、任务拓展

（一）拓展训练

企业基本经营情况见任务一任务拓展。

要求：

计算填列消费税及附加税费申报表、本期准予扣除税额计算表，如表 3-18 和表 3-19 所示。

解析与思政教育

（二）思政教育

单元三　消费税及附加税税务处理

表 3-18　消费税及附加税费申报表

税款所属期：自　　年　　月　　日至　　年　　月　　日

纳税人识别号（统一社会信用代码）：

纳税人名称：　　　　　　　　　　　　　　　　　　　　　　　　金额单位：人民币元（列至角分）

应税消费品名称	项目					
	适用税率		计量单位	本期销售数量	本期销售额	本期应纳税额
	定额税率	比例税率				
	1	2	3	4	5	6=1×4+2×5
合　计	—	—	—	—		—

	栏次	本期税费额
本期减（免）税额	7	
期初留抵税额	8	
本期准予扣除税额	9	
本期应扣除税额	10=8+9	
本期实际扣除税额	11[10＜（6-7），则为10，否则为6-7]	
期末留抵税额	12=10-11	
本期预缴税额	13	
本期应补（退）税额	14=6-7-11-13	
城市维护建设税本期应补（退）税额	15	
教育费附加本期应补（退）费额	16	
地方教育附加本期应补（退）费额	17	

声明：此表是根据国家税收法律法规及相关规定填写的，本人（单位）对填报内容(及附带资料)的真实性、可靠性、完整性负责。

　　　　　　　　　　　　　　　　　　　　　　　　纳税人（签章）：　　年　　月　　日

经办人： 经办人身份证号： 代理机构签章： 代理机构统一社会信用代码：	受理人： 受理税务机关（章）： 受理日期：　　年　　月　　日

表 3-19 本期准予扣除税额计算表

金额单位：元（列至角分）

准予扣除项目			应税消费品名称			合计
一、本期准予扣除的委托加工应税消费品已纳税款计算		期初库存委托加工应税消费品已纳税款	1			
		本期收回委托加工应税消费品已纳税款	2			
		期末库存委托加工应税消费品已纳税款	3			
		本期领用不准予扣除委托加工应税消费品已纳税款	4			
		本期准予扣除委托加工应税消费品已纳税款	5=1+2-3-4			
二、本期准予扣除的外购应税消费品已纳税款计算	（一）从价计税	期初库存外购应税消费品买价	6			
		本期购进应税消费品买价	7			
		期末库存外购应税消费品买价	8			
		本期领用不准予扣除外购应税消费品买价	9			
		适用税率	10			
		本期准予扣除外购应税消费品已纳税款	11=（6+7-8-9）×10			
	（二）从量计税	期初库存外购应税消费品数量	12			
		本期外购应税消费品数量	13			
		期末库存外购应税消费品数量	14			
		本期领用不准予扣除外购应税消费品数量	15			
		适用税率	16			
		计量单位	17			
		本期准予扣除的外购应税消费品已纳税款	18=（12+13-14-15）×16			
三、本期准予扣除税款合计			19=5+11+18			

本期准予扣除税额计算表填表说明如下。

① 本表由外购（含进口）或委托加工收回应税消费品用于连续生产应税消费品、委

托加工收回的应税消费品以高于受托方计税价格出售的纳税人(成品油消费税纳税人除外)填写。

② 应税消费品名称、适用税率、计量单位。填写同主表。

③ 期初库存委托加工应税消费品已纳税款。填写上期本表第 3 栏数值。

④ 本期收回委托加工应税消费品已纳税款。填写纳税人委托加工收回的应税消费品在委托加工环节已纳消费税税额。

⑤ 期初库存外购应税消费品买价。填写本表上期第 8 栏"期末库存外购应税消费品买价"的数值。

⑥ 本期购进应税消费品买价。填写纳税人本期外购用于连续生产的从价计税的应税消费品买价。

⑦ 期末库存外购应税消费品买价。填写纳税人外购用于连续生产应税消费品期末买价余额。

⑧ 本期准予扣除税款合计。其计算公式为:

本期准予扣除税款合计 = 本期准予扣除委托加工应税消费品已纳税款 +
本期准予扣除外购应税消费品已纳税款(从价计税)+
本期准予扣除的外购应税消费品已纳税款(从量计税)

同步练习

在线测试

单元四

关税税务处理

↘ 思政目标
1. 树立国际经济合作、共赢意识。
2. 树立税收法定原则意识。

↘ 知识目标
1. 熟悉关税的纳税人、征税对象。
2. 熟悉关税的优惠政策。

↘ 技能目标
1. 能正确判定关税纳税人、征税对象。
2. 能正确选择适用关税优惠政策。

任务一　关税的认知

一、任务情境

（一）任务场景

2021年12月，北京佳味食品有限公司发生以下涉外业务。
① 从国外采购生产设备，已办妥相关进口报关事宜。
② 接受境外公司为生产设备提供远程系统升级服务。
③ 出口一批自产食品，已办妥相关出口报关手续。
④ 将一批自产食品用于参加境外食品博览会。展示期为3个月，结束后该批展品运回国内。

（二）任务布置

判定各笔业务是否涉及进口（出口）关税，并说明依据。

二、任务准备

1. 关税的概念及特点

关税是由海关按照相关法律规定，对进出国境或关境的货物和物品征收的一种税。关境又称海关境域或关税领域，是一国海关法令全面有效实施的境域；国境是指一个主权国家的领土范围。

关税一般分为进口关税、出口关税和过境关税。我国目前对进出境货物征收关税分为进口关税和出口关税两类。

2. 关税的纳税人

进口货物的收货人、出口货物的发货人、进出境物品的所有人是关税的纳税人。

进出口货物的收（发）货人是指依法取得对外贸易经营权，并进口或出口货物的法人或其他社会组织。进出境物品的所有人包括该物品的所有人和推定为所有人的个人。一般情况下，携带进境物品的个人推定为其所有人；对分离运输的行李，相应的进出境旅客推定为其所有人；对于邮寄方式进境的物品，收件人推定为其所有人；邮递或其他运输方式出境的物品，寄件人或托运人推定为其所有人。

3. 关税的征税对象

关税征税对象是准许进出境的货物和物品。货物是指贸易性商品；物品是指入境旅客随身携带的行李物品，个人邮递物品，各种运输工具上的服务人员携带进口的自用物品、馈赠物品及通过其他方式进境的非贸易性商品。

4. 关税的税率

关税税率分为进口关税税率和出口关税税率。

（1）进口关税税率

我国进口关税设置最惠国税率、协定税率、特惠税率、普通税率、配额税率等税率。进口货物适用何种关税税率以进口货物的原产地为标准，一般采用比例税率，实行从价计征的方法。

1）最惠国税率

最惠国税率适用原产于与我国共同适用最惠国待遇条款的世界贸易组织成员的进口货物，或者原产于与我国签订有相互给予最惠国待遇条款的双边贸易协定的国家（或地区）进口的货物，以及原产于我国境内的进口货物。

2）协定税率

协定税率适用原产于与我国签订含有关税优惠条款的区域性贸易协定的国家或地区的进口货物。截至2021年年底，我国对原产于韩国、斯里兰卡和孟加拉国3个曼谷协定成员国的739个税目进口商品实行协定税率。

3）特惠税率

特惠税率适用原产于与我国签订有特殊关税优惠条款贸易协定的国家（或地区）的进口货物。截至2021年年底，我国对原产于孟加拉国18个税目进口商品实行特惠税率。

4）普通税率

普通税率适用于原产于上述国家（或地区）以外的其他国家或地区的进口货物，以及原产地不明的进口货物。

5）配额税率

按照国家规定，实行关税配额管理的进口货物，在关税配额以内的，适用关税配额税率；在关税配额以外的，其税率按照上述最惠国税率、协定税率、特惠税率、普通税率等规定执行。

（2）出口关税税率

我国出口关税设置出口税率。

我国对绝大多数出口货物不征收出口关税，现行税则只对 100 余种商品出口征收关税。

5. 关税的优惠政策

关税的优惠政策包括法定减免税、特定减免税、临时减免税。

（1）法定减免税

1）下列进口货物，免征关税

① 关税税额在人民币 50 元以下的一票货物。

② 无商业价值的广告品和货样。

③ 外国政府、国际组织无偿赠送的物资。

④ 海关放行前损失的货物。

⑤ 进出境运输工具装载的途中必需的燃料、物料和饮用食品。

2）经海关核准暂时进境或暂时出境，并在 6 个月内复运进境的下列货物，暂不缴纳关税

① 在展览会、交易会、会议及类似活动中展示或使用的货物。

② 文化、体育交流活动中使用的表演、比赛用品。

③ 进行新闻报道或摄制电影、电视节目使用的仪器、设备及用品。

④ 开展科研、教学、医疗活动使用的仪器、设备及用品。

⑤ 第①至④项所列活动中使用的交通工具及特种车辆。

⑥ 货样。

⑦ 供安装、调试、检测设备时使用的仪器、工具。

⑧ 盛装货物的容器。

⑨ 其他用于非商业目的的货物。

3）下列企业（项目）进口的规定的自用设备和按照合同随同设备进口的配套技术、配件和备件，可以免征关税

① 国家鼓励、支持发展的外商投资项目在投资总额内进口的。

② 企业为生产《国家高新技术产品目录》中所列的产品而进口的。

③ 软件企业进口的。

（2）特定减免税

特定减免税也称政策性减免税，是指在法定减免税之外，国家按照国际通行规则和我国实际情况，制定发布的进出口货物减免关税的政策。下列货物、物品予以减免税。

① 科教用品。

② 残疾人专用品。

③ 扶贫、慈善性捐赠。

④ 加工贸易产品。

⑤ 边境贸易进口物资。
⑥ 保税区进口货物。
⑦ 出口加工区进出口货物。
⑧ 进口设备。
⑨ 适用特定行业或用途的减免税政策的货物。

（3）临时减免税

临时减免税是指以上法定减免税以外的其他减免税，即国务院根据《海关法》对某个单位、某类商品、某个项目或某批进出口货物的特殊情况给予特别照顾、一案一批、专文下达的减免税。

三、任务实施

根据关税相关法规，对本任务分析如下。

① 业务①。该业务为进口设备类货物，属于关税征税，除依法免征关税情形外，应向海关申报缴纳关税。

② 业务②。目前我国关税只针对进出口货物，该业务为境外购买服务类商品，不属于关税征税范围。

③ 业务③。该业务为出口自产货物，属于关税征税范围，一般情况下免征出口关税。

④ 业务④。该业务中，将自产货物用于境外展览，并在3个月复运进境，实质为样品展示。根据规定，该批货物出境和复运进境不属于出口与进口，不征收关税。

四、任务评价

对于每一项任务，结合业务能力和评价指标，根据掌握情况在表4-1的自测结果相应的"□"中打"√"。自测结果共分为3类：A 掌握；B 基本掌握；C 未掌握。

表 4-1　任务测评表

任　　务	业务能力	评价指标	自测结果	要　　求
关税纳税人的确定	确定关税纳税人	关税纳税人	□A □B □C	能正确判定进出口货物的关税纳税人
关税的征税对象的判定	判定关税的征税对象	关税征税对象	□A □B □C	能正确判定进出口业务的关税征税对象
关税优惠政策的适用选择	选择适用关税优惠政策	关税优惠政策	□A □B □C	能正确选择适用进出口业务的关税优惠政策

五、任务拓展

（一）拓展训练

2021年12月，北京益佳科技有限公司发生以下涉外业务：从国外采购一批研发设备，将该业务委托A外贸代理公司全权负责。A外贸代理公司于当月办理完该项采购代理业务。

要求：
（1）判定该采购业务是否涉及进口关税？
（2）确定该采购业务关税纳税人。

（二）思政教育

解析与思政教育

任务二　关税税额的计算与申报

思政目标
1. 树立依法纳税意识。
2. 树立国家税收权益意识。

知识目标
1. 熟悉关税完税价格计算方法。
2. 掌握货物进口环节相关税种应纳税额的计算。

技能目标
1. 能正确计算进口货物应纳关税、增值税、消费税税额。
2. 能正确进行进口货物关税、增值税、消费税纳税申报。

关税计算方法

一、任务情境

（一）任务场景

2021年12月04日，陈鸿公司从境外进口一台生产用设备，离岸价折合人民币 2 520 000 元；运抵我国境内输入地点起卸前支付的运费折合人民币 150 000 元，保险费折合人民币 80 000 元；发生国内运费 10 000 元（不含增值税）。取得运输企业开具的增值税专用发票。该设备的进口关税税率为20%。

（二）任务布置

① 计算该公司应缴纳的进口关税税额。
② 完成该公司进口货物的纳税申报。

二、任务准备

1. 进（出）口货物关税应纳税额的计算

关税的计税依据是货物的完税价格或货物进出口数量；完税价格是由海关确定或估计的、纳税人用以计算缴纳关税税款的进出口货物的价格。进（出）口货物的关税，以从价计征、从量计征、复合计征和国家规定的其他方式计征。

（1）进口货物应纳关税的计税
1）从价计征进口关税应纳税额的计算
$$应纳关税税额 = 应税进口货物关税完税价格 \times 关税税率$$
其中，关税完税价格具体分4种情况进行确定。

① 以我国口岸到岸价（CIF，Cost, Insurance and Freight）成交，或者与我国毗邻的国家以两国共同边境地点交货价格成交，其成交价格即为完税价格。

② 以国外口岸离岸价（FOB，Free On Board）或国外口岸到岸价格成交，应另加从发货口岸或国外交货口岸运到我国口岸以前的运杂费和保险费作为完税价格。其计算公式为：
$$应纳关税税额 = FOB + 运杂费 + 保险费 = （FOB + 运杂费）\times （1+ 保险费率）$$

③ 以国外口岸离岸价格加运费（CFR，Cost and FReight）成交，应另加保险费作为完税价格。其计算公式为：
$$应纳关税税额 = CFR + 保险费 = CFR \times （1+ 保险费率）$$

2）从量计征进口关税应纳税额的计算
$$应纳关税税额 = 应税进口货物数量 \times 单位税额$$

3）复合计征进口关税应纳税额的计算
$$应纳关税税额 = 应税进口货物数量 \times 单位税额 + 应税进口货物关税完税价格 \times 关税税率$$

（2）出口货物应纳关税的计算
1）从价计征出口关税应纳税额的计算
$$应纳关税税额 = 应税出口货物关税完税价格 \times 关税税率$$
其中，完税价格具体分以下几种情况。

① 以我国口岸离岸价（FOB）作为成交价格
$$应税出口货物关税完税价格 = FOB \div （1+ 关税税率）$$

② 以国外口岸到岸价格（CIF）作为成交价格
$$应税出口货物关税完税价格 = （CIF - 保险费 - 运费）\div （1+ 关税税率）$$

③ 以国外口岸价格加运费价格（CFR）作为成交价格
$$应税出口货物关税完税价格 = （CFR - 运费）\div （1+ 关税税率）$$

2）从量计征出口关税应纳税额的计算
$$应纳关税税额 = 应税出口货物数量 \times 单位税额$$

3）复合计征出口关税应纳税额的计算
$$应纳关税税额 = 应税出口货物数量 \times 单位税额 + 应税出口货物关税完税价格 \times 关税税率$$

2. 进（出）口货物的纳税申报

（1）纳税义务发生时间

进口货物关税纳税人应当自运输工具申报进境之日起14日内，出口货物关税纳税人除海关特准外，应当在货物运抵海关监管区后装货的24小时以前，向货物进（出）境地海关申报缴纳关税、增值税、消费税等。

（2）纳税期限

纳税人应当自海关填发相应税款缴款书之日起15日内缴纳税款。逾期未缴纳的，从滞纳税款之日起，按日加收滞纳税款0.5‰的滞纳金。

（3）纳税地点

经申请和海关同意，进（出）口货物纳税人可以在设有海关的指定地办理海关申报、纳税手续。

（4）进（出）口货物税款缴款书

纳税人进（出）口货物，向货物进（出）境地海关申报，海关根据税则归类和完税价格计算应纳进（出）口关税和进口代征税款（增值税、消费税），填发海关进（出）口关税专用缴款书、海关进（出）口增值税（消费税）专用缴款书。其格式和内容如表4-2、表4-3所示。

表4-2　海关进（出）口关税专用缴款书

收入系统：海关系统　　　　　　　　填发时间：　　年　月　日

收款单位	收入机关			缴款单位（人）	名　称	
	科　目		预算级次		账　号	
	收缴国库				开户银行	
税　号	货物名称	数　量	单　位	完税价格（¥）	税率/%	税款金额（¥）
金额人民币（大写）				合计（¥）		
申请单位编号		报关单编号		填制单位		收缴国库（银行）
合同（批文）号		运输工具（号）				
缴款日期		提（装）货单号		制单人：复核人：		
备注：						

表4-3　海关进（出）口增值税（消费税）专用缴款书

收入系统：海关系统　　　　　　　　填发时间：　　年　月　日

收款单位	收入机关			缴款单位（人）	名　称	
	科　目		预算级次		账　号	
	收缴国库				开户银行	
税　号	货物名称	数　量	单　位	完税价格（¥）	税率/%	税款金额（¥）
金额人民币（大写）				合计（¥）		
申请单位编号		报关单编号		填制单位		收缴国库（银行）
合同（批文）号		运输（工具号）				
缴款日期		提（装）货单号		制单人：复核人：		
备注：						

单元四　关税税务处理

三、任务实施

步骤1　搜集报关相关资料。

① 进口货物报关单。
② 货物发票。
③ 货物陆运单、空运单或海运单。
④ 货物装箱单。
⑤ 货物进口合同。
⑥ 其他有关单证。

步骤2　计算进口货物相关应纳税额。

陈鸿公司进口设备业务涉及进口关税、增值税纳税义务,以国外口岸离岸价成交价格为基础确定完税价格。根据规定,该进口设备关税完税价格 =2 520 000+150 000+80 000= 2 750 000(元),因此应缴纳进口关税税额 =2 750 000×20%=550 000(元)。

此外,根据规定,进口地海关需要代征的进口增值税税额 =(2 750 000+550 000)×13%= 429 000(元)。

步骤3　向进口报关地海关办理报关。

步骤4　填写纳税申报相关表格。

① 进口设备涉及关税和增值税,需要填写海关进口关税专用缴款书、海关进口增值税专用缴款书。

② "填发时间"处填写"2021 年 12 月 20 日"。

③ "缴款单位"处填写纳税人相应信息。

④ "货物名称""数量""单位""完税价格""税率"处分别填写相应内容,"税款金额"处根据进口关税、增值税规定计算填写。

⑤ "金额人民币(大写)""合计(¥)"处填写大写金额、数字金额,两者应保持一致。

本任务中相关缴款书的填写如表 4-4、表 4-5 所示。

表 4-4　海关进口关税专用缴款书

收入系统:海关系统　　　　　　填发时间:2021 年 12 月 20 日

收款单位	收入机关	中央国库			缴款单位(人)	名　称	北京陈鸿商贸有限责任公司
	科　目	进口关税	预算级次	中央		账　号	02002198009200017600
	收缴国库	略				开户银行	中国工商银行复兴路支行
税　号	货物名称		数　量	单位	完税价格(¥)	税率/%	税款金额(¥)
	××设备		1	台	2 750 000	20	550 000
金额人民币(大写)伍拾伍万元整					合计(¥)550 000		
申请单位编号	(略)		报关单编号	(略)	填制单位		收缴国库(银行)
合同(批文)号	(略)		运输工具(号)	(略)	(略)		
缴款日期 2021 年 12 月 20 日			提(装)货单号	(略)	制单人:复核人:		
备注							

表 4-5 海关进口增值税专用缴款书

收入系统：海关系统　　　　　　　填发时间：2021 年 12 月 20 日

收款单位	收入机关	中央国库		缴款单位（人）	名　称	北京陈鸿商贸有限责任公司
	科　目	进口增值税	预算级次 中央		账　号	02002198009200017600
	收缴国库	略			开户银行	中国工商银行复兴路支行

税　号	货物名称	数 量	单 位	完税价格（¥）	税率/%	税款金额（¥）
	××设备	1	台	3 300 000	13	429 000

金额人民币（大写）肆拾贰万玖仟元整		合计（¥）429 000	
申请单位编号	（略）	报关单编号	（略）	填制单位	收缴国库（银行）
合同（批文）号	（略）	运输工具（号）	（略）		
缴款日期	2021 年 12 月 20 日	提（装）货单号	（略）	制单人： 复核人：	
备注：					

四、任务评价

对于每一项任务，结合业务能力和评价指标，根据掌握情况在表 4-6 的自测结果相应的"□"中打"√"。自测结果共分为 3 类：A 掌握；B 基本掌握；C 未掌握。

表 4-6 任务测评表

任　务	业务能力	评价指标	自测结果	要　求
关税应纳税额的计算	计算进口货物关税	计算公式	□A □B □C	能正确运用公式计算进口关税
进口货物增值税的计算	计算进口货物应纳增值税	计算公式	□A □B □C	能正确运用公式计算进口货物增值税
进口关税、增值税专用缴款书的填写	填报进口业务关税、增值税专用缴款书	进口关税、增值税专用缴款书填写	□A □B □C	能正确填写进口关税、增值税专用缴款书

五、任务拓展

（一）拓展训练

2021 年 12 月 22 日，北京宇轩服装有限公司（增值税一般纳税人）从境外进口一台小汽车（非超豪华）。离岸价折合人民币 70 万元；运抵我国输入地点起卸前支付的运费折合人民币 10 万元；保险费折合人民币 8 万元。入关后运抵企业，发生国内运费 1 万元（不含增值税），取得运输企业开具的增值税专用发票。该型号小汽车消费税税率为 12%、关税税率为15%。

要求：计算该进口业务所涉及税种的应纳税额。

（二）思政教育

同步练习

解析与思政教育

在线测试

单元五 企业所得税税务处理

↘ 思政目标
1. 树立正确的大局观，结合国家所得税优惠政策，创新观念，提升社会服务意识。
2. 培养学生爱国情怀，用专业服务做一流工匠。

↘ 知识目标
1. 能够识别企业所得税纳税义务人，准确判断征税范围。
2. 能够正确使用企业所得税税率和税收优惠政策。
3. 能够正确判断收入总额、不征税收入、免税收入、各项税前扣除项目，掌握资产的税务处理和亏损的弥补方法。

↘ 技能目标
1. 能应用直接法和间接法计算企业所得税应纳税所得额和应纳所得税税额。
2. 掌握所得税申报表的填列方法，并能应用1+X智能财税平台完成企业所得税季度申报和年度申报。

任务一 企业所得税征税对象及税率规定

一、任务情境

（一）任务场景
陈鸿公司2021年12月向美国的甲公司出售一处位于中国境内的厂房，随后甲公司于美国通过银行转账将房款转给了陈鸿公司。

（二）任务布置
根据任务场景，思考陈鸿公司转让厂房是否需要在中国缴纳企业所得税。如果需要缴纳企业所得税，那么适用的所得税税率为多少？

二、任务准备

（一）知识准备

居民企业与非居民企业

1. 纳税义务人

在中华人民共和国境内，企业和其他取得收入的组织（以下统称企业）为企业所得税的纳税人，依照《企业所得税法》的规定缴纳企业所得税。企业所得税纳税人包括各类企业、事业单位、社会团体、民办非企业单位和从事经营活动的其他组织。依照中国法律、行政法规成立的个人独资企业、合伙企业，不属于企业所得税纳税人，不缴纳企业所得税。

我国的企业所得税采取收入来源地管辖权和居民管辖权相结合的双重管辖权，把企业分为居民企业和非居民企业，分别确定不同的纳税义务。

（1）居民企业

居民企业是指依法在中国境内成立，或者依照外国（地区）法律成立但实际管理机构在中国境内的企业。

实际管理机构是指对企业的生产经营、人员、账务、财产等实施实质性全面管理和控制的机构。

（2）非居民企业

非居民企业是指依照外国（地区）法律成立且实际管理机构不在中国境内，但在中国境内设立机构、场所的，或者在中国境内未设立机构、场所，但有来源于中国境内所得的企业。

非居民企业委托营业代理人在中国境内从事生产经营活动的，包括委托单位或个人经常代其签订合同，或者储存、交付货物等，该营业代理人视为非居民企业在中国境内设立的机构、场所。

2. 企业所得税征税对象

（1）居民企业的征税对象

居民企业应当就其来源于中国境内、境外的所得缴纳企业所得税，包括销售货物所得、提供劳务所得、转让财产所得、股息红利等权益性投资所得、利息所得、租金所得、特许权使用费所得、接受捐赠所得和其他所得。

（2）非居民企业的征税对象

非居民企业在中国境内设立机构、场所的，应当就其所设机构、场所取得的来源于中国境内的所得，以及发生在中国境外但与其所设机构、场所有实际联系的所得，缴纳企业所得税。

非居民企业在中国境内未设立机构、场所的，或者虽设立机构、场所但取得的所得与其所设机构、场所没有实际联系的，应当就其来源于中国境内的所得缴纳企业所得税。

实际联系是指非居民企业在中国境内设立的机构、场所拥有据以取得所得的股权、债权，以及拥有、管理、控制据以取得所得的财产等。

3. 所得来源地的确定原则

来源于中国境内、境外的所得，按照以下原则确定。

① 销售货物所得。按照交易活动发生地确定。

② 提供劳务所得。按照劳务发生地确定。

③ 转让财产所得。不动产转让所得按照不动产所在地确定；动产转让所得按照转让

动产的企业或机构、场所所在地确定；权益性投资资产转让所得按照被投资企业所在地确定。

④ 股息、红利等权益性投资所得。按照分配所得的企业所在地确定。

⑤ 利息所得、租金所得、特许权使用费所得。按照负担、支付所得的企业或机构、场所所在地确定，或者按照负担、支付所得的个人的住所地确定。

⑥ 其他所得。由国务院财政、税务主管部门确定。

4.企业所得税税率

企业所得税实行比例税率。

居民企业及在中国境内设立机构、场所且取得的所得与其所设机构、场所有实际联系的非居民企业，应当就其来源于中国境内、境外的所得缴纳企业所得税，适用税率为25%。

非居民企业在中国境内未设立机构、场所的，或者虽设立机构、场所但取得的所得与其所设机构、场所没有实际联系的，应当就其来源于中国境内的所得缴纳企业所得税，适用税率为20%。

注意，在实际操作中，根据企业所得税源泉扣缴的规定，按照10%的税率征收预提所得税，因签订双边或多边税收协定确定了优惠税率的，从其规定。

（二）操作准备

审核陈鸿公司相关税务资料，界定不动产所在地。

（三）任务要领

① 根据《企业所得税法》的规定，准确判断企业所得税纳税人的征税范围。
② 能够根据企业性质界定所得税税率适用情况。

三、任务实施

根据任务场景，按照《企业所得税法》的规定，不动产转让所得按照不动产所在地确定所得来源地。由于厂房位于中国境内，转让所得属于来源于中国境内的所得，因此陈鸿公司有义务向中国主管税务机关缴纳企业所得税。陈鸿公司属于在境内成立的居民企业，故企业所得税适用税率为25%。

四、任务评价

对于每一项任务，结合业务能力和评价指标，根据掌握情况在表5-1的自测结果相应的"□"中打"√"。自测结果共分为3类：A 掌握；B 基本掌握；C 未掌握。

表5-1 任务测评表

任　务	任务布置	评价指标	自测结果	要　求
企业所得税征税对象及税率规定	判断陈鸿公司转让房产是否缴纳企业所得税及适用的所得税税率	① 转让不动产所得来源地 ② 企业所得税税率	□A □B □C	能够根据实际情况判断所得来源地并正确判定纳税义务人适用的所得税税率

任务二　企业所得税应纳税所得额的计算

一、任务情境

（一）任务场景

陈鸿公司2021年实现主营业务收入540 000元，实现利润总额271 989.65元，具体营业情况详见表5-2和表5-3。根据企业相关业务账证资料，部分与所得税业务相关的数据如下所示。

① 12月1日，以9.8折的优惠价格销售一批食品，折扣前的销售价格为226 000元（含税）。

② 陈鸿公司为甲公司的股东，投资成本为350 000元，占甲公司的股权比例为1.5%。12月3日，陈鸿公司将该笔股权以400 000元的价格对外转让。

③ 12月1日，以预收账款方式销售水果罐头50箱，12月15日收到全部货款4 000元，12月20日发出该批罐头；12月5日，销售一批饮料，销售合同规定分别于12月5日和2022年2月5日各收取货款的50%；委托乙公司代销面条，12月6日乙公司将代销清单交给陈鸿公司。

④ 2021年产生如下几笔收入：国债利息收入；财政拨款；从非上市居民企业获得的股息、红利收入；依法收取并上缴财政的政府性基金；金融债券利息收入。

⑤ 2021年拨缴工会经费5 000元、职工教育经费8 000元、职工福利费20 000元。

⑥ 2021年工资薪金总额为120 000元。其中，为全体员工支付补充养老保险10 200元；为公司高级管理人员缴纳商业保险6 000元。

⑦ 12月向丙公司临时拆借资金50 000元，借款期限为2个月，共支付丙公司借款利息600元。已知金融机构同类贷款的月利率为0.35%，同期存款的月利率为0.15%。

⑧ 通过市政府进行公益性捐赠，共发生支出4 500元。

⑨ 2021年发生业务招待费8 000元和广告费金额12 000元。

⑩ 2021年因管理不善造成一批原材料毁损，该批原材料成本为5 000元，获得保险公司赔偿500元。另外，因下暴雨被洪水冲走一批存货，成本为2 000元。上述原材料和存货均适用13%的增值税税率且均已抵扣了增值税进项税额。

表 5–2　资产负债表

编制单位：北京陈鸿商贸有限责任公司　　　　2021年12月31日　　　　　　　　　　　　元

资　产	行次	期末余额	年初余额	负债和所有者权益	行次	期末余额	年初余额
流动资产：	1			流动负债：	37		
货币资金	2	439 147.20		短期借款	38		
交易性金融资产	3			交易性金融负债	39		
衍生金融资产	4			衍生金融负债	40		

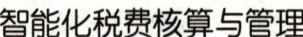

(续表)

资　　产	行次	期末余额	年初余额	负债和所有者权益	行次	期末余额	年初余额
应收票据	5			应付票据	41		
应收账款	6	169 000.00		应付账款	42	162 720.00	
应收账款融资	7			预收账款	43		
预付账款	8			合同负债	44		
其他应收款	9	500.00		应付职工薪酬	45	10 984.80	
存货	10	214 000.00		应交税费	46	18 308.36	
合同资产	11			其他应付款	47	6 127.20	
持有待售资产	12			持有待售负债	48		
一年内到期的非流动资产	13			一年内到期的非流动负债	49		
其他流动资产	14			其他流动负债	50		
流动资产合计	15	822 647.20		流动负债合计	51	198 140.36	
非流动资产：	16			非流动负债：	52		
债权投资	17			长期借款	53		
其他债权投资	18			应付债券	54		
长期应收款	19			租赁负债	55		
长期股权投资	20			长期应付款	56		
其他权益工具投资	21			长期应付职工薪酬	57		
其他非流动金融资产	22			预计负债	58		
投资性房地产	23			递延收益	59		
固定资产	24	98 020.83		递延所得税负债	60		
在建工程	25			其他非流动负债	61		
生产性生物资产	26			非流动负债合计	62		
油气资产	27			负债合计	63	198 140.36	
使用权资产	28			所有者权益（或股东权益）：	64		
无形资产	29			实收资本（或股本）	65	500 000.00	
开发支出	30			其他权益工具	66		
商誉	31			其他综合收益	67		
长期待摊费用	32			资本公积	68		
递延所得税资产	33			盈余公积	69		
其他非流动资产	34			未分配利润	70	222 527.67	
非流动资产合计	35	98 020.83		所有者权益（或股东权益）合计	71	722 527.67	
资产总计	36	92 0668.03		负债和所有者权益（或股东权益）总计	72	920 668.03	

表 5-3　利润表

编制单位：北京陈鸿商贸有限责任公司　　　2021 年 12 月 31 日　　　　　　　　　　　　　元

项　目	行　数	本期金额	本年累计金额
一、营业收入	1	540 000.00	540 000.00
减：营业成本	2	255 000.00	255 000.00
税金及附加	3	706.75	706.75
销售费用	4	15 662.80	15 662.80
管理费用	5	34 390.80	34 390.80
研发费用	6		
财务费用	7	600.00	600.00
其中：利息费用	8		
利息收入	9		
资产减值损失	10		
信用减值损失	11		
加：其他收益	12		
投资收益（损失以"-"号填列）	13	50 000.00	50 000.00
其中：对联营企业和合营企业的投资收益	14		
净敞口套期收益（损失以"-"号填列）	15		
公允价值变动收益（损失以"-"号填列）	16		
资产处置收益（损失以"-"号填列）	17		
二、营业利润（亏损以"-"号填列）	18	283 639.65	283 639.65
加：营业外收入	19		
减：营业外支出	20	11 650.00	11 650.00
三、利润总额（亏损以"-"号填列）	21	271 989.65	271 989.65
减：所得税费用	22		
四、净利润（亏损以"-"号填列）	23	271 989.65	271 989.65
（一）持续经营净利润（净亏损以"-"号填列）	24		
（二）终止经营净利润（净亏损以"-"号填列）	25		
五、其他综合收益的税后净额	26		
（一）不能重分类进损益的其他综合收益	27		
1.重新计量设定收益计划变动额	28		
2.权益法下不能转损益的其他综合收益	29		
3.其他权益工具投资公允价值变动	30		
4.企业自身信用风险公允价值变动	31		
（二）将重分类进损益的其他综合收益	32		
1.权益法下可转损益的其他综合收益	33		

(续表)

项 目	行 数	本期金额	本年累计金额
2. 其他债权投资公允价值变动	34		
3. 金融资产重分类计入其他综合收益的金额	35		
4. 其他债权投资信用减值准备	36		
5. 现金流量套期储备	37		
6. 外币财务报表折算差额	38		
六、综合收益总额	39	271 989.65	271 989.65
七、每股收益	40		
（一）基本每股收益	41		
（二）稀释每股收益	42		

（二）任务布置

根据陈鸿公司 2021 年的账证数据，处理以下所得税涉税业务。

① 折扣销售情况下企业所得税应税收入如何计算？

② 股权资产转让如何计算企业所得税应纳税额？

③ 根据销售业务的具体情形，判断其企业所得税纳税义务的发生时间。

④ 合理判断陈鸿公司 2021 年产生国债利息收入、财政拨款、股息红利、金融债权利息等是否属于所得税应税收入。

⑤ 计算工会经费、职工教育经费及职工福利费的扣除限额。如果超过规定标准，那么如何做纳税调整？

⑥ 保险费如何在所得税前扣除？

⑦ 利息费用如何在所得税前扣除？

⑧ 公益性捐赠如何在所得税前扣除？

⑨ 业务招待费、广告费如何在所得税前扣除？

⑩ 根据资产损失情形正确处理企业所得税涉税业务。

二、任务准备

（一）知识准备

1. 应纳税所得额的计算思路

企业所得税的计税依据是应纳税所得额，即企业每一纳税年度的收入总额，减除不征税收入、免税收入、各项扣除及允许弥补的以前年度亏损后的余额。

企业应纳税所得额的计算，以权责发生制为原则，属于当期的收入和费用，不论款项是否收付，均作为当期的收入和费用；不属于当期的收入和费用，即使款项已经在当期收付，也不作为当期的收入和费用。在计算应纳税所得额时，企业财务、会计处理办法与税收法律法规的规定不一致的，应当依照税收法律法规的规定计算。应纳税所得额的计算公式如下。

（1）直接法

应纳税所得额＝收入总额－不征税收入－免税收入－各项扣除－以前年度亏损

（2）间接法

应纳税所得额＝会计利润＋纳税调整增加额－纳税调整减少额

2. 收入总额的确认

企业收入总额是指以货币形式和非货币形式从各种来源取得的收入，包括销售货物收入，提供劳务收入，转让财产收入，股息、红利等权益性投资收益，利息收入，租金收入，特许权使用费收入，接受捐赠收入，以及其他收入。

企业取得收入的货币形式，包括现金、存款、应收账款、应收票据、准备持有至到期的债券投资及债务的豁免等。

企业取得收入的非货币形式，包括固定资产、生物资产、无形资产、股权投资、存货、不准备持有至到期的债券投资、劳务及有关权益等。非货币形式收入应当按照公允价值确定收入额。

（1）销售货物收入

销售货物收入是指企业销售商品、产品、原材料、包装物、低值易耗品及其他存货取得的收入。

除法律法规另有规定外，企业销售货物收入的确认，必须遵循权责发生制原则和实质重于形式原则。

符合收入确认条件，采取下列商品销售方式的，应按以下规定确认收入实现时间。

① 销售商品采用托收承付方式的，在办妥托收手续时确认收入。

② 销售商品采用预收款方式的，在发出商品时确认收入。

③ 销售商品需要安装和检验的，在购买方接受商品及安装和检验完毕时确认收入。如果安装程序比较简单，则可在发出商品时确认收入。

④ 销售商品采用支付手续费方式委托代销的，在收到代销清单时确认收入。

⑤ 采用售后回购方式销售商品的，销售的商品按售价确认收入，回购的商品作为购进商品处理。有证据表明不符合销售收入确认条件的，如以销售商品方式进行融资，收到的款项应确认为负债，回购价格大于原售价的，差额应在回购期间确认为利息费用。

⑥ 销售商品以旧换新的，销售商品应当按照销售商品收入确认条件确认收入，回收的商品作为购进商品处理。

⑦ 企业为促进商品销售而在商品价格上给予的价格扣除属于商业折扣。商品销售涉及商业折扣的，应当按照扣除商业折扣后的金额确定销售商品收入金额。

债权人为鼓励债务人在规定的期限内付款而向债务人提供的债务扣除属于现金折扣。销售商品涉及现金折扣的，应当按扣除现金折扣前的金额确定销售商品收入金额，现金折扣在实际发生时作为财务费用扣除。

企业因售出商品的质量不合格等原因而在售价上给予的减让属于销售折让；企业因售出商品质量、品种不符合要求等原因而发生的退货属于销售退回。企业已经确认销售收入的售出商品发生销售折让和销售退回，应当在发生当期冲减当期销售商品收入。

（2）提供劳务收入

提供劳务收入是指企业从事建筑安装、修理修配、交通运输、仓储租赁、金融保险、邮电通信、咨询经纪、文化体育、科学研究、技术服务、教育培训、餐饮住宿、中介代理、卫生保健、社区服务、旅游、娱乐、加工及其他劳务服务活动取得的收入。

企业在各个纳税期末，提供劳务交易的结果能够可靠估计的，应采用完工进度（百分比）法确认提供劳务收入。

企业应按照从接受劳务方已收或应收的合同或协议价款确定劳务收入总额，根据纳税期末提供劳务收入总额乘以完工进度扣除以前纳税年度累计已确认提供劳务收入后的金额，确认为当期劳务收入。同时，按照提供劳务估计总成本乘以完工进度扣除以前纳税期间累计已确认劳务成本后的金额，结转为当期劳务成本。

（3）转让财产收入

转让财产收入是指企业转让固定资产、生物资产、无形资产、股权、债权等财产取得的收入。转让财产收入应当按照从财产受让方已收或应收的合同或协议价款确认收入。

（4）股息、红利等权益性投资收益

股息、红利等权益性投资收益是指企业因权益性投资从被投资方取得的收入。

（5）利息收入

利息收入是指企业将资金提供他人使用但不构成权益性投资，或者因他人占用本企业资金取得的收入，包括存款利息、贷款利息、债券利息、欠款利息等收入。

（6）租金收入

租金收入是指企业提供固定资产、包装物或其他有形资产的使用权取得的收入。

（7）特许权使用费收入

特许权使用费收入是指企业提供专利权、非专利技术、商标权、著作权及其他特许权的使用权取得的收入。

（8）接受捐赠收入

接受捐赠收入是指企业接受的来自其他企业、组织者个人无偿给予的货币性资产、非货币性资产。

（9）其他收入

其他收入是指企业取得《企业所得税法》具体列举的收入外的其他收入，包括企业资产溢余收入、逾期未退包装物押金收入、确实无法偿付的应付款项、已做坏账损失处理后又收回的应收款项、债务重组收入、补贴收入、违约金收入、汇兑收益等。

（10）特殊收入的确认

① 以分期收款方式销售货物的，按照合同约定的收款日期确认收入的实现。

② 企业受托加工制造大型机械设备、船舶、飞机，以及从事建筑、安装、装配工程业务或提供其他劳务等，持续时间超过12个月的，按照纳税年度内完工进度或完成的工作量确认收入的实现。

③ 采取产品分成方式取得收入的，按照企业分得产品的日期确认收入的实现，其收入额按照产品的公允价值确定。

④ 企业发生非货币性资产交换，以及将货物、财产、劳务用于捐赠、偿债、赞助、集资、广告、样品、职工福利或利润分配等用途的，应当视同销售货物、转让财产或提供劳务，但国务院财政、税务主管部门另有规定的除外。

⑤ 企业以买一赠一等方式组合销售本企业商品的，不属于捐赠，应将总的销售金额按各项商品的公允价值的比例来分摊确认各项销售收入。

3.企业所得税收入的确认时间

（1）商品销售收入

① 销售商品采用托收承付方式的，在办妥托收手续时确认收入。

② 销售商品采取预收款方式的，在发出商品时确认收入。

③ 销售商品需要安装和检验的，在购买方接受商品及安装和检验完毕时确认收入。如果安装程序比较简单，则可在发出商品时确认收入。

④ 销售商品采用支付手续费方式委托代销的，在收到代销清单时确认收入。

⑤ 采取产品分成方式取得收入的，在分得产品的时间确认收入。

（2）劳务收入

① 安装费。应根据安装完工进度确认收入。安装工作是商品销售附带条件的，安装费在确认商品销售实现时确认收入。

② 宣传媒介的收费。应在相关的广告或商业行为出现于公众面前时确认收入。广告的制作费应根据制作广告的完工进度确认收入。

③ 软件费。为特定客户开发软件的收费，应根据开发的完工进度确认收入。

④ 服务费。包含在商品售价内可区分的服务费，在提供服务的期间分期确认收入。

⑤ 艺术表演、招待宴会和其他特殊活动的收费。在相关活动发生时确认收入。收费涉及几项活动的，预收的款项应合理分配给每项活动，分别确认收入。

⑥ 会员费。申请入会或加入会员，只允许取得会籍，所有其他服务或商品都要另行收费的，在取得该会员费时确认收入；申请入会或加入会员后，会员在会员期内不再付费就可得到各种服务或商品，或者以低于非会员的价格销售商品或提供服务的，该会员费应在整个受益期内分期确认收入。

⑦ 特许权费。属于提供设备和其他有形资产的特许权费，在交付资产或转移资产所有权时确认收入；属于提供初始及后续服务的特许权费，在提供服务时确认收入。

⑧ 长期为客户提供重复的劳务收取的劳务费，在相关劳务活动发生时确认收入。

（3）企业转让股权收入

转让协议生效且完成股权变更手续时，确认收入的实现。

（4）股息、红利等权益性投资收益

除财政、税务主管部门另有规定外，按照被投资方做出利润分配决定的日期确认收入的实现。

（5）利息收入

按照合同约定的债务人应付利息的日期确认收入的实现。

（6）租金收入

如果交易合同或协议中规定租赁期限跨年度，且租金提前一次性支付，则可对上述已确认收入，在租赁期内，分期均匀计入相关年度收入。

（7）特许权使用费收入

按照合同约定的债务人、承租人、特许权使用人应付特许权使用费的日期确认收入的实现。

（8）接受捐赠收入

按照实际收到捐赠资产的日期确认收入的实现。

（9）企业取得财产（包括各类资产、股权、债权等）转让收入、债务重组收入、接受捐赠收入、无法偿付的应付款收入等，不论是以货币形式还是非货币形式体现，除另有规定外，均应一次性计入确认收入的年度计算缴纳企业所得税。

4. 不征税收入

下列收入为不征税收入。

（1）财政拨款

财政拨款是指各级人民政府为纳入预算管理的事业单位、社会团体等组织拨付的财政资金。但国务院和国务院财政、税务主管部门另有规定的除外。

不征税收入

（2）依法收取并纳入财政管理的行政事业性收费、政府性基金

行政事业性收费是指依照法律法规等有关规定，按照国务院规定程序批准，在实施社会公共管理，以及在向公民、法人或其他组织提供特定公共服务的过程中向特定对象收取并纳入财政管理的费用。政府性基金，是指企业依照法律、行政法规等有关规定，代政府收取的具有专项用途的财政资金。

（3）国务院规定的其他不征税收入

国务院规定的其他不征税收入是指企业取得的，由国务院财政、税务主管部门规定专项用途并经国务院批准的财政性资金。

县级以上人民政府将国有资产无偿划入企业，凡指定专门用途并按规定进行管理的，企业可作为不征税收入进行企业所得税处理。其中，该项资产属于非货币性资产的，应按政府确定的接收价值计算不征税收入。

根据财税〔2018〕94号文件的规定，自2018年9月10日起，对全国社会保障基金取得的直接股权投资收益、股权投资基金收益，作为企业所得税不征税收入。

根据财税〔2018〕95号文件的规定，自2018年9月20日起，对全国社会保障基金理事会及基本养老保险基金投资管理机构在国务院批准的投资范围内，运用养老基金投资取得的归属于养老基金的投资收益，作为企业所得税不征税收入。

5. 免税收入

企业的免税收入包括以下几种。

（1）国债利息收入

国债利息收入是指企业持有国务院财政部门发行的国债取得的利息收入。

（2）符合条件的居民企业之间的股息、红利等权益性投资收益

符合条件的居民企业之间的股息、红利等权益性投资收益是指居民企业直接投资于其他居民企业取得的投资收益。

（3）在中国境内设立机构、场所的非居民企业从居民企业取得与该机构、场所有实际联系的股息、红利等权益性投资收益

股息、红利等权益性投资收益不包括连续持有居民企业公开发行并上市流通的股票不足12个月取得的投资收益。

（4）符合条件的非营利组织的收入

符合条件的非营利组织的收入不包括非营利组织从事营利性活动取得的收入，但国务院财政、税务主管部门另有规定的除外。对非营利组织从事非营利性活动取得的收入给予免税，但从事营利性活动取得的收入则要征税。

注意，不征税收入和免税收入均属于企业所得税所称的收入总额，但在计算企业所得

税应纳税所得额时应扣除；不征税收入，是不应列入征税范围的收入，免税收入则是应列入征税范围的收入，只是国家出于特殊考虑给予税收优惠，在一定时期有可能恢复征税；企业的不征税收入对应的费用、折旧、摊销一般不得在计算应纳税所得额时扣除，免税收入对应的费用、折旧、摊销一般可以税前扣除。

6. 税前扣除项目

企业实际发生的与取得收入有关的、合理的支出，包括成本、费用、税金、损失和其他支出，准予在计算应纳税所得额时扣除。合理的支出是指符合生产经营活动常规，应当计入当期损益或有关资产成本的必要和正常的支出。除另有规定外，企业实际发生的成本、费用、税金、损失和其他支出，不得重复扣除。

企业发生的支出应当区分收益性支出和资本性支出。收益性支出在发生当期直接扣除；资本性支出应当分期扣除或计入有关资产成本，不得在发生当期直接扣除。

企业的不征税收入用于支出所形成的费用或财产，不得扣除或计算对应的折旧、摊销扣除。

① 成本是指企业在生产经营活动中发生的销售成本、销货成本、业务支出及其他耗费，即企业销售商品（产品、材料、下脚料、废料、废旧物资等）、提供劳务、转让固定资产、无形资产的成本。

② 费用是指企业在生产经营活动中发生的销售费用、管理费用和财务费用。已经计入成本的有关费用除外。

- 销售费用是指应由企业负担的为销售商品而发生的费用。
- 管理费用是指企业的行政管理部门为管理组织经营活动提供各项支援性服务而发生的费用。
- 财务费用是指企业筹集经营性资金而发生的费用。

③ 税金是指企业发生的除企业所得税和允许抵扣的增值税以外的各项税金及其附加，即纳税人按照规定缴纳的消费税、资源税、土地增值税、关税、城市维护建设税、教育费附加及房产税、车船税、城镇土地使用税、印花税等。企业缴纳的增值税属于价外税，故不在扣除之列。

④ 损失是指企业在生产经营活动中发生的固定资产和存货的盘亏、毁损、报废损失，转让财产损失，呆账损失，坏账损失，自然灾害等不可抗力因素造成的损失，以及其他损失。

企业发生的损失，减除责任人赔偿和保险赔款后的余额，依照国务院财政、税务主管部门的规定扣除。企业已经作为损失处理的资产，在以后纳税年度又全部收回或部分收回时，应当计入当期收入。

⑤ 其他支出是指除成本、费用、税金、损失外，企业在生产经营活动中发生的与生产经营活动有关的、合理的支出。

7. 扣除标准

（1）工资薪金支出

企业发生的合理的工资薪金支出准予扣除。工资薪金是指企业每一纳税年度支付给在本企业任职或受雇的员工的所有现金形式或非现金形式的劳动报酬，包括基本工资、奖金、津贴、补贴、年终加薪、加班工资，以及与员工任职或受雇有关的其他支出。

智能化税费核算与管理

（2）职工福利费、工会经费、职工教育经费

企业发生的职工福利费、工会经费、职工教育经费按标准扣除。未超过标准的按实际发生数额扣除，超过扣除标准的只能按标准扣除。

① 企业发生的职工福利费支出，不超过工资薪金总额14%的部分，准予扣除。企业的职工福利费包括以下内容：尚未实行分离办社会职能的企业，其内设福利部门所发生的设备、设施和人员费用，包括职工食堂、职工浴室、理发室、医务所、托儿所、疗养院等集体福利部门的设备、设施及维修保养费用和福利部门工作人员的工资薪金、社会保险费、住房公积金、劳务费等；为职工卫生保健、生活、住房、交通等所发放的各项补贴和非货币性福利，包括企业向职工发放的因公外地就医费用、未实行医疗统筹企业职工医疗费用、职工供养直系亲属医疗补贴、供暖费补贴、职工防暑降温费、职工困难补贴、救济费、职工食堂经费补贴、职工交通补贴等；按照其他规定发生的其他职工福利费，包括丧葬补助费、抚恤费、安家费、探亲假路费等。

企业发生的职工福利费，应该单独设置账册，进行准确核算。没有单独设置账册准确核算的，税务机关应责令企业在规定的期限内进行改正。逾期仍未改正的，税务机关可对企业发生的职工福利费进行合理的核定。

② 企业拨缴的工会经费，不超过工资薪金总额2%的部分，准予扣除。

③ 根据财税〔2018〕51号文件的规定，自2018年1月1日起，企业发生的职工教育经费支出，不超过工资薪金总额8%的部分，准予在计算企业所得税应纳税所得额时扣除；超过部分，准予在以后纳税年度结转扣除。

注意，软件生产企业的职工培训费用，可按实际发生额在计算应纳税所得额时扣除。

（3）社会保险费

① 企业依照国务院有关主管部门或省级人民政府规定的范围和标准为职工缴纳的基本养老保险费、基本医疗保险费、失业保险费、工伤保险费等基本社会保险费和住房公积金，准予扣除。

② 自2008年1月1日起，企业根据国家有关政策规定，为在本企业任职或受雇的全体员工支付的补充养老保险费、补充医疗保险费，分别在不超过职工工资总额5%标准内的部分，在计算应纳税所得额时准予扣除；超过的部分，不予扣除。

（4）借款费用

① 企业在生产经营活动中发生的合理的、不需要资本化的借款费用，准予扣除。

② 企业为购置、建造固定资产、无形资产和经过12个月以上的建造才能达到预定可销售状态的存货发生借款的，在有关资产购置、建造期间发生的合理的借款费用，应当作为资本性支出计入有关资产的成本，并依照《企业所得税法实施条例》的有关规定扣除。

（5）利息费用

企业在生产经营活动中发生的下列利息支出，准予扣除。

① 非金融企业向金融企业借款的利息支出、金融企业的各项存款利息支出和同业拆借利息支出、企业经批准发行债券的利息支出可据实扣除。

② 非金融企业向非金融企业借款的利息支出，不超过按照金融企业同期同类贷款利率计算的数额的部分可据实扣除，超过部分不许扣除。

金融企业是指各类银行、保险公司及经中国人民银行批准从事金融业务的非银行金融机构。

③ 凡企业投资者在规定期限内未缴足其应缴资本额的,该企业对外借款所发生的利息,相当于投资者实缴资本额和在规定期限内应缴资本额之间的差额应计付的利息,不属于企业合理的支出,应由企业投资者负担,不得在计算企业应纳税所得额时扣除。

④ 企业向股东或其他与企业有关联关系的自然人借款的利息支出,应根据《企业所得税法》及《财政部国家税务总局关于企业关联方利息支出税前扣除标准有关税收政策问题的通知》规定的条件,计算企业所得税扣除额。

企业向除股东或其他与企业有关联关系的自然人以外的内部职工或其他人员借款的利息支出,其借款情况同时符合以下条件的,其利息支出在不超过按照金融企业同期同类贷款利率计算的数额的部分,准予扣除:企业和个人之间的借贷是真实、合法、有效的,并且不具有非法集资目的或其他违反法律、法规的行为;企业和个人之间签订了借款合同。

(6) 汇兑损失

企业在货币交易中,以及纳税年度终了时将人民币以外的货币性资产、负债按照期末即期人民币汇率中间价折算为人民币时产生的汇兑损失,除已经计入有关资产成本以及向所有者进行利润分配相关的部分外,准予扣除。

(7) 公益性捐赠

公益性捐赠是指企业通过公益性社会组织或县级以上人民政府及其部门,用于符合法律规定的慈善活动、公益事业的捐赠。

公益性捐赠扣除

企业当年发生及以前年度结转的公益性捐赠支出,不超过年度利润总额12%的部分,在计算应纳税所得额时准予扣除;超过年度利润总额12%的部分,准予结转以后3年内在计算应纳税所得额时扣除。企业在对公益性捐赠支出计算扣除时,应先扣除以前年度结转的捐赠支出,再扣除当年发生的捐赠支出。

年度利润总额,是指企业依照国家统一会计制度的规定计算的年度会计利润。

公益性捐赠具体范围包括:

① 救助灾害、救济贫困、扶助残疾人等困难的社会群体和个人的活动;

② 教育、科学、文化、卫生、体育事业;

③ 环境保护、社会公共设施建设;

④ 促进社会发展和进步的其他社会公共和福利事业。

我国财政部、税务总局、国务院扶贫办对企业公益性捐赠的应纳税所得额扣除做出了以下规定。

① 根据财政部、税务总局、国务院扶贫办公告2019年第55号,自2019年1月1日至2022年12月31日,企业通过公益性社会组织或县级(含县级)以上人民政府及其组成部门,用于目标脱贫地区的扶贫捐赠支出,准予在计算企业所得税应纳税所得额时据实扣除。在政策执行期限内,目标脱贫地区实现脱贫的,可继续适用上述政策。企业同时发生扶贫捐赠支出和其他公益性捐赠支出,在计算公益性捐赠支出年度扣除限额时,符合条件的扶贫捐赠支出不计算在内。企业在2015年1月1日至2018年12月31日期间已发生的符合上述条件的扶贫捐赠支出,尚未在计算企业所得税应纳税所得额时扣除的部分,可执行上述企业所得税政策。

② 根据财政部、税务总局公告2020年第9号,自2020年1月1日起,企业和个人通过公益性社会组织或县级以上人民政府及其部门等国家机关,捐赠用于应对新型冠状病毒感染的肺炎疫情的现金和物品,允许在计算应纳税所得额时全额扣除;企业和个人直接

向承担疫情防治任务的医院捐赠用于应对新型冠状病毒感染的肺炎疫情的物品，允许在计算应纳税所得额时全额扣除。捐赠人凭承担疫情防治任务的医院开具的捐赠接收函办理税前扣除事宜。

③ 根据国家税务总局公告2021年第17号，企业在非货币性资产捐赠过程中发生的运费、保险费、人工费用等相关支出，凡纳入国家机关、公益性社会组织开具的公益捐赠票据记载的数额中的，作为公益性捐赠支出按照规定在税前扣除。上述费用未纳入公益性捐赠票据记载的数额中的，作为企业相关费用按照规定在税前扣除。

（8）业务招待费

① 企业发生的与生产经营活动有关的业务招待费支出，按照发生额的60%扣除。但最高不得超过当年销售（营业）收入的5‰。

② 企业在筹建期间，发生的与筹办活动有关的业务招待费支出，可按实际发生额的60%计入企业筹办费，并按有关规定在税前扣除。

③ 对从事股权投资业务的企业（包括集团公司总部、创业投资企业等），其从被投资企业所分配的股息、红利及股权转让收入，可以按规定的比例计算业务招待费扣除限额。

（9）广告费和业务宣传费

企业发生的符合条件的广告费和业务宣传费支出，除国务院财政、税务主管部门另有规定外，不超过当年销售（营业）收入15%的部分，准予扣除；超过部分，准予在以后纳税年度结转扣除。企业在筹建期间，发生的广告费和业务宣传费，可按实际发生额计入企业筹办费，并按有关规定在税前扣除。

根据国家税务总局公告2020年第43号，自2021年1月1日起至2025年12月31日，对化妆品制造或销售、医药制造和饮料制造（不含酒类制造）企业发生的广告费与业务宣传费支出，不超过当年销售（营业）收入30%的部分，准予扣除；超过部分，准予在以后纳税年度结转扣除。

烟草企业的烟草广告费和业务宣传费支出，一律不得在计算应纳税所得额时扣除。

（10）环境保护专项资金

企业依照法律、行政法规有关规定提取的用于环境保护、生态恢复等方面的专项资金，准予扣除。上述专项资金提取后改变用途的，不得扣除。

（11）保险费

企业参加财产保险按照规定缴纳的保险费，准予扣除。

除企业依照国家有关规定为特殊工种职工支付的人身安全保险费和国务院财政、税务主管部门规定可以扣除的其他商业保险费外，企业为投资者或职工支付的商业保险费，不得扣除。

自2018年度汇算清缴起，企业参加雇主责任险、公众责任险等责任保险，按照规定缴纳的保险费，准予在企业所得税税前扣除。

企业职工因公出差乘坐交通工具发生的人身意外保险费支出，准予企业在计算应纳税所得额时扣除。

（12）租赁费

企业根据生产经营活动的需要租入固定资产支付的租赁费，按照以下方法扣除。

① 以经营租赁方式租入固定资产发生的租赁费支出，按照租赁期限均匀扣除。

② 以融资租赁方式租入固定资产发生的租赁费支出，按照规定构成融资租入固定资

产价值的部分应当提取折旧费用分期扣除。

（13）劳动保护费

企业发生的合理的劳动保护支出，准予扣除。

（14）有关资产的费用

企业转让各类固定资产发生的费用，允许扣除。企业按规定计算的固定资产折旧费、无形资产和递延资产的摊销费，准予扣除。

（15）总机构分摊的费用

非居民企业在中国境内设立的机构、场所，就其中国境外总机构发生的与该机构、场所生产经营有关的费用，能够提供总机构出具的费用汇集范围、定额、分配依据和方法等证明文件，并合理分摊的，准予扣除。

（16）手续费及佣金支出

① 根据财政部、税务总局公告2019年第72号，2019年1月1日起，保险企业发生与其经营活动有关的手续费及佣金支出，不超过当年全部保费收入扣除退保金等后余额的18%（含本数）的部分，在计算应纳税所得额时准予扣除；超过部分，允许结转以后年度扣除。

② 其他企业，按与具有合法经营资格的中介服务机构或个人（不含交易双方及其雇员、代理人和代表人等）所签订服务协议或合同确认的收入金额的5%计算限额。

③ 从事代理服务、主营业务、收入为手续费、佣金的企业（如证券、期货、保险代理等企业），其为取得该类收入而实际发生的营业成本（包括手续费及佣金支出），准予在企业所得税税前据实扣除。

企业应与具有合法经营资格的中介服务企业或个人签订代办协议或合同，并按规定支付手续费及佣金。除委托个人代理外，企业以现金等非转账方式支付的手续费及佣金不得在税前扣除。企业为发行权益性证券支付给有关证券承销机构的手续费及佣金不得在税前扣除。企业不得将手续费及佣金支出计入回扣、业务提成、返利、进场费等费用。企业已计入固定资产、无形资产等相关资产的手续费及佣金支出，应当通过折旧、摊销等方式分期扣除，不得在发生当期直接扣除。企业支付的手续费及佣金不得直接冲减服务协议或合同金额，并如实入账。保险企业应建立健全手续费及佣金的相关管理制度，并加强手续费及佣金结转扣除的台账管理。

（17）依照有关法律、行政法规和国家有关税法规定准予扣除的其他项目

例如，会员费、合理的会议费、差旅费、违约金、诉讼费用等。

8. 不得扣除项目

在计算应纳税所得额时，下列支出不得扣除。

① 向投资者支付的股息、红利等权益性投资收益款项。

② 企业所得税税款。

③ 税收滞纳金。具体是指纳税人违反税收法规，被税务机关处以的滞纳金。

④ 罚金、罚款和被没收财物的损失。具体是指纳税人违反国家有关法律、法规规定，被有关部门处以的罚款，以及被司法机关处以的罚金和被没收的财物。

⑤ 超过规定标准的捐赠支出。

⑥ 赞助支出。具体是指企业发生的与生产经营活动无关的各种非广告性质支出。

⑦ 未经核定的准备金支出。具体是指不符合国务院财政、税务主管部门规定的各项

资产减值准备、风险准备等准备金支出。

⑧ 企业之间支付的管理费、企业内营业机构之间支付的租金和特许权使用费，以及非银行企业内营业机构之间支付的利息，不得扣除。

⑨ 与取得收入无关的其他支出。

9. 亏损弥补

亏损是指企业将每一纳税年度的收入总额减除不征税收入、免税收入和各项扣除后小于 0 的数额。税法规定，企业某一纳税年度发生的亏损可以用下一年度的所得弥补，下一年度的所得不足以弥补的，可以逐年延续弥补，但最长不得超过 5 年。企业在汇总计算缴纳企业所得税时，其境外营业机构的亏损不得抵减境内营业机构的盈利。

我国财政部、税务总局对企业的亏损弥补做了以下规定。

① 根据财税〔2018〕76 号通知，自 2018 年 1 月 1 日起，当年具备高新技术企业或科技型中小企业资格的企业，其具备资格年度之前 5 个年度发生的尚未弥补完的亏损，准予结转以后年度弥补，最长结转年限由 5 年延长至 10 年。

② 根据财政部、税务总局公告 2020 年第 8 号，受新冠疫情影响较大的困难行业企业 2020 年度发生的亏损，最长结转年限由 5 年延长至 8 年。

10. 资产的税务处理

企业的各项资产包括固定资产、生产性生物资产、无形资产、长期待摊费用、投资资产、存货等，以历史成本为计税基础。历史成本是指企业取得该项资产时实际发生的支出。企业持有各项资产期间资产增值或减值，除国务院财政、税务主管部门规定可以确认损益外，不得调整该资产的计税基础。

企业转让资产，该项资产的净值准予在计算应纳税所得额时扣除。资产的净值是指有关资产、财产的计税基础减除已经按照规定扣除的折旧、折耗、摊销、准备金等后的余额。除另有规定外，企业在重组过程中，应当在交易发生时确认有关资产的转让所得或损失，相关资产应当按照交易价格重新确定计税基础。

（1）固定资产

固定资产是指企业为生产产品、提供劳务、出租或经营管理而持有的、使用时间超过 12 个月的非货币性资产，包括房屋、建筑物、机器、机械、运输工具及其他与生产经营活动有关的设备、器具、工具等。在计算固定资产的应纳税所得额时，企业按照规定计算的固定资产折旧，准予扣除。

下列固定资产不得计算折旧扣除。

① 房屋、建筑物以外未投入使用的固定资产。

② 以经营租赁方式租入的固定资产。

③ 以融资租赁方式租出的固定资产。

④ 已足额提取折旧仍继续使用的固定资产。

⑤ 与经营活动无关的固定资产。

⑥ 单独估价作为固定资产入账的土地。

⑦ 其他不得计算折旧扣除的固定资产。

固定资产按照以下方法确定计税基础。

① 外购的固定资产，以购买价款和支付的相关税费及直接归属于使该资产达到预定

用途发生的其他支出为计税基础。

② 自行建造的固定资产，以竣工结算前发生的支出为计税基础。

③ 融资租入的固定资产，以租赁合同约定的付款总额和承租人在签订租赁合同过程中发生的相关费用为计税基础。租赁合同未约定付款总额的，以该资产的公允价值和承租人在签订租赁合同过程中发生的相关费用为计税基础。

④ 盘盈的固定资产，以同类固定资产的重置完全价值为计税基础。

⑤ 通过捐赠、投资、非货币性资产交换、债务重组等方式取得的固定资产，以该资产的公允价值和支付的相关税费为计税基础。

⑥ 改建的固定资产，除法定的支出外，以改建过程中发生的改建支出增加计税基础。

固定资产按照直线法计算的折旧，准予扣除。企业应当自固定资产投入使用月份的次月起计算折旧；停止使用的固定资产，应当自停止使用月份的次月起停止计算折旧。企业应当根据固定资产的性质和使用情况，合理确定固定资产的预计净残值。固定资产的预计净残值一经确定，就不得变更。

除国务院财政、税务主管部门另有规定外，固定资产计算折旧的最低年限如下。

① 房屋、建筑物，为 20 年。

② 飞机、火车、轮船、机器、机械和其他生产设备，为 10 年。

③ 与生产经营活动有关的器具、工具、家具等，为 5 年。

④ 飞机、火车、轮船以外的运输工具，为 4 年。

⑤ 电子设备，为 3 年。

（2）生产性生物资产

生产性生物资产是指企业为生产农产品、提供劳务或出租等而持有的生物资产，包括经济林、薪炭林、产畜和役畜等。

生产性生物资产按照以下方法确定计税基础。

① 外购的生产性生物资产，以购买价款和支付的相关税费为计税基础。

② 通过捐赠、投资、非货币性资产交换、债务重组等方式取得的生产性生物资产，以该资产的公允价值和支付的相关税费为计税基础。

生产性生物资产按照直线法计算的折旧，准予扣除。企业应当自生产性生物资产投入使用月份的次月起计算折旧；停止使用的生产性生物资产，应当自停止使用月份的次月起停止计算折旧。企业应当根据生产性生物资产的性质和使用情况，合理确定生产性生物资产的预计净残值。生产性生物资产的预计净残值一经确定，就不得变更。

生产性生物资产计算折旧的最低年限如下。

① 林木类生产性生物资产，为 10 年。

② 畜类生产性生物资产，为 3 年。

（3）无形资产

无形资产是指企业为生产产品、提供劳务、出租或经营管理而持有的、没有实物形态的非货币性长期资产，包括专利权、商标权、著作权、土地使用权、非专利技术、商誉等。在计算无形资产的应纳税所得额时，企业按照规定计算的无形资产摊销费用，准予扣除。

下列无形资产不得计算摊销费用扣除。

① 自行开发的支出已在计算应纳税所得额时扣除的无形资产。

② 自创商誉。

③ 与经营活动无关的无形资产。
④ 其他不得计算摊销费用扣除的无形资产。
无形资产按照以下方法确定计税基础。
① 外购的无形资产，以购买价款和支付的相关税费及直接归属于使该资产达到预定用途发生的其他支出为计税基础。
② 自行开发的无形资产，以开发过程中该资产符合资本化条件后至达到预定用途前发生的支出为计税基础。
③ 通过捐赠、投资、非货币性资产交换、债务重组等方式取得的无形资产，以该资产的公允价值和支付的相关税费为计税基础。
无形资产按照直线法计算的摊销费用，准予扣除。无形资产的摊销年限不得低于10年。
作为投资或受让的无形资产，有关法律规定或合同约定了使用年限的，可以按照规定或约定的使用年限分期摊销。外购商誉的支出，在企业整体转让或清算时，准予扣除。

（4）长期待摊费用

长期待摊费用是指企业发生的应在1个年度以上或几个年度进行摊销的费用。在计算应纳税所得额时，企业发生的下列支出作为长期待摊费用，按照规定摊销的，准予扣除。

长期待摊费用

① 已足额提取折旧的固定资产的改建支出，按照固定资产预计尚可使用年限分期摊销。
② 租入固定资产的改建支出，按照合同约定的剩余租赁期限分期摊销。固定资产的改建支出是指改变房屋或建筑物结构、延长使用年限等发生的支出。改建的固定资产延长使用年限的，除前述规定外，应当适当延长折旧年限。
③ 固定资产的大修理支出，按照固定资产尚可使用年限分期摊销。
固定资产的大修理支出是指同时符合下列条件的支出。
① 修理支出达到取得固定资产时的计税基础50%以上。
② 修理后固定资产的使用年限延长2年以上。
其他应当作为长期待摊费用的支出，自支出发生月份的次月起，分期摊销，摊销年限不得低于3年。

（5）投资资产

投资资产是指企业对外进行权益性投资和债权性投资形成的资产。企业对外投资期间，投资资产的成本在计算应纳税所得额时不得扣除。企业在转让或处置投资资产时，投资资产的成本准予扣除。投资资产按照以下方式确定成本。
① 通过支付现金方式取得的投资资产，以购买价款为成本。
② 通过支付现金以外的方式取得的投资资产，以该资产的公允价值和支付的相关税费为成本。

（6）存货

存货是指企业持有以备出售的产品或商品、处在生产过程中的在产品、在生产或提供劳务过程中耗用的材料和物料等。存货按照以下方法确定成本。
① 通过支付现金方式取得的存货，以购买价款和支付的相关税费为成本。
② 通过支付现金以外的方式取得的存货，以该存货的公允价值和支付的相关税费为成本。

③ 生产性生物资产收获的农产品，以产出或采收过程中发生的材料费、人工费和分摊的间接费用等必要支出为成本。

企业使用或销售存货，按照规定计算的存货成本，准予在计算应纳税所得额时扣除。

企业使用或销售的存货的成本计算方法，可以在先进先出法、加权平均法、个别计价法中选用一种。计价方法一经选用，就不得随意变更。

（7）资产损失

资产损失是指企业在生产经营活动中实际发生的、与取得应税收入有关的资产损失，包括现金损失，存款损失，坏账损失，贷款损失，股权投资损失，固定资产和存货的盘亏、毁损、报废、被盗损失，自然灾害等不可抗力因素造成的损失，以及其他损失。企业发生上述资产损失，应在按税法规定实际确认或实际发生的当年申报扣除。

企业以前年度发生的资产损失未能在当年税前扣除的，可以按照规定，向税务机关说明并进行专项申报扣除。其中，属于实际资产损失，准予追补至该项损失发生年度扣除，其追补确认期限一般不得超过5年。企业因以前年度实际资产损失未在税前扣除而多缴的企业所得税税款，可在追补确认年度企业所得税应纳税款中予以抵扣。不足抵扣的，向以后年度递延抵扣。

11. 企业所得税应纳税额的计算

企业所得税应纳税额的计算公式为：

$$应纳税额 = 应纳税所得额 \times 适用税率 - 减免税额 - 抵免税额$$

式中，减免税额和抵免税额是指依照企业所得税相关法律制度与国务院的税收优惠规定减征、免征及抵免的应纳税额。

企业取得的下列所得已在境外缴纳的所得税税额，可以从其当期应纳税额中抵免，抵免限额为该项所得依照规定计算的应纳税额；超过抵免限额的部分，可以在以后5个年度内，用每年抵免限额抵免当年应抵税额后的余额进行抵补。

① 居民企业来源于中国境外的应税所得。

② 非居民企业在中国境内设立机构、场所，取得发生在中国境外但与该机构、场所有实际联系的应税所得。

已在境外缴纳的所得税税额，是指企业来源于中国境外的所得依照中国境外税收法律及相关规定应当缴纳并已经实际缴纳的企业所得税性质的税款。

抵免限额，是指企业来源于中国境外的所得，依照规定计算的应纳税额。

5个年度，是指从企业取得的来源于中国境外的所得，已经在中国境外缴纳的企业所得税性质的税额超过抵免限额的当年的次年起连续5个纳税年度。

自2017年7月1日起，企业可以选择按国（地区）别分别计算（即"分国（地区）不分项"），或不按国（地区）别汇总计算（即"不分国（地区）不分项"）其来源于境外的应纳税所得额，按照规定的税率，分别计算其可抵免境外所得税税额和抵免限额。上述方式一经选择，5年内不得改变。

居民企业从其直接或间接控制的外国企业分得的来源于中国境外的股息、红利等权益性投资收益，外国企业在境外实际缴纳的所得税税额中属于该项所得负担的部分，可以作为该居民企业的可抵免境外所得税税额，在规定的抵免限额内抵免。

直接控制，是指居民企业直接持有外国企业20%以上股份；间接控制，是指居民企业以间接持股方式持有外国企业 20% 以上股份。在计算企业境外股息所得的可抵免所得税额和抵免限额时，由企业直接或间接持有 20% 以上股份的外国企业，限于按照相关法规规定的持股方式确定的五层外国企业。企业按规定抵免企业所得税税额时，应当提供中国境外税务机关出具的税款所属年度的有关纳税凭证。

12. 企业所得税税收优惠

我国企业所得税的税收优惠包括免税收入、可以减免税的所得、优惠税率、民族自治地方的减免税、加计扣除、抵扣应纳税所得额、加速折旧、减计收入、抵免应纳税额和其他专项优惠政策。企业同时从事适用不同企业所得税待遇的项目的，其优惠项目应当单独计算所得，并合理分摊企业的期间费用；没有单独计算的，不得享受企业所得税优惠。

（1）减、免税所得

① 企业从事下列项目的所得，免征企业所得税。

- 蔬菜、谷物、薯类、油料、豆类、棉花、麻类、糖料、水果、坚果的种植。
- 农作物新品种的选育。
- 中药材的种植。
- 林木的培育和种植。
- 牲畜、家禽的饲养。
- 林产品的采集。
- 灌溉、农产品初加工、兽医、农技推广、农机作业和维修等农、林、牧、渔服务业项目。
- 远洋捕捞。

企业从事下列项目的所得，减半征收企业所得税。

- 花卉、茶及其他饮料作物和香料作物的种植。
- 海水养殖、内陆养殖。

② 从事国家重点扶持的公共基础设施项目投资经营的所得。国家重点扶持的公共基础设施项目是指《公共基础设施项目企业所得税优惠目录》规定的港口码头、机场、铁路、公路、城市公共交通、电力、水利等项目。

- 企业从事上述国家重点扶持的公共基础设施项目的投资经营的所得，自项目取得第一笔生产经营收入所属纳税年度起，第一年至第三年免征企业所得税，第四年至第六年减半征收企业所得税。
- 企业承包经营、承包建设和内部自建自用上述项目，不得享受上述企业所得税优惠。

③ 从事符合条件的环境保护、节能节水项目的所得。符合条件的环境保护、节能节水项目，包括公共污水处理、公共垃圾处理、沼气综合开发利用、节能减排技术改造、海水淡化等。项目的具体条件和范围由国务院财政、税务主管部门会商国务院有关部门制定，报国务院批准后公布施行。企业从事上述规定的符合条件的环境保护、节能节水项目的所得，自项目取得第一笔生产经营收入所属纳税年度起，第一年至第三年免征企业所得税，第四年至第六年减半征收企业所得税。

④ 符合条件的技术转让所得。符合条件的技术转让所得免征、减征企业所得税是指一个纳税年度内，居民企业技术转让所得不超过 500 万元的部分，免征企业所得税；超过 500 万元的部分，减半征收企业所得税。其计算公式为：

$$技术转让所得 = 技术转让收入 - 技术转让成本 - 相关税费$$

⑤ 非居民企业所得。在中国境内未设立机构、场所的，或者虽设立机构、场所但取得的所得与其所设机构、场所没有实际联系的非居民企业，其取得的来源于中国境内的所得，减按 10% 的税率征收企业所得税。下列所得可以免征企业所得税。

● 外国政府向中国政府提供贷款取得的利息所得。
● 国际金融组织向中国政府和居民企业提供优惠贷款取得的利息所得。
● 经国务院批准的其他所得。

从 2014 年 11 月 17 日起，对合格境外机构投资者（QFII）、人民币合格境外机构投资者（RQFII）取得来源于中国境内的股票等权益性投资资产转让所得，暂免征收企业所得税。

（2）不同类型企业税收优惠

① 符合条件的小型微利企业，减按 20% 的税率征收企业所得税。

根据国家税务总局公告 2019 年第 2 号，自 2019 年 1 月 1 日至 2021 年 12 月 31 日，对小型微利企业年应纳税所得额不超过 100 万元的部分，减按 25% 计入应纳税所得额，按 20% 的税率缴纳企业所得税；对年应纳税所得额超过 100 万元但不超过 300 万元的部分，减按 50% 计入应纳税所得额，按 20% 的税率缴纳企业所得税。

根据国家税务总局公告 2021 年第 12 号，2021 年 1 月 1 日至 2022 年 12 月 31 日，对小型微利企业年应纳税所得额不超过 100 万元的部分，减按 12.5% 计入应纳税所得额，按 20% 的税率缴纳企业所得税。

小型微利企业是指从事国家非限制和禁止行业，且同时符合年度应纳税所得额不超过 300 万元、从业人数不超过 300 人、资产总额不超过 5 000 万元 3 个条件的企业。

从业人数包括与企业建立劳动关系的职工人数和企业接受的劳务派遣用工人数。从业人数和资产总额指标应按企业全年的季度平均值确定。其计算公式为：

$$季度平均值 =（季初值 + 季末值）\div 2$$
$$全年季度平均值 = 全年各季度平均值之和 \div 4$$

年度中间开业或终止经营活动的，以其实际经营期作为一个纳税年度确定上述相关指标。

小型微利企业无论按查账征收方式还是按核定征收方式缴纳企业所得税，均可享受优惠政策。

② 国家需要重点扶持的高新技术企业，减按 15% 的税率征收企业所得税。

③ 自 2018 年 1 月 1 日起，对经认定的技术先进型服务企业（服务贸易类），减按 15% 的税率征收企业所得税。

④ 依法成立且符合条件的集成电路设计企业和软件企业，在 2018 年 12 月 31 日前自获利年度起计算优惠期，第一年至第二年免征企业所得税，第三年至第五年按照 25% 的法定税率减半征收企业所得税，并享受至期满为止。

⑤ 根据财政部、税务总局、发展改革委、工业和信息化部公告 2020 年第 45 号，自 2020 年 1 月 1 日起，国家鼓励的集成电路线宽小于 28 纳米（含），且经营期在 15 年以上的集成电路生产企业或项目，第一年至第十年免征企业所得税；国家鼓励的集成电路线宽小于 65 纳米（含），且经营期在 15 年以上的集成电路生产企业或项目，第一年至第五年免征企业所得税，第六年至第十年按照 25% 的法定税率减半征收企业所得税；国家鼓励的集成电路线宽小于 130 纳米（含），且经营期在 10 年以上的集成电路生产企业或项目，第一年至第二年免征企业所得税，第三年至第五年按照 25% 的法定税率减半征收企业所

得税。

国家鼓励的线宽小于 130 纳米（含）的集成电路生产企业，属于国家鼓励的集成电路生产企业清单年度之前 5 个纳税年度发生的尚未弥补完的亏损，准予向以后年度结转，总结转年限最长不得超过 10 年。

国家鼓励的集成电路设计、装备、材料、封装、测试企业和软件企业，自获利年度起，第一年至第二年免征企业所得税，第三年至第五年按照 25% 的法定税率减半征收企业所得税。

国家鼓励的重点集成电路设计企业和软件企业，自获利年度起，第一年至第五年免征企业所得税，接续年度减按 10% 的税率征收企业所得税。

（3）民族自治地方的减免税

民族自治地方的自治机关对本民族自治地方的企业应缴纳的企业所得税中属于地方分享的部分，可以决定减征或免征。自治州、自治县决定减征或免征的，须报省、自治区、直辖市人民政府批准。

对民族自治地方内国家限制和禁止行业的企业，不得减征或免征企业所得税。

（4）加计扣除

企业的下列支出，可以在计算应纳税所得额时加计扣除。

① 研究开发费用。研究开发费用的加计扣除是指企业为开发新技术、新产品、新工艺发生的研究开发费用，未形成无形资产计入当期损益的，在按照规定据实扣除的基础上，按照研究开发费用的 50% 加计扣除；形成无形资产的，按照无形资产成本的 150% 摊销。

根据财税〔2018〕99 号通知，企业开展研发活动中实际发生的研发费用，未形成无形资产计入当期损益的，在按规定据实扣除的基础上，在 2018 年 1 月 1 日至 2020 年 12 月 31 日期间，再按照实际发生额的 75% 在税前加计扣除；形成无形资产的，在上述期间按照无形资产成本的 175% 在税前摊销。

下列行业不适用税前加计扣除政策：烟草制造业；住宿和餐饮业；批发和零售业；房地产业；租赁和商务服务业；娱乐业；财政部和国家税务总局规定的其他行业。

② 安置残疾人员及国家鼓励安置的其他就业人员所支付的工资。企业安置残疾人员所支付的工资的加计扣除是指企业安置残疾人员的，在按照支付给残疾职工工资据实扣除的基础上，按照支付给残疾职工工资的 100% 加计扣除。企业安置国家鼓励安置的其他就业人员所支付的工资的加计扣除办法，由国务院另行规定。

（5）应纳税所得额抵扣

① 创业投资企业采取股权投资方式投资于未上市的中小高新技术企业 2 年以上的，可以按照其投资额的 70% 在股权持有满 2 年的当年抵扣该创业投资企业的应纳税所得额；当年不足抵扣的，可以在以后纳税年度结转抵扣。

② 公司制创业投资企业采取股权投资方式直接投资于种子期、初创期科技型企业满 2 年（24 个月）的，可以按照投资额的 70% 在股权持有满 2 年的当年抵扣该公司制创业投资企业的应纳税所得额；当年不足抵扣的，可以在以后纳税年度结转抵扣。

③ 有限合伙制创业投资企业采取股权投资方式直接投资于初创科技型企业满 2 年的，该合伙创投企业的法人合伙人可以按照对初创科技型企业投资额的 70% 抵扣法人合伙人从合伙创投企业分得的所得；当年不足抵扣的，可以在以后纳税年度结转抵扣。

④ 有限合伙制创业投资企业采取股权投资方式投资于未上市的中小高新技术企业满 2

年（24个月）的，其法人合伙人可按照对未上市中小高新技术企业投资额的70%抵扣该法人合伙人从该有限合伙制创业投资企业分得的应纳税所得额；当年不足抵扣的，可以在以后纳税年度结转抵扣。

（6）加速折旧和设备、器具一次性税前扣除

企业的固定资产由于技术进步等原因，确需加速折旧的，可以缩短折旧年限或采取加速折旧的方法。可以缩短折旧年限或采取加速折旧的方法的固定资产，包括：

① 由于技术进步，产品更新换代较快的固定资产；

② 常年处于强震动、高腐蚀状态的固定资产。

缩短折旧年限的，最低折旧年限不得低于税法规定折旧年限的60%；采取加速折旧方法的，可以采取双倍余额递减法或年数总和法。

对符合相关条件的生物药品制造业，专用设备制造业，铁路、船舶、航空航天和其他运输设备制造业，计算机、通信和其他电子设备制造业，仪器仪表制造业，信息传输、软件和信息技术服务业等行业企业2014年1月1日后购进的固定资产（包括自行建造），对符合相关条件的轻工、纺织、机械、汽车4个领域重点行业的企业2015年1月1日后新购进的固定资产，允许按不低于《企业所得税法》规定折旧年限的60%缩短折旧年限，或者选择采取双倍余额递减法或年数总和法进行加速折旧。上述重点行业企业是指以上述行业业务为主营业务，其固定资产投入使用当年的主营业务收入占企业收入总额50%（不含）以上的企业。

自2019年1月1日起，适用固定资产加速折旧优惠相关规定的行业范围，扩大至全部制造业领域。

根据国家税务总局公告2018年第46号，企业在2018年1月1日至2020年12月31日期间新购进（包括自行建造）的设备、器具（除房屋、建筑物以外的固定资产），单位价值不超过500万元的，允许一次性计入当期成本费用在计算应纳税所得额时扣除，不再分年度计算折旧。

根据国家税务总局公告2020年第8号，自2020年1月1日起至新冠疫情结束，对疫情防控重点保障物资生产企业为扩大产能新购置的相关设备，允许一次性计入当期成本费用在企业所得税税前扣除。

（7）减计收入

① 企业以《资源综合利用企业所得税优惠目录》规定的资源作为主要原材料，生产国家非限制和禁止并符合国家与行业相关标准的产品取得的收入，减按90%计入收入总额。

② 根据财政部、税务总局、发展改革委、民政部、商务部、卫生健康委公告2019年第76号，自2019年6月1日起至2025年12月31日，社区提供养老、托育、家政等服务的机构，提供社区养老、托育、家政服务取得的收入，在计算应纳税所得额时，减按90%计入收入总额。社区包括城市社区和农村社区。

（8）应纳税额抵免

企业购置并实际使用《环境保护专用设备企业所得税优惠目录》《节能节水专用设备企业所得税优惠目录》《安全生产专用设备企业所得税优惠目录》规定的环境保护、节能节水、安全生产等专用设备的，该专用设备投资额的10%可以从企业当年的应纳税额中抵免；当年不足抵免的，可以在以后5个纳税年度结转抵免。享受上述规定的企业所得税优惠的企业，应当实际购置并自身实际投入使用上述规定的专用设备；企业购置上述专用

设备在5年内转让、出租的,应当停止享受企业所得税优惠,并补缴已经抵免的企业所得税税款。

购置并实际使用的环境保护、节能节水和安全生产专用设备,包括承租方企业以融资租赁方式租入的,并在融资租赁合同中约定租赁期届满时租赁设备所有权转移给承租方企业,且符合规定条件的上述专用设备。凡融资租赁期届满后租赁设备所有权未转移至承租方企业的,承租方企业应停止享受抵免企业所得税优惠,并补缴已经抵免的企业所得税税款。

(9)西部地区的减免税

对设在西部地区以《西部地区鼓励类产业目录》中新增鼓励类产业项目为主营业务,且其当年主营业务收入占企业收入总额70%以上的企业,自2014年10月1日起,可减按15%税率缴纳企业所得税。

(10)债券利息减免税

① 对企业取得的2012年及以后年度发行的地方政府债券利息收入,免征企业所得税。

② 根据财税〔2018〕108号通知,自2018年11月7日起至2021年11月6日止,对境外机构投资境内债券市场取得的债券利息收入暂免征收企业所得税。暂免征收企业所得税的范围不包括境外机构在境内设立的机构、场所取得的与该机构、场所有实际联系的债券利息。

③ 根据财政部公告2019年第57号,对企业投资者持有2019年至2023年发行的铁路债券取得的利息收入,减半征收企业所得税。铁路债券是指以中国铁路总公司为发行和偿还主体的债券,包括中国铁路建设债券、中期票据、短期融资券等债务融资工具。

(二)操作准备

查看并整理陈鸿公司2021年相关业务及账证数据。

(三)操作要领

① 准确界定所得税收入确认时点。
② 正确计算资产的所得税处理。
③ 识别所得税的应税收入、不征税收入及减免税收入。
④ 合理判断扣除项目范围,准确计算扣除项目限额。
⑤ 正确应用损失税前处理规定。

三、任务实施

根据任务场景,按照《企业所得税法》的相关规定,陈鸿公司2021发生的相关业务处理如下。

① 陈鸿公司12月1日以9.8折的优惠价格销售该批食品应确认的企业所得税收入金额 =226 000÷(1+13%)×0.98=196 000(元)。

② 企业转让股权收入扣除为取得该股权所发生的成本后,为股权转让所得。陈鸿公司转让甲公司股权应确认的股权转让所得 =400 000-350 000=50 000(元)。

③ 销售商品采用预收款方式的,在发出商品时确认收入,陈鸿公司应在2021年12月20日确认收入;分期收款方式销售商品,应按照销售合同约定的收款日期确认收入,

陈鸿公司应在2021年12月5日和2022年2月5日分别确认收入的50%；委托代销商品，应为收到代销清单或收到全部或部分货款的当天确认收入，未收到代销清单和货款的，应为发出代销货物满180天的当天确认收入，陈鸿公司应在2021年12月3日确认收入。

④ 根据我国《企业所得税法》的规定：

- 国债利息收入属于免税收入，不缴纳企业所得税。
- 财政拨款属于不征税收入，不缴纳企业所得税。
- 符合条件的居民企业之间的股息、红利等权益性投资收益免税，从非上市的居民企业获得的股息、红利属于免税收入，不缴纳企业所得税。
- 依法收取并纳入财政管理的行政事业性收费、政府性基金属于不征税收入，不缴纳企业所得税。
- 金融债券利息需要缴纳企业所得税。

⑤ 工会经费的税前扣除限额=工资薪金总额（据实发放）×2%=120 000×2%=2 400（元），将全年拨缴的工会经费超过扣除限额部分做纳税调增2 600（5 000-2 400）元；职工教育经费的税前扣除限额=工资薪金总额（据实发放）×8%=120 000×8%=9 600（元），实际发生的职工教育经费未超过扣除限额，不做纳税调整；职工福利费的税前扣除限额=工资薪金总额（据实发放）×14%=120 000×14%=16 800（元），将实际发生的职工福利费超过扣除限额部分做纳税调增3 200（20 000-16 800）元。

⑥ 企业为本企业任职或受雇的员工购买补充养老保险、补充医疗保险，分别在不超过职工工资总额5%标准内的部分[120 000×5%=6 000（元）]，在计算企业所得税应纳税所得额时准予扣除，实际发生的补充养老保险超过了限额标准，故应做纳税调增4 200（10 200-6 000）元；企业为公司高级管理人员购买的商业保险不属于《企业所得税法》规定的为特殊工种职工支付的人身安全保险费及职工出差乘坐交通工具发生的人身意外保险费，在计算企业所得税应纳税所得额时不准扣除。

⑦ 非金融企业向非金融企业借款的利息支出，不超过按金融企业同期同类贷款利率计算的部分，准予扣除。因此，陈鸿公司2021年12月向丙公司拆借资金准予扣除的借款利息金额=50 000×0.35%×2=350（元），超过准许扣除部分支付的利息应做纳税调增250（600-350）元。

⑧ 企业发生的公益性捐赠支出，在年度利润总额12%以内的部分，准予在计算应纳税所得额时扣除；超过年度利润总额12%的部分，准予结转以后3年内扣除。陈鸿公司2021年准予扣除的公益性捐赠支出=271 989.65×12%=32 638.76（元）。实际发生的公益性捐赠支出未超过扣除限额，不做纳税调整。

⑨ 企业发生的与生产经营活动有关的业务招待费支出，按照发生额的60%扣除，但最高不得超过当年销售（营业）收入的5‰。陈鸿公司2021年销售（营业）收入540 000元，业务招待费扣除限额1=540 000×5‰=2 700（元），业务招待费扣除限额2=8 000×60%=4 800（元），扣除限额1＜扣除限额2，因此准予税前扣除的业务招待费金额为2 700元，实际发生的业务招待费超过扣除限额的部分做纳税调增5 300（8 000-2 700）元。广告费和业务宣传费不超过当年销售（营业）收入15%的部分，准予扣除，超过部分准予在以后纳税年度结转扣除，广告费扣除限额=540 000×15%=81 000（元），实际发生的广告费未超过扣除限额，故陈鸿公司2021年准予扣除的广告费金额为12 000（元）。

⑩ 因管理不善导致的原材料损失，对应的增值税进项税额不得抵扣，陈鸿公司原材料

智能化税费核算与管理

可以税前扣除的损失金额=5 000+5 000×13%-500=5 150（元）；因不可抗力造成的损失，对应的增值税进项税额仍然可以抵扣，故陈鸿公司存货可以税前扣除的损失金额为2 000元。

四、任务评价

对于每一项任务，结合业务能力和评价指标，根据掌握情况在表5-4的自测结果相应的"□"中打"√"。自测结果共分为3类：A 掌握；B 基本掌握；C 未掌握。

表5-4　任务测评表

任务	任务布置	评价指标	自测结果	要求
计算企业所得税应纳税所得额	确认折扣销售的所得税收入	折扣销售	□A □B □C	能够正确计算折扣销售的所得税收入
	计算股权资产转让企业所得税应纳税额	股权资产转让所得税应纳税额	□A □B □C	能够正确计算股权资产转让所得，并计算所得税应纳税额
	确认陈鸿公司相关业务企业所得税纳税义务发生时间	纳税义务发生时间	□A □B □C	能够根据业务特点正确判断企业所得税纳税义务发生时间
	判断陈鸿公司取得的相关收入是否属于应税收入	①不征税收入 ②免税收入	□A □B □C	熟悉不征税收入、免税收入的具体范围
	判断陈鸿公司工会经费、职工教育经费和职工福利费是否做纳税调整	工会经费、职工教育经费和职工福利费的扣除限额	□A □B □C	能够根据工会经费、职工教育经费和职工福利费的扣除限额标准判断是否做纳税调整
	判断陈鸿公司保险费是否做纳税调整	保险费的扣除限额	□A □B □C	能够根据保险费的扣除限额标准判断是否做纳税调整
	判断陈鸿公司利息费用是否做纳税调整	利息费用的扣除限额	□A □B □C	能够根据利息费用的扣除限额标准判断是否做纳税调整
	判断陈鸿公司公益性捐赠是否做纳税调整	公益性捐赠的扣除限额	□A □B □C	能够根据公益性捐赠的扣除限额标准判断是否做纳税调整
	判断陈鸿公司业务招待费、广告费是否做纳税调整	业务招待费、广告费的扣除限额	□A □B □C	能够根据业务招待费、广告费的扣除限额标准判断是否做纳税调整
	能够对陈鸿公司发生的资产损失做正确的所得税处理	资产损失的企业所得税规定	□A □B □C	清楚资产损失的所得税规定，并能够根据损失类型做出相应的所得税处理

五、任务拓展

（一）完工进度法

提供劳务交易的结果能够可靠估计的，应该采用完工进度法（也称为完工百分比法）确认提供劳务收入。提供劳务交易的结果能够可靠估计是指同时满足以下 3 个条件。

① 收入的金额能够可靠地计量。
② 交易的完工进度能够可靠地确定。
③ 交易中已发生和将发生的成本能够可靠地核算。

企业提供劳务完工进度的确定，可选择采用下列方法。

① 对已经完工的工作进行测量。
② 计算已提供劳务占劳务总量的比例。
③ 计算已发生成本占总成本的比重。

企业应按照从接受劳务方已收或应收的合同或协议价款确定劳务收入的总额，根据纳税期末提供劳务收入总额乘以完工进度扣除以前纳税年度累计已确认提供劳务收入后的金额，作为当期劳务收入。同时，按照提供劳务估计总成本乘以完工进度扣除以前纳税期间累计已确认劳务成本后的金额，作为当期劳务成本。

（二）思政教育

思政教育1　　思政教育2

任务三　企业所得税申报

一、任务情境

（一）任务场景

见任务二。

（二）任务布置

陈鸿公司 2021 年度符合条件的小型微利企业减免企业所得税为 46 847.93 元。在不考虑增值税、城市维护建设税等附加税费及企业所得税以外的其他税费情况下，完成陈鸿公司 2021 年度第四季度企业所得税的纳税申报。

二、任务准备

（一）知识准备

1. 企业所得税纳税地点

（1）居民企业的纳税地点

除税收法律、行政法规另有规定外，居民企业以企业登记注册地为纳税地点。但登记

纳税地点

注册地在境外的,以实际管理机构所在地为纳税地点。

居民企业在中国境内设立不具有法人资格的营业机构的,应当汇总计算并缴纳企业所得税。除国务院另有规定外,企业之间不得合并缴纳企业所得税。

(2)非居民企业的纳税地点

非居民企业在中国境内设立机构、场所的,以机构、场所所在地为纳税地点。非居民企业在中国境内设立两个或两个以上机构、场所的,符合国务院税务主管部门规定条件的,可以选择由其主要机构、场所汇总缴纳企业所得税。

在中国境内未设立机构、场所的,或者虽设立机构、场所但取得的所得与其所设机构、场所没有实际联系的非居民企业,以扣缴义务人所在地为纳税地点。

2. 企业所得税纳税期限

企业所得税按年计征,分月或分季预缴,年终汇算清缴,多退少补。纳税年度自公历1月1日起至12月31日止。

企业在一个纳税年度中间开业,或者终止经营活动,使该纳税年度的实际经营期不足12个月的,应当以其实际经营期为一个纳税年度。企业依法清算时,应当以清算期作为一个纳税年度。

企业应当自年度终了之日起5个月内,向税务机关报送年度企业所得税纳税申报表,并汇算清缴,结清应缴应退税款。

企业在年度中间终止经营活动的,应当自实际经营终止之日起60日内,向税务机关办理当期企业所得税汇算清缴。

3. 企业所得税纳税申报

按月或按季预缴的,应当自月份或季度终了之日起15日内,向税务机关报送预缴企业所得税纳税申报表,预缴税款。

企业在报送企业所得税纳税申报表时,应当按照规定附送财务会计报告和其他有关资料。企业应当在办理注销登记前,就其清算所得向税务机关申报并依法缴纳企业所得税。企业分月或分季预缴企业所得税时,应当按照月度或季度的实际利润额预缴。按照月度或季度的实际利润额预缴有困难的,可以按照上一纳税年度应纳税所得额的月度或季度平均额预缴,或者按照经税务机关认可的其他方法预缴。预缴方法一经确定,该纳税年度内就不得随意变更。

企业在纳税年度内无论盈利或亏损,都应当依照规定期限,向税务机关报送企业所得税月(季)度预缴纳税申报表、企业所得税年度纳税申报表、财务会计报告和税务机关规定应当报送的其他有关资料。

企业所得以人民币以外的货币计算的,预缴企业所得税时,应当按照月度或季度最后一日的人民币汇率中间价,折合成人民币计算应纳税所得额。

年度终了汇算清缴时,对已经按照月度或季度预缴税款的,不再重新折合计算,只就该纳税年度内未缴纳企业所得税的部分,按照纳税年度最后一日的人民币汇率中间价,折合成人民币计算应纳税所得额。

经税务机关检查确认,企业少计或多计前述规定的所得的,应当按照检查确认补税或退税时的上一个月最后一日的人民币汇率中间价,将少计或多计的所得折合成人民币计算应纳税所得额,再计算应补缴或应退的税款。

（二）操作准备

① 获取陈鸿公司 2021 年度相关税务资料。
② 获取陈鸿公司 2021 年度的资产负债表、利润表。

（三）操作要领

① 正确填列企业所得税申报表。
② 判断并识别申报表之间的逻辑联系。

三、任务实施

（一）任务流程

根据任务布置，所得税申报流程如图 5-1 所示。

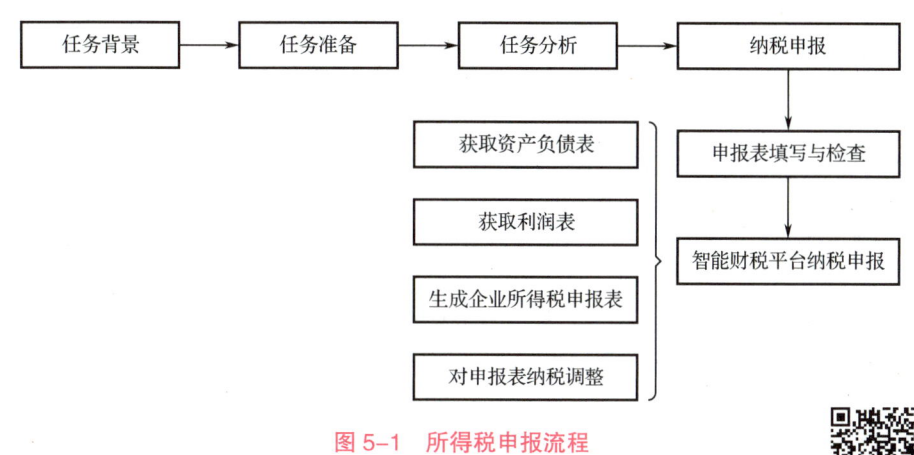

图 5-1 所得税申报流程

（二）任务操作

1. 计算企业所得税季度申报应纳税额

根据任务二陈鸿公司 2021 年度利润表所示，陈鸿公司的当期利润总额为 271 989.65 元。进入财天下平台，单击"基础设置—辅助核算—人员"，查询得出陈鸿公司第四季度末总人数为 8 人，季度初总人数为 0 人，因此第四季度平均人数为 (8+0)÷2=4（人）；当期资产负债表显示期初资产总额为 0，期末资产总额为 92.07 万元，第四季度平均资产总额为 (92.07+0)÷2=46.04（万元）。同时，商贸企业不属于国家禁止或限制的行业，且陈鸿公司利润总额在 300 万元以下。因此，陈鸿公司符合小型微利企业的全部条件，应按照小型微利企业来核算企业所得税。

第四季度企业所得税应纳税额 =271 989.65×25%×20%=13 599.48（元）

在计算出企业所得税应纳税额后，需要手工生成计提企业所得税的相关凭证。在财天下平台中单击"凭证—新增凭证"，手工录入以下内容。

借：所得税费用　　　　　　　　　　　　　　　　　　　　　　　13 599.48
　　贷：应交税费——应交所得税　　　　　　　　　　　　　　　　　13 599.48

然后，在财天下平台中单击"月末结账—月末结转"，再单击"结转损益"并生成凭证，

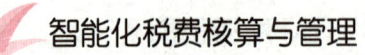

然后单击"报表—财务报表",对相关报表进行审核。最后,单击"月末结账—月末结账",完成所有的会计核算工作。完成后单击"报表—财务报表",如表5-5和表5-6所示。

表 5-5 资产负债表

编制单位:北京陈鸿商贸有限责任公司　　　　2021 年 12 月 31 日　　　　　　　　　　元

资　产	行次	期末余额	年初余额	负债和所有者权益	行次	期末余额	年初余额
流动资产:	1			流动负债:	37		
货币资金	2	439 147.20		短期借款	38		
交易性金融资产	3			交易性金融负债	39		
衍生金融资产	4			衍生金融负债	40		
应收票据	5			应付票据	41		
应收账款	6	169 000.00		应付账款	42	162 720.00	
应收账款融资	7			预收账款	43		
预付账款	8			合同负债	44		
其他应收款	9	500.00		应付职工薪酬	45	10 984.80	
存货	10	214 000.00		应交税费	46	18 308.36	
合同资产	11			其他应付款	47	6 127.20	
持有待售资产	12			持有待售负债	48		
一年内到期的非流动资产	13			一年内到期的非流动负债	49		
其他流动资产	14			其他流动负债	50		
流动资产合计	15	822 647.20		流动负债合计	51	198 140.36	
非流动资产:	16			非流动负债:	52		
债权投资	17			长期借款	53		
其他债权投资	18			应付债券	54		
长期应收款	19			租赁负债	55		
长期股权投资	20			长期应付款	56		
其他权益工具投资	21			长期应付职工薪酬	57		
其他非流动金融资产	22			预计负债	58		
投资性房地产	23			递延收益	59		
固定资产	24	98 020.83		递延所得税负债	60		
在建工程	25			其他非流动负债	61		
生产性生物资产	26			非流动负债合计	62		
油气资产	27			负债合计	63	198 140.36	
使用权资产	28			所有者权益(或股东权益):	64		
无形资产	29			实收资本(或股本)	65	500 000.00	
开发支出	30			其他权益工具	66		
商誉	31			其他综合收益	67		
长期待摊费用	32			资本公积	68		

(续表)

资　产	行次	期末余额	年初余额	负债和所有者权益	行次	期末余额	年初余额
递延所得税资产	33			盈余公积	69		
其他非流动资产	34			未分配利润	70	222 527.67	
非流动资产合计	35	98 020.83		所有者权益（或股东权益）合计	71	722 527.67	
资产总计	36	920 668.03		负债和所有者权益（或股东权益）总计	72	920 668.03	

表 5-6　利润表

编制单位：北京陈鸿商贸有限责任公司　　　2021 年 12 月 31 日　　　　　　　　　元

项　目	行　数	本期金额	本年累计金额
一、营业收入	1	540 000.00	540 000.00
减：营业成本	2	255 000.00	255 000.00
税金及附加	3	706.75	706.75
销售费用	4	15 662.80	15 662.80
管理费用	5	34 390.80	34 390.80
研发费用	6		
财务费用	7	600.00	600.00
其中：利息费用	8		
利息收入	9		
资产减值损失	10		
信用减值损失	11		
加：其他收益	12		
投资收益（损失以"-"号填列）	13	50 000.00	50 000.00
其中：对联营企业和合营企业的投资收益	14		
净敞口套期收益（损失以"-"号填列）	15		
公允价值变动收益（损失以"-"号填列）	16		
资产处置收益（损失以"-"号填列）	17		
二、营业利润（亏损以"-"号填列）	18	283 639.65	283 639.65
加：营业外收入	19		
减：营业外支出	20	11 650.00	11 650.00
三、利润总额（亏损以"-"号填列）	21	271 989.65	271 989.65
减：所得税费用	22	13 599.48	13 599.48
四、净利润（亏损以"-"号填列）	23	258 390.17	258 390.17
（一）持续经营净利润（净亏损以"-"号填列）	24	258 390.17	258 390.17
（二）终止经营净利润（净亏损以"-"号填列）	25		
五、其他综合收益的税后净额	26		
（一）不能重分类进损益的其他综合收益	27		
1. 重新计量设定收益计划变动额	28		

(续表)

项　目	行　数	本期金额	本年累计金额
2. 权益法下不能转损益的其他综合收益	29		
3. 其他权益工具投资公允价值变动	30		
4. 企业自身信用风险公允价值变动	31		
（二）将重分类进损益的其他综合收益	32		
1. 权益法下可转损益的其他综合收益	33		
2. 其他债权投资公允价值变动	34		
3. 金融资产重分类计入其他综合收益的金额	35		
4. 其他债权投资信用减值准备	36		
5. 现金流量套期储备	37		
6. 外币财务报表折算差额	38		
六、综合收益总额	39	258 390.17	258 390.17
七、每股收益	40		
（一）基本每股收益	41		
（二）稀释每股收益	42		

2. 企业所得税季度申报表的填列

企业所得税季度申报表的填列如表 5-7 和表 5-8 所示。

表 5-7　A200000 中华人民共和国企业所得税月（季）度预缴纳税申报表（A 类）

税款所属期间：2021 年 10 月 1 日至 2021 年 12 月 31 日

纳税人识别号（统一社会信用代码）：91110105397030000N

纳税人名称：北京陈鸿商贸有限责任公司　　　　　　　　　　　　　金额单位：人民币元（列至角分）

预缴方式	☑ 按照实际利润额预缴		☐ 按照上一纳税年度应纳税所得额平均额预缴				☐ 按照税务机关确定的其他方法预缴		
企业类型	☑ 一般企业		☐ 跨地区经营汇总纳税企业总机构				☐ 跨地区经营汇总纳税企业分支机构		
按季度填报信息									
项　目	一季度		二季度		三季度		四季度		季度平均值
	季初	季末	季初	季末	季初	季末	季初	季末	
从业人数							0	8	4
资产总额/万元							0	92.07	46.04
国家限制或禁止行业	☐ 是　☑ 否						小型微利企业		☑ 是　☐ 否
预缴税款计算									
行　次	项　目									本年累计金额
1	营业收入									540 000.00
2	营业成本									255 000.00
3	利润总额									271 989.65
4	加：特定业务计算的应纳税所得额									
5	减：不征税收入									
6	减：免税收入、减计收入、所得税减免等优惠金额（填写 A201010）									
7	减：资产加速折旧、摊销（扣除）调减额（填写 A201020）									
8	减：弥补以前年度亏损									

（续表）

行次	项　　目	本年累计金额
9	实际利润额（3+4-5-6-7-8）/按照上一纳税年度应纳税所得额平均额确定的应纳税所得额	271 989.65
10	税率（25%）	
11	应纳所得税额（9×10）	67 997.41
12	减：减免所得税额（填写A201030）	46 847.93
13	减：实际已缴纳所得税额	
14	减：特定业务预缴（征）所得税额	
L15	减：符合条件的小型微利企业延缓缴纳所得税额（是否延缓缴纳所得税　□是　□否）	
15	本期应补（退）所得税额（11-12-13-14-L15）/税务机关确定的本期应纳所得税额	21 149.48
汇总纳税企业总分机构税款计算		
16	总机构填报	总机构本期分摊应补（退）所得税额（17+18+19）	
17		其中：总机构分摊应补（退）所得税额（15× 总机构分摊比例 __%）	
18		财政集中分配应补（退）所得税额（15× 财政集中分配比例 __%）	
19		总机构具有主体生产经营职能的部门分摊所得税额（15× 全部分支机构分摊比例 __%× 总机构具有主体生产经营职能部门分摊比例 __%）	
20	分支机构填报	分支机构本期分摊比例	
21		分支机构本期分摊应补（退）所得税额	
附报信息		
高新技术企业	□是 □否	科技型中小企业　□是 □否
技术入股递延纳税事项	□是 □否	

谨声明：本纳税申报表是根据国家税收法律法规及相关规定填报的，是真实的、可靠的、完整的。

纳税人（签章）：　　　　　年　月　日

经办人：	受理人：
经办人身份证号：	受理税务机关（章）：
代理机构签章：	受理日期：　年　月　日
代理机构统一社会信用代码：	

表5-8　A201030 减免所得税优惠明细表

行次	项　　目	本年累计金额
1	一、符合条件的小型微利企业减免企业所得税	46 847.93
2	二、国家需要重点扶持的高新技术企业减按15%的税率征收企业所得税	
3	三、经济特区和上海浦东新区新设立的高新技术企业在区内取得的所得定期减免企业所得税	
4	四、受灾地区农村信用社免征企业所得税	
5	五、动漫企业自主开发、生产动漫产品定期减免企业所得税	
6	六、线宽小于0.8微米（含）的集成电路生产企业减免企业所得税	
7	七、线宽小于0.25微米的集成电路生产企业减按15%税率征收企业所得税	
8	八、投资额超过80亿元的集成电路生产企业减按15%税率征收企业所得税	
9	九、线宽小于0.25微米的集成电路生产企业减免企业所得税	

(续表)

行次	项目	本年累计金额
10	十、投资额超过 80 亿元的集成电路生产企业减免企业所得税	
11	十一、线宽小于 130 纳米的集成电路生产企业减免企业所得税	
12	十二、线宽小于 65 纳米或投资额超过 150 亿元的集成电路生产企业减免企业所得税	
13	十三、新办集成电路设计企业减免企业所得税	
14	十四、国家规划布局内集成电路设计企业可减按 10% 的税率征收企业所得税	
15	十五、符合条件的软件企业减免企业所得税	
16	十六、国家规划布局内重点软件企业可减按 10% 的税率征收企业所得税	
17	十七、符合条件的集成电路封装、测试企业定期减免企业所得税	
18	十八、符合条件的集成电路关键专用材料生产企业、集成电路专用设备生产企业定期减免企业所得税	
19	十九、经营性文化事业单位转制为企业的免征企业所得税	
20	二十、符合条件的生产和装配伤残人员专门用品企业免征企业所得税	
21	二十一、技术先进型服务企业减按 15% 的税率征收企业所得税	
22	二十二、服务贸易类技术先进型服务企业减按 15% 的税率征收企业所得税	
23	二十三、设在西部地区的鼓励类产业企业减按 15% 的税率征收企业所得税	
24	二十四、新疆困难地区新办企业定期减免企业所得税	
25	二十五、新疆喀什、霍尔果斯特殊经济开发区新办企业定期免征企业所得税	
26	二十六、广东横琴、福建平潭、深圳前海等地区的鼓励类产业企业减按 15% 税率征收企业所得税	
27	二十七、北京冬奥组委、北京冬奥会测试赛事组委会免征企业所得税	
28	二十八、其他	
29	二十九、民族自治地方的自治机关对本民族自治地方的企业应缴纳的企业所得税中属于地方分享的部分减征或免征（ □免征 □减征；减征幅度____%）	
30	合计（1+2+3+4+5+6+…+29）	46 847.93

四、任务评价

对于每一项任务，结合业务能力和评价指标，根据掌握情况在表 5-9 的自测结果相应的"□"中打"√"。自测结果共分为 3 类：A 掌握；B 基本掌握；C 未掌握。

表 5-9 任务测评表

任务	任务布置	评价指标	自测结果	要求
企业所得税申报	完成陈鸿公司企业所得税申报	企业所得税预缴申报	□A □B □C	掌握企业所得税季报申报填列方法，能熟练、正确地进行企业所得税申报

单元五 企业所得税税务处理

五、任务拓展

重庆清珂摩托车有限责任公司1996年05月在重庆市沙坪坝区工商局办理企业登记，为高新技术企业。该企业2021年主营业务收入30 000万元，主营业务成本21 000万元；其他业务收入1 000万元，其他业务成本600万元；销售费用400万元，其中广告费150万元；管理费用5 000万元，其中，业务招待费80万元、技术研发费150万元（全部计入当期损益，且符合研发费用加计扣除政策归集范围）；发生资产减值损失500万元（属于当期计提的坏账准备）、投资收益2万元（持有国债取得利息收入2万元）；公司本年实发工资3 200万元，拨缴工会经费70万元、职工教育经费300万元、职工福利费500万元。该企业不存在以前年度未弥补的亏损。

计算该企业2021年应缴纳的企业所得税，填写企业所得税季度申报表和年度申报表，并在1+X智能财税平台"金税师"模块中完成申报。

1. 案例解析

① 会计口径利润总额=30 000-21 000+1 000-600-400-5 000-500+2=3 502（万元）。

② 根据《企业所得税法》的相关规定，重庆清珂摩托车有限责任公司2021年发生的经济业务应当做如下纳税调整。

- 2021年销售（营业）收入=30 000+1 000=31 000（万元）。
- 广告宣传费扣除限额=31 000×15%=4 650（万元），不做纳税调整。
- 业务招待费扣除限额1=31 000×5‰=155（万元）、业务招待费扣除限额2=80×60%=48（万元），155万元＞80万元，故业务招待费的扣除限额为80万元，应纳税调增32（80-48）万元。
- 研发费用加计扣除75%=150×75%=112.5（万元），纳税调减112.5万元。
- 计提的资产减值损失未实际发生，不得在企业所得税税前扣除，应纳税调增500万元。
- 国债利息收入免税，应纳税调减2万元。
- 准予扣除的工会经费=3200×2%=64（万元），应纳税调增6万元；准予扣除的职工教育经费=3 200×8%=256（万元），应纳税调增44万元；准予扣除的职工福利费=3 200×14%=448（万元），应纳税调增52万元。
- 应纳税所得额=3 502+32-112.5+500-2+6+44+52=4 021.5（万元）。
- 重庆清珂摩托车有限责任公司2021年应纳企业所得税税额=4 021.5×15%=603.225（万元）。

2. 企业所得税申报

① 假设企业2021年度的业务均在2021年12月发生，根据《企业所得税法》相关制度的规定，企业应当在季度终了15日内，即2022年1月15日前报送企业所得税季度报表，并在2022年5月31日之前报送企业所得税年度报表。

注意，做出这种假设的目的是便于季度申报时预缴税款的计算。

<1> 企业所得税季度申报表的填列示范。

根据企业经营情况，企业所得税季度申报表填写时需要填写主表、免税收入（附表A201010）和高新技术企业税收优惠减免所得税额（附表A201030）。填写内容如表5-10至表5-12所示。

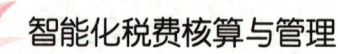

智能化税费核算与管理

表5-10　A200000 中华人民共和国企业所得税月（季）度预缴纳税申报表（A类）

税款所属期间：2021年10月1日至2021年12月31日

纳税人识别号（统一社会信用代码）：91500106203078350G

纳税人名称：重庆清珂摩托车有限责任公司　　　　　　　　　　金额单位：人民币元（列至角分）

预缴方式	☑按照实际利润额预缴		□按照上一纳税年度应纳税所得额平均额预缴				□按照税务机关确定的其他方法预缴			
企业类型	☑一般企业		□跨地区经营汇总纳税企业总机构				□跨地区经营汇总纳税企业分支机构			
按季度填报信息											
项目	一季度		二季度		三季度		四季度		季度平均值
	季初	季末	季初	季末	季初	季末	季初	季末	
从业人数									
资产总额/万元									
国家限制或禁止行业		□是 ☑否				小型微利企业			□是 ☑否
预缴税款计算									
行次	项目									本年累计金额
1	营业收入									310 000 000
2	营业成本									216 000 000
3	利润总额									35 020 000
4	加：特定业务计算的应纳税所得额									
5	减：不征税收入									
6	减：免税收入、减计收入、所得减免等优惠金额（填写A201010）									20 000
7	减：资产加速折旧、摊销（扣除）调减额（填写A201020）									
8	减：弥补以前年度亏损									
9	实际利润额（3+4-5-6-7-8）/按照上一纳税年度应纳税所得额平均额确定的应纳税所得额									35 000 000
10	税率（25%）									
11	应纳所得税额（9×10）									8 750 000
12	减：减免所得税额（填写A201030）									3 500 000
13	减：实际已缴纳所得税额									
14	减：特定业务预缴（征）所得税额									
L15	减：符合条件的小型微利企业延缓缴纳所得税额（是否延缓缴纳所得税　□是　□否）									
15	本期应补（退）所得税额（11-12-13-14-L15）/税务机关确定的本期应纳税额									5 250 000
汇总纳税企业总分机构税款计算									
16	总机构填报	总机构本期分摊应补（退）所得税额（17+18+19）								
17		其中：总机构分摊应补（退）所得税额（15×总机构分摊比例__%）								
18		财政集中分配应补（退）所得税额（15×财政集中分配比例__%）								
19		总机构具有主体生产经营职能的部门分摊所得税额（15×全部分支机构分摊比例__%×总机构具有主体生产经营职能部门分摊比例__%）								
20	分支机构填报	分支机构本期分摊比例								
21		分支机构本期分摊应补（退）所得税额								
附报信息									
高新技术企业	☑是 □否					科技型中小企业				□是 □否
技术入股递延纳税事项	□是 □否									

谨声明：本纳税申报表是根据国家税收法律法规及相关规定填报的，是真实的、可靠的、完整的。

　　　　　　　　　　　　　　　　　　　　　　　　　　　　纳税人（签章）：　　　年　月　日

经办人：		受理人：	
经办人身份证号：		受理税务机关（章）：	
代理机构签章：		受理日期：　　　年　月　日	
代理机构统一社会信用代码：			

国家税务总局监制

单元五　企业所得税税务处理

表 5-11　A201010 免税收入、减计收入、所得减免等优惠明细表　　　　　　元

行次	项　目	本年累计金额
1	一、免税收入（2+3+6+7+…+15）	20 000
2	（一）国债利息收入免征企业所得税	20 000
3	（二）符合条件的居民企业之间的股息、红利等权益性投资收益免征企业所得税	
4	其中：内地居民企业通过沪港通投资且连续持有 H 股满12个月取得的股息红利所得免征企业所得税	
5	内地居民企业通过深港通投资且连续持有 H 股满12个月取得的股息红利所得免征企业所得税	
6	（三）符合条件的非营利组织的收入免征企业所得税	
7	（四）符合条件的非营利组织（科技企业孵化器）的收入免征企业所得税	
8	（五）符合条件的非营利组织（国家大学科技园）的收入免征企业所得税	
9	（六）中国清洁发展机制基金取得的收入免征企业所得税	
10	（七）投资者从证券投资基金分配中取得的收入免征企业所得税	
11	（八）取得的地方政府债券利息收入免征企业所得税	
12	（九）中国保险保障基金有限责任公司取得的保险保障基金等收入免征企业所得税	
13	（十）中国奥委会取得北京冬奥组委支付的收入免征企业所得税	
14	（十一）中国残奥委会取得北京冬奥组委分期支付的收入免征企业所得税	
15	（十二）其他	
16	二、减计收入（17+18+22+23）	
17	（一）综合利用资源生产产品取得的收入在计算应纳税所得额时减计收入	
18	（二）金融、保险等机构取得的涉农利息、保费减计收入（19+20+21）	
19	1.金融机构取得的涉农贷款利息收入在计算应纳税所得额时减计收入	
20	2.保险机构取得的涉农保费收入在计算应纳税所得额时减计收入	
21	3.小额贷款公司取得的农户小额贷款利息收入在计算应纳税所得额时减计收入	
22	（三）取得铁路债券利息收入减半征收企业所得税	
23	（四）其他	
24	三、加计扣除（25+26+27+28）	*
25	（一）开发新技术、新产品、新工艺发生的研究开发费用加计扣除	*
26	（二）科技型中小企业开发新技术、新产品、新工艺发生的研究开发费用加计扣除	*
27	（三）企业为获得创新性、创意性、突破性的产品进行创意设计活动而发生的相关费用加计扣除	*
28	（四）安置残疾人员所支付的工资加计扣除	*
29	四、所得减免（30+33+34+35+36+37+38+39+40）	
30	（一）从事农、林、牧、渔业项目的所得减免征收企业所得税（31+32）	
31	1.免税项目	
32	2.减半征收项目	

(续表)

行次	项目	本年累计金额
33	（二）从事国家重点扶持的公共基础设施项目投资经营的所得定期减免企业所得税	
34	（三）从事符合条件的环境保护、节能节水项目的所得定期减免企业所得税	
35	（四）符合条件的技术转让所得减免征收企业所得税	
36	（五）实施清洁发展机制项目的所得定期减免企业所得税	
37	（六）符合条件的节能服务公司实施合同能源管理项目的所得定期减免企业所得税	
38	（七）线宽小于130纳米的集成电路生产项目的所得减免企业所得税	
39	（八）线宽小于65纳米或投资额超过150亿元的集成电路生产项目的所得减免企业所得税	
40	（九）其他	
41	合计（1+16+24+29）	20 000

表5-12　A201030 减免所得税优惠明细表

单位：元

行次	项目	本年累计金额
1	一、符合条件的小型微利企业减免企业所得税	
2	二、国家需要重点扶持的高新技术企业减按15%的税率征收企业所得税	3 500 000
3	三、经济特区和上海浦东新区新设立的高新技术企业在区内取得的所得定期减免企业所得税	
4	四、受灾地区农村信用社免征企业所得税	
5	五、动漫企业自主开发、生产动漫产品定期减免企业所得税	
6	六、线宽小于0.8微米（含）的集成电路生产企业减免企业所得税	
7	七、线宽小于0.25微米的集成电路生产企业减按15%税率征收企业所得税	
8	八、投资额超过80亿元的集成电路生产企业减按15%税率征收企业所得税	
9	九、线宽小于0.25微米的集成电路生产企业减免企业所得税	
10	十、投资额超过80亿元的集成电路生产企业减免企业所得税	
11	十一、线宽小于130纳米的集成电路生产企业减免企业所得税	
12	十二、线宽小于65纳米或投资额超过150亿元的集成电路生产企业减免企业所得税	
13	十三、新办集成电路设计企业减免企业所得税	
14	十四、国家规划布局内集成电路设计企业可减按10%的税率征收企业所得税	
15	十五、符合条件的软件企业减免企业所得税	
16	十六、国家规划布局内重点软件企业可减按10%的税率征收企业所得税	
17	十七、符合条件的集成电路封装、测试企业定期减免企业所得税	
18	十八、符合条件的集成电路关键专用材料生产企业、集成电路专用设备生产企业定期减免企业所得税	
19	十九、经营性文化事业单位转制为企业的免征企业所得税	
20	二十、符合条件的生产和装配伤残人员专门用品企业免征企业所得税	
21	二十一、技术先进型服务企业减按15%的税率征收企业所得税	

(续表)

行次	项 目	本年累计金额
22	二十二、服务贸易类技术先进型服务企业减按 15% 的税率征收企业所得税	
23	二十三、设在西部地区的鼓励类产业企业减按 15% 的税率征收企业所得税	
24	二十四、新疆困难地区新办企业定期减免企业所得税	
25	二十五、新疆喀什、霍尔果斯特殊经济开发区新办企业定期免征企业所得税	
26	二十六、广东横琴、福建平潭、深圳前海等地区的鼓励类产业企业减按 15% 税率征收企业所得税	
27	二十七、北京冬奥组委、北京冬奥会测试赛事组委会免征企业所得税	
28	二十八、其他	
29	二十九、民族自治地方的自治机关对本民族自治地方的企业应缴纳的企业所得税中属于地方分享的部分减征或免征（ □免征　　□减征：减征幅度____%　）	
30	合计（1+2+3+4+5+6+…+29）	3 500 000

说明：企业所得税季度申报表主要填报内容是营业收入和营业成本——根据企业按照适用会计制度计算的利润总额为基础，在考虑少部分税收优惠和税收政策的基础上形成的初步结果。一般情况下，纳税调减项多于纳税调增项，这样设计的目的是避免在正式报送企业所得税年报的时候产生大范围的退税，造成征纳双方成本的上升。

在本例中，企业仅需要在主表中填入营业收入、营业成本和利润总额；在 A201010 免税收入、减计收入、所得减免等优惠明细表第二行"国债利息收入免征企业所得税"填写金额；在 A201030 减免所得税优惠明细表第二行"国家需要重点扶持的高新技术企业减按 15% 的税率征收企业所得税"填写按照主表第九行"实际利润额"×（25%-15%）计算得出的结果。

<2> 企业所得税年度申报表填写示范。

根据该企业的生产经营情况，该企业共应涉及 A000000 企业所得税年度纳税申报基础信息表，A100000 中华人民共和国企业所得税年度纳税申报表（A 类），A101010 一般企业收入明细表，A102010 一般企业成本支出明细表，A104000 期间费用明细表，A105000 纳税调整项目明细表、A105050 职工薪酬支出及纳税调整明细表、A105060 广告费和业务宣传费等跨年度纳税调整明细表、A106000 企业所得税弥补亏损明细表（即使不存在未弥补亏损，本表也是必填表单），A107010 免税、减计收入及加计扣除优惠明细表，A107012 研发费用加计扣除优惠明细表，A107040 减免所得税优惠明细表，A107041 高新技术企业优惠情况及明细表等表单内容。本书仅选取其中部分表单进行展示，如表 5-13 至表 5-17 所示。

表 5-13　A100000 中华人民共和国企业所得税年度纳税申报表（A 类）　　　元

行次	类别	项 目	金 额
1	利润总额计算	一、营业收入（填写 A101010/101020/103000）	310 000 000
2		减：营业成本（填写 A102010/102020/103000）	216 000 000
3		减：税金及附加	
4		减：销售费用（填写 A104000）	4 000 000
5		减：管理费用（填写 A104000）	50 000 000
6		减：财务费用（填写 A104000）	

(续表)

行次	类别	项 目	金 额
7	利润总额计算	减：资产减值损失	5 000 000
8		加：公允价值变动收益	
9		加：投资收益	20 000
10		二、营业利润（1-2-3-4-5-6-7+8+9）	35 020 000
11		加：营业外收入（填写A101010/101020/103000）	
12		减：营业外支出（填写A102010/102020/103000）	
13		三、利润总额（10+11-12）	35 020 000
14	应纳税所得额计算	减：境外所得（填写A108010）	
15		加：纳税调整增加额（填写A105000）	6 340 000
16		减：纳税调整减少额（填写A105000）	0
17		减：免税、减计收入及加计扣除（填写A107010）	1 145 000
18		加：境外应税所得抵减境内亏损（填写A108000）	
19		四、纳税调整后所得（13-14+15-16-17+18）	40 215 000
20		减：所得减免（填写A107020）	
21		减：弥补以前年度亏损（填写A106000）	
22		减：抵扣应纳税所得额（填写A107030）	
23		五、应纳税所得额（19-20-21-22）	40 215 000
24	应纳税额计算	税率（25%）	
25		六、应纳所得税额（23×24）	10 053 750
26		减：减免所得税额（填写A107040）	4 021 500
27		减：抵免所得税额（填写A107050）	
28		七、应纳税额（25-26-27）	6 032 250
29		加：境外所得应纳所得税额（填写A108000）	
30		减：境外所得抵免所得税额（填写A108000）	
31		八、实际应纳所得税额（28+29-30）	6 032 250
32		减：本年累计实际已缴纳的所得税额	5 250 000
33		九、本年应补（退）所得税额（31-32）	782 250
34		其中：总机构分摊本年应补（退）所得税额（填写A109000）	
35		财政集中分配本年应补（退）所得税额（填写A109000）	
36		总机构主体生产经营部门分摊本年应补（退）所得税额（填写A109000）	

表 5-14　A105000 纳税调整项目明细表　　　　　　　　　　　　　　　　　　　元

行次	项目	账载金额 1	税收金额 2	调增金额 3	调减金额 4
1	一、收入类调整项目（2+3+…+8+10+11）	*	*		0
2	（一）视同销售收入（填写 A105010）	*			*
3	（二）未按权责发生制原则确认的收入（填写 A105020）				
4	（三）投资收益（填写 A105030）	0	0		0
5	（四）按权益法核算长期股权投资对初始投资成本调整确认收益	*	*	*	
6	（五）交易性金融资产初始投资调整	*	*		*
7	（六）公允价值变动净损益		*		
8	（七）不征税收入	*	*		
9	其中：专项用途财政性资金（填写 A105040）	*	*		
10	（八）销售折扣、折让和退回				
11	（九）其他				
12	二、扣除类调整项目（13+14+…+24+26+27+28+29+30）	*	*	1 340 000	
13	（一）视同销售成本（填写 A105010）	*		*	
14	（二）职工薪酬（填写 A105050）	40 700 000	39 680 000	1 020 000	
15	（三）业务招待费支出	800 000	480 000	320 000	*
16	（四）广告费和业务宣传费支出（填写 A105060）	*	*		
17	（五）捐赠支出（填写 A105070）				
18	（六）利息支出				
19	（七）罚金、罚款和被没收财物的损失		*		*
20	（八）税收滞纳金、加收利息		*		*
21	（九）赞助支出		*		
22	（十）与未实现融资收益相关在当期确认的财务费用				
23	（十一）佣金和手续费支出（保险企业填写 A105060）				
24	（十二）不征税收入用于支出所形成的费用	*	*		
25	其中：专项用途财政性资金用于支出所形成的费用（填写 A105040）	*	*		*
26	（十三）跨期扣除项目				
27	（十四）与取得收入无关的支出		*		*
28	（十五）境外所得分摊的共同支出	*	*		*
29	（十六）党组织工作经费				
30	（十七）其他				
31	三、资产类调整项目（32+33+34+35）	*	*	5 000 000	

(续表)

行次	项　目	账载金额	税收金额	调增金额	调减金额
		1	2	3	4
32	（一）资产折旧、摊销（填写 A105080）				
33	（二）资产减值准备金	5 000 000	*	5 000 000	
34	（三）资产损失（填写 A105090）				
35	（四）其他				
36	四、特殊事项调整项目（37+38+…+43）	*	*		
37	（一）企业重组及递延纳税事项（填写 A105100）				
38	（二）政策性搬迁（填写 A105110）	*	*		
39	（三）特殊行业准备金（39.1+39.2+39.4+39.5+39.6+39.7）	*	*		
39.1	1.保险公司保险保障基金				
39.2	2.保险公司准备金				
39.3	其中：已发生未报案未决赔款准备金				
39.4	3.证券行业准备金				
39.5	4.期货行业准备金				
39.6	5.中小企业融资（信用）担保机构准备金				
39.7	6.金融企业、小额贷款公司准备金（填写 A105120）	*	*		
40	（四）房地产开发企业特定业务计算的纳税调整额（填写 A105010）	*			
41	（五）合伙企业法人合伙人应分得的应纳税所得额				
42	（六）发行永续债利息支出				
43	（七）其他	*	*		
44	五、特别纳税调整应税所得	*	*		
45	六、其他	*	*		
46	合计（1+12+31+36+44+45）	*	*	6 340 000	

说明：①"账载金额"是指纳税人按照国家统一会计制度规定核算的项目金额；"税收金额"是指纳税人按照税收规定计算的项目金额。当账载金额与税收金额不一致时，应当考虑纳税调整。

②根据企业所得税年报填写说明，A105000 纳税调整项目明细表中的第 4 行"（三）投资收益"根据 A105030 投资收益纳税调整明细表填报；按照 A105030 投资收益纳税调整明细表填报说明，发生持有期间投资收益并按税收规定为减免税收入的（如国债利息收入等），本表不做调整。也就是说，虽然本例中国债利息收入属于免税收入，且企业是在投资收益中进行核算的，但是该笔调整是通过填写 A107010 免税、减计收入及加计扣除优惠明细表进行的，已经在主表第 17 行"免税、减计收入及加计扣除（填写 A107010）"中得到调整，因此在 A105000 纳税调整项目明细表中不再进行填写。

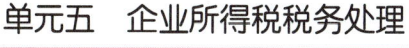

表 5-15　A105050 职工薪酬支出及纳税调整明细表　　　　　　　　　　　　　　　　元

行次	项　目	账载金额	实际发生额	税收规定扣除率	以前年度累计结转扣除额	税收金额	纳税调整金额	累计结转以后年度扣除额
		1	2	3	4	5	6（1-5）	7(1+4-5)
1	一、工资薪金支出	32 000 000	32 000 000	*	*	32 000 000	0	*
2	其中：股权激励			*	*			*
3	二、职工福利费支出	5 000 000	5 000 000	14%	*	4 480 000	520 000	
4	三、职工教育经费支出	3 000 000	3 000 000	*				
5	其中：按税收规定比例扣除的职工教育经费	3 000 000	3 000 000	8%	0	2 560 000	440 000	440 000
6	按税收规定全额扣除的职工培训费用				*			*
7	四、工会经费支出	700 000	700 000	2%	*	640 000	60 000	*
8	五、各类基本社会保障性缴款			*	*			*
9	六、住房公积金			*	*			*
10	七、补充养老保险				*			*
11	八、补充医疗保险				*			*
12	九、其他			*	*			*
13	合计（1+3+4+7+8+9+10+11+12）	40 700 000	40 700 000	*	0	39 680 000	1020 000	440 000

提示：① 由于在会计制度中，工资有计提和发放两个步骤，少部分企业工资计提数和发放数有可能不一致，所以在 A105050 职工薪酬支出及纳税调整明细表中有账载金额和实际发生额两个概念。实际发生额还应考虑"企业发生的合理的工资、薪金支出，准予扣除"的规定，如果有界定为不合理的工资薪金，则应在填列实际发生额时剔除。

② 对于职工教育经费、广告费和业务宣传费、限额扣除的公益性捐赠等超过扣除限额后允许结转以后年度扣除的项目在填表时应当注意，应当将上期结转金额和本期实际发生金额合并计算，一起与税收金额进行比较。如果仍然超出扣除标准，则在当年纳税调整后继续向后结转，并注意税法允许结转年限的影响。

表 5-16　A107010 免税、减计收入及加计扣除优惠明细表　　　　　　　　　　　　　元

行次	项　目	金　额
1	一、免税收入（2+3+9+…+16）	20 000
2	（一）国债利息收入免征企业所得税	20 000
3	（二）符合条件的居民企业之间的股息、红利等权益性投资收益免征企业所得税（4+5+6+7+8）	
4	1.一般股息红利等权益性投资收益免征企业所得税（填写 A107011）	
5	2.内地居民企业通过沪港通投资且连续持有 H 股满 12 个月取得的股息红利所得免征企业所得税（填写 A107011）	
6	3.内地居民企业通过深港通投资且连续持有 H 股满 12 个月取得的股息红利所得免征企业所得税（填写 A107011）	
7	4.居民企业持有创新企业 CDR 取得的股息红利所得免征企业所得税（填写 A107011）	
8	5.符合条件的永续债利息收入免征企业所得税（填写 A107011）	
9	（三）符合条件的非营利组织的收入免征企业所得税	
10	（四）中国清洁发展机制基金取得的收入免征企业所得税	

(续表)

行次	项　目	金　额
11	（五）投资者从证券投资基金分配中取得的收入免征企业所得税	
12	（六）取得的地方政府债券利息收入免征企业所得税	
13	（七）中国保险保障基金有限责任公司取得的保险保障基金等收入免征企业所得税	
14	（八）中国奥委会取得北京冬奥组委支付的收入免征企业所得税	
15	（九）中国残奥委会取得北京冬奥组委分期支付的收入免征企业所得税	
16	（十）其他	
17	二、减计收入（18+19+23+24）	
18	（一）综合利用资源生产产品取得的收入在计算应纳税所得额时减计收入	
19	（二）金融、保险等机构取得的涉农利息、保费减计收入（20+21+22）	
20	1.金融机构取得的涉农贷款利息收入在计算应纳税所得额时减计收入	
21	2.保险机构取得的涉农保费收入在计算应纳税所得额时减计收入	
22	3.小额贷款公司取得的农户小额贷款利息收入在计算应纳税所得额时减计收入	
23	（三）取得铁路债券利息收入减半征收企业所得税	
24	（四）其他（24.1+24.2）	
24.1	1.取得的社区家庭服务收入在计算应纳税所得额时减计收入	
24.2	2.其他	
25	三、加计扣除（26+27+28+29+30）	1 125 000
26	（一）开发新技术、新产品、新工艺发生的研究开发费用加计扣除（填写A107012）	1 125 000
27	（二）科技型中小企业开发新技术、新产品、新工艺发生的研究开发费用加计扣除（填写A107012）	
28	（三）企业为获得创新性、创意性、突破性的产品进行创意设计活动而发生的相关费用加计扣除	
29	（四）安置残疾人员所支付的工资加计扣除	
30	（五）其他	
31	合计（1+17+25）	1 145 000

表5-17　A107040 减免所得税优惠明细表　　　　　　　　　　　　　　　　元

行次	项　目	金　额
1	一、符合条件的小型微利企业减免企业所得税	
2	二、国家需要重点扶持的高新技术企业减按15%的税率征收企业所得税（填写A107041）	4 021 500
3	三、经济特区和上海浦东新区新设立的高新技术企业在区内取得的所得定期减免企业所得税（填写A107041）	
4	四、受灾地区农村信用社免征企业所得税	*
5	五、动漫企业自主开发、生产动漫产品定期减免企业所得税	
6	六、线宽小于0.8微米（含）的集成电路生产企业减免企业所得税（填写A107042）	
7	七、线宽小于0.25微米的集成电路生产企业减按15%税率征收企业所得税（填写A107042）	

（续表）

行次	项目	金额
8	八、投资额超过80亿元的集成电路生产企业减按15%税率征收企业所得税（填写A107042）	
9	九、线宽小于0.25微米的集成电路生产企业减免企业所得税（填写A107042）	
10	十、投资额超过80亿元的集成电路生产企业减免企业所得税（填写A107042）	
11	十一、新办集成电路设计企业减免企业所得税（填写A107042）	
12	十二、国家规划布局内集成电路设计企业可减按10%的税率征收企业所得税（填写A107042）	
13	十三、符合条件的软件企业减免企业所得税（填写A107042）	
14	十四、国家规划布局内重点软件企业可减按10%的税率征收企业所得税（填写A107042）	
15	十五、符合条件的集成电路封装、测试企业定期减免企业所得税（填写A107042）	
16	十六、符合条件的集成电路关键专用材料生产企业、集成电路专用设备生产企业定期减免企业所得税（填写A107042）	
17	十七、经营性文化事业单位转制为企业的免征企业所得税	
18	十八、符合条件的生产和装配伤残人员专门用品企业免征企业所得税	
19	十九、技术先进型服务企业（服务外包类）减按15%的税率征收企业所得税	
20	二十、技术先进型服务企业（服务贸易类）减按15%的税率征收企业所得税	
21	二十一、设在西部地区的鼓励类产业企业减按15%的税率征收企业所得税	
22	二十二、新疆困难地区新办企业定期减免企业所得税	
23	二十三、新疆喀什、霍尔果斯特殊经济开发区新办企业定期免征企业所得税	
24	二十四、广东横琴、福建平潭、深圳前海等地区的鼓励类产业企业减按15%税率征收企业所得税	
25	二十五、北京冬奥组委、北京冬奥会测试赛事组委会免征企业所得税	
26	二十六、线宽小于130纳米的集成电路生产企业减免企业所得税（填写A107042）	
27	二十七、线宽小于65纳米或投资额超过150亿元的集成电路生产企业减免企业所得税（填写A107042）	
28	二十八、其他（28.1+28.2+28.3）	
28.1	（一）从事污染防治的第三方企业减按15%的税率征收企业所得税	
28.2	（二）其他1	
28.3	（三）其他2	
29	二十九、减：项目所得额按法定税率减半征收企业所得税叠加享受减免税优惠	
30	三十、支持和促进重点群体创业就业企业限额减征企业所得税（30.1+30.2）	
30.1	（一）企业招用建档立卡贫困人口就业扣减企业所得税	
30.2	（二）企业招用登记失业半年以上人员就业扣减企业所得税	
31	三十一、扶持自主就业退役士兵创业就业企业限额减征企业所得税	
32	三十二、民族自治地方的自治机关对本民族自治地方的企业应缴纳的企业所得税中属于地方分享的部分减征或免征（□免征□减征；减征幅度____%）	
33	合计（1+2+…+28-29+30+31+32）	4 021 500

② 假设不考虑企业所得税季报预缴税款的影响，仅考虑企业所得税年报报表的填写，A100000中华人民共和国企业所得税年度纳税申报表（A类）如表5-18所示。其他表单填写方式均相同。

表 5-18 A100000 中华人民共和国企业所得税年度纳税申报表（A 类）   元

行次	类 别	项 目	金 额
1	利润总额计算	一、营业收入（填写 A101010/101020/103000）	310 000 000
2		减：营业成本（填写 A102010/102020/103000）	216 000 000
3		减：税金及附加	
4		减：销售费用（填写 A104000）	4 000 000
5		减：管理费用（填写 A104000）	50 000 000
6		减：财务费用（填写 A104000）	
7		减：资产减值损失	5 000 000
8		加：公允价值变动收益	
9		加：投资收益	20 000
10		二、营业利润（1-2-3-4-5-6-7+8+9）	35 020 000
11		加：营业外收入（填写 A101010/101020/103000）	
12		减：营业外支出（填写 A102010/102020/103000）	
13		三、利润总额（10+11-12）	35 020 000
14	应纳税所得额计算	减：境外所得（填写 A108010）	
15		加：纳税调整增加额（填写 A105000）	6 340 000
16		减：纳税调整减少额（填写 A105000）	
17		减：免税、减计收入及加计扣除（填写 A107010）	1 145 000
18		加：境外应税所得抵减境内亏损（填写 A108000）	
19		四、纳税调整后所得（13-14+15-16-17+18）	40 215 000
20		减：所得减免（填写 A107020）	
21		减：弥补以前年度亏损（填写 A106000）	
22		减：抵扣应纳税所得额（填写 A107030）	
23		五、应纳税所得额（19-20-21-22）	40 215 000
24	应纳税额计算	税率	25%
25		六、应纳所得税额（23×24）	10 053 750
26		减：减免所得税额（填写 A107040）	4 021 500
27		减：抵免所得税额（填写 A107050）	
28		七、应纳税额（25-26-27）	6 032 250
29		加：境外所得应纳所得税额（填写 A108000）	
30		减：境外所得抵免所得税额（填写 A108000）	
31		八、实际应纳所得税额（28+29-30）	
32		减：本年累计实际已缴纳的所得税额	
33		九、本年应补（退）所得税额（31-32）	6 032 250
34		其中：总机构分摊本年应补（退）所得税额（填写 A109000）	
35		财政集中分配本年应补（退）所得税额（填写 A109000）	
36		总机构主体生产经营部门分摊本年应补（退）所得税额（填写 A109000）	

同步练习

在线测试

计算题

单元六

个人所得税税务处理

↘ 思政目标

1. 运用综合所得征税知识延伸出社会共治共管能力，培养社会治理主人翁意识。
2. 运用专项扣除和专项附加扣除知识延伸出国家"以人为本"的理念，增强民众的获得感，树立民族自豪感。

↘ 知识目标

1. 理解个人所得税的概念、纳税人划分、征税对象及税目的确定和税率的界定。
2. 掌握不同类别个人所得的所得额及税额的计算方法和纳税申报表的选择与填写方法。

↘ 技能目标

1. 能准确区分个人所得税居民纳税人和非居民纳税人。
2. 能够完成个人所得税扣缴报告表的填制。
3. 能够完成综合所得个人所得税纳税申报表的填制。
4. 能够完成经营所得个人所得税纳税申报表的填制。
5. 能应用 1+X 智能财税平台办理个人所得税纳税申报表申报相关手续。

任务一 个人所得税概述

一、任务情景

（一）任务场景

北京佳晟食品有限责任公司（以下简称佳晟公司）以生产经营食品为主，为增值税一般纳税人。

2021 年 12 月，该公司将其工资单编制及发放工资的账务处理业务外包给财税共享中心办理。人力资源部门提供人员花名册、工资数据、考勤表、薪酬政策等工资计算所需的资料。

① 佳晟公司有员工若干。其中，蒋龙，中华人民共和国公民，持有居民身份证，

2017年1月10日起于人力资源部任职；约翰，美国专家，公司为解决技术难题，于2021年12月邀请其临时来华工作，同时约翰受邀担任某大学的技术指导。

② 公司员工董素为独生子，2021年缴完社保和住房公积金后共取得税前工资收入24万元、劳务报酬收入6万元、稿酬收入1万元。

③ 公司员工周星从部队退役后入职于公司采购部，期间获得转业费18.4万元。

所有业务均不考虑新型冠状病毒疫情期间的优惠政策。

（二）任务布置

① 根据描述的情况判断佳晟公司员工蒋龙与美国专家约翰是否属于我国居民纳税人。

② 判断公司员工董素的收入是否需要缴纳个人所得税，并说明其征税对象与适用税率。

③ 判断公司员工周星获得的转业费是否需要缴纳个人所得税。

二、任务准备

（一）知识准备

1. 概念

个人所得税是以个人（含个体工商户，个人独资企业、合伙企业中的个人投资者，承租承包者个人）取得的各项应税所得为征税对象所征收的一种税。我国于1980年9月10日公布了《中华人民共和国个人所得税法》（以下简称《个人所得税法》），之后《个人所得税法》先后进行了7次修订，第七次修订后的个人所得税法从2019年1月1日起执行。

个人所得税是世界各国普遍征收的一个税种，我国个人所得税主要有以下特点。

① 实行混合征收。自2019年1月1日起，我国个人所得税采用混合征收，即对工资薪金所得、劳务报酬所得、稿酬所得和特许权使用费所得采用综合征收，除这些之外的其他各项所得采用分类征收。

② 超额累进税率与比例税率并用。我国现行个人所得税根据各类个人所得的不同性质和特点，将这两种形式的税率综合运用于个人所得税。其中，对工资薪金所得、劳务报酬所得、稿酬所得、特许权使用费所得和经营所得使用超额累进税率，实现量能负担；其他各项应税所得采用比例税率。

③ 费用扣除额较宽。我国本着费用扣除从宽、从简的原则，对费用扣除采用定额扣除、定率扣除和核算扣除等方法。对工资薪金所得、劳务报酬所得、稿酬所得、特许权使用费所得适用的减除费用标准为每月5 000元的基本费用，在此基础上再扣除专项扣除费用和专项附加扣除费用，取得中低水平所得的个人大多数不用负担个人所得税；对其他各项应税所得采用定额和定率相结合的扣除方法。

④ 采用源泉扣缴和个人申报两种征纳方法。我国《个人所得税法》规定，对纳税人的应纳税额分别采取由扣缴义务人源泉扣缴和纳税人自行申报两种方法。对凡是可以在应税所得的支付环节扣缴个人所得税的，均由扣缴义务人履行代扣代缴义务；对于没有扣缴义务人的，取得工资薪金所得、劳务报酬所得、稿酬所得和特许权使用费综合所得的，由纳税人自行申报纳税和年终汇算清缴。此外，对其他不便于扣缴税款的，规定由纳税人自行申报纳税。

2. 应纳税所得额和费用扣除标准

应纳税所得额也称应税所得额,个人所得税的应税所得额是纳税义务人取得的各项收入减除费用扣除额后的余额。

费用扣除额是指税法规定的准予在课税对象中扣除的免予征税的标准税额。在《个人所得税法》中,免予征税的部分是指"为取得收入所必需的费用"和"为了维持生计所必需的费用"。凡是规定有费用扣除额的,对费用扣除额以内部分不征税,仅就超过费用扣除额的部分征税。

3. 个人所得税纳税义务人和所得来源的确定

个人所得税纳税义务人是指在中国境内有住所,或者虽无住所但在境内居住累计满183天,以及无住所又不居住或居住不满183天但从中国境内取得所得的个人,包括中国公民、个体工商户、外籍个人,以及中国香港、澳门、台湾同胞等。

个人所得税纳税义务人

个人所得税纳税义务人依据住所和居住时间两个标准,分为居民个人和非居民个人。

（1）居民个人和非居民个人的判定标准

个人所得税纳税义务人可以泛指取得所得的自然人,包括居民个人和非居民个人。为了有效地行使税收管辖权,我国根据国际惯例,对居民个人和非居民个人的划分采用了国际上常用的住所标准与居住时间标准。

① 在中国境内有住所,或者无住所而一个纳税年度内在中国境内居住累计满183天的个人,为居民个人。居民个人从中国境内和境外取得的所得,依照本法规定缴纳个人所得税。

② 在中国境内无住所又不居住,或者无住所而一个纳税年度内在中国境内居住累计不满183天的个人,为非居民个人。非居民个人从中国境内取得的所得,依照本法规定缴纳个人所得税。

个人所得税的纳税年度自公历1月1日起至12月31日止。

① 住所标准。在中国境内有住所是指因户籍、家庭、经济利益关系而在中国境内习惯性居住。

② 居住时间标准。居住时间是指个人在一国境内实际居住的日数。在中国境内无住所的个人,在中国境内居住累计满183天的年度连续不满6年的,经向主管税务机关备案,其来源于中国境外且由境外单位或个人支付的所得,免予缴纳个人所得税;在中国境内居住累计满183天的任一年度中有一次离境超过30天的,其在中国境内居住累计满183天的年度的连续年限重新起算。

在中国境内无住所的个人一个纳税年度在中国境内累计居住满183天的,如果此前6年在中国境内每年累计居住天数都满183天而且没有任何一年单次离境超过30天,该纳税年度中来源于中国境内、境外的所得应当缴纳个人所得税;如果此前6年的任一年在中国境内累计居住天数不满183天或单次离境超过30天,该纳税年度中来源于中国境外且由境外单位或个人支付的所得,免予缴纳个人所得税。

我国税法规定的住所标准和居住时间标准是判定居民身份的两个并列性标准,个人只要符合或达到其中任何一个标准,就可以被认定为居民纳税人。

（2）居民纳税人和非居民纳税人的纳税义务

① 居民纳税人应就其来源于中国境内和境外取得的所得,向我国政府履行全面纳税

义务，依法缴纳个人所得税。

② 非居民纳税人只就其来源于中国境内取得的所得向我国政府履行有限纳税义务，依法缴纳个人所得税。

（3）个人独资企业和合伙企业的纳税义务

个人独资企业和合伙企业不缴纳企业所得税，只对投资者个人或个人合伙人取得的生产经营所得征收个人所得税。

个人独资企业和合伙企业分别是指依据我国相关法律登记成立的个人独资、合伙性质的企业及其他相关机构或组织。个人独资企业以投资者个人为纳税人，合伙企业以每一个合伙人为纳税义务人。

个人独资企业投资人以其个人财产对企业债务承担无限责任；普通合伙企业合伙人对合伙企业债务承担无限连带责任；有限合伙企业由普通合伙人和有限合伙人组成，普通合伙人对合伙企业债务承担无限连带责任，有限合伙人以其认缴的出资额为限对合伙企业债务承担责任。

（4）所得来源的确定

除国务院财政、税务主管部门另有规定外，下列所得不论支付地点是否在中国境内，均为来源于中国境内的所得：因任职、受雇、履约等而在中国境内提供劳务取得的所得；在中国境内开展经营活动而取得与经营活动相关的所得；将财产出租给承租人在中国境内使用而取得的所得；许可的各种特许权在中国境内使用而取得的所得；转让中国境内的不动产、土地使用权取得的所得；转让对中国境内企事业单位和其他经济组织投资形成的权益性资产取得的所得；在中国境内转让动产及其他财产取得的所得；由中国境内企事业单位和其他经济组织及居民个人支付或负担的稿酬所得、偶然所得；从中国境内企事业单位和其他经济组织及居民个人取得的利息、股息、红利所得。

（5）扣缴义务人

我国个人所得税实行代扣代缴和个人申报纳税相结合的征收管理制度。个人所得税采取代扣代缴办法，有利于控制税源、保证税收收入、简化征纳手续、加强个人所得税管理。税法规定，凡支付应纳税所得的单位或个人都是个人所得税的扣缴义务人。扣缴义务人在向纳税人支付各项应纳税所得（个体工商户的生产、经营所得除外）时，必须履行代扣代缴税款的义务。

4. 个人所得税的征税对象

个人所得税的征税对象是个人取得的应税所得，现行《个人所得税法》列举征税的个人所得税有9个应税项目，具体内容如下。

个人所得税征税对象

（1）工资薪金所得

工资薪金所得是指个人因任职或受雇而取得的工资、薪金、奖金、年终加薪、劳动分红、津贴、补贴及与任职或受雇有关的其他所得。

下列项目不属于工资、薪金性质的补贴、津贴，不予征收个人所得税：独生子女补贴；执行公务员工资制度未纳入基本工资总额的补贴、津贴差额和家属成员的副食补贴；托儿补助费；差旅费津贴、误餐补助。误餐补助是指按照财政部规定，个人因公在城区、郊区工作，不能在工作单位就餐或返回就餐的，根据实际误餐顿数，按规定的标准领取的误餐费。单位以误餐补助名义发给职工的补助、津贴不包括在内，应当并入当月工资、薪金所得计征个人所得税。

（2）劳务报酬所得

劳务报酬所得是指个人独立从事非雇用的各种劳务所取得的所得，包括设计、装潢、安装、制图、化验、测试、医疗、法律、会计、咨询、讲学、新闻、广播、翻译、审稿、书画、雕刻、影视、录音、录像、演出、表演、广告、展览、技术服务、介绍服务、经纪服务、代办服务、其他劳务。

区分劳务报酬所得和工资薪金所得主要看是否存在雇用与被雇用的关系：工资薪金所得是个人从事非独立劳动，从所在单位（雇主）领取的报酬，存在雇用与被雇用的关系，即在机关、团体、学校、部队、企事业单位及其他组织中任职、受雇而得到的报酬；劳务报酬所得是指个人独立从事某种技艺，独立提供某项劳务而取得的报酬，一般不存在雇用关系。个人所得税所列各项劳务报酬所得一般属于个人独立从事自由职业取得的所得或属于独立个人劳动所得。

（3）稿酬所得

稿酬所得是指个人因其作品以图书、报刊形式出版、发表而取得的所得。作品包括文学作品、书画作品、摄影作品，以及其他作品。作者去世后，财产继承人取得的遗作稿酬，也应征收个人所得税。

任职、受雇于报纸、杂志等单位的记者和编辑等专业人员，因在本单位的报纸、杂志上发表作品取得的所得，属于因任职、受雇而取得的所得，应与其当月工资收入合并，按"工资薪金所得"项目征收个人所得税；出版社的专业作者撰写、编写或翻译的作品，由该社以图书形式出版而取得的稿费收入，应按"稿酬所得"项目征收个人所得税。

（4）特许权使用费所得

特许权使用费所得是指个人提供专利权、商标权、著作权、非专利技术及其他特许权的使用权取得的所得。

① 我国个人所得税法律制度规定，提供著作权的使用权取得的所得，不包括稿酬所得。对于作者将自己的文字作品手稿原件或复印件公开拍卖（竞价）取得的所得，属于提供著作权的使用权取得的所得，应按"特许权使用费所得"项目征收个人所得税。

② 个人取得特许权的经济赔偿收入，应按"特许权使用费所得"项目缴纳个人所得税，税款由支付赔偿的单位或个人代扣代缴。

③ 从2002年5月1日起，编剧从电视剧的制作单位取得的剧本使用费，不再区分剧本的使用方是否为其任职单位，统一按"特许权使用费所得"项目征收个人所得税。

（5）经营所得

经营所得包括个体工商户的生产、经营所得；个人独资企业和合伙企业的生产、经营所得；对企事业单位的承包经营、承租经营所得；个人从事其他生产、经营活动取得的所得。

（6）利息、股息、红利所得

利息、股息、红利所得是指个人因拥有债权、股权而取得的利息、股息、红利所得。其中，利息一般是指存款、贷款和债券的利息；利息、红利是指个人拥有股权取得的公司、企业分红。按照一定的比率派发的每股息金，称为股息。根据公司、企业应分配的超过股息部分的利润，按股派发的红股，称为红利。

（7）财产租赁所得

财产租赁所得是指个人出租不动产、土地使用权、机器设备、车船及其他财产取得的所得。

个人取得的房屋转租收入属于"财产租赁所得"项目。

房地产开发企业与商店购买者个人签订协议，以优惠价格出售其开发的商店给购买者个人，购买者个人在一定期限内必须将购买的商店无偿提供给房地产开发企业对外出租使用。该行为实质上是购买者个人以所购商店交由房地产开发企业出租而取得的房屋租赁收入支付了部分购房价款。对购买者个人少支出的购房价款，应视同个人财产租赁所得，按照"财产租赁所得"项目征收个人所得税。每次财产租赁所得的收入额，按照少支出的购房价款和协议规定的租赁月份数平均计算确定。

（8）财产转让所得

财产转让所得是指个人转让有价证券、股权、合伙企业中的财产份额、不动产、土地使用权、机器设备、车船及其他财产取得的所得。

① 个人将投资于在中国境内成立的企业或组织（不包括个人独资企业和合伙企业）的股权或股份，转让给其他个人或法人的行为，按照"财产转让所得"项目，依法计算缴纳个人所得税。其具体包括：出售股权；公司回购股权；发行人首次公开发行新股时，被投资企业股东将其持有的股份以公开发行方式一并向投资者发售；股权被司法或行政机关强制过户；以股权对外投资或进行其他非货币性交易；以股权抵偿债务；其他股权转移行为。

② 个人因各种原因终止投资、联营、经营合作等行为，从被投资企业或合作项目、被投资企业的其他投资者及合作项目的经营合作人取得股权转让收入、违约金、补偿金、赔偿金和以其他名目收回的款项等，均属于个人所得税应税收入，应按照"财产转让所得"项目适用的规定计算缴纳个人所得税。

③ 个人以非货币性资产投资，属于个人转让非货币性资产和投资同时发生。对个人转让非货币性资产的所得，应按照"财产转让所得"项目，依法计算缴纳个人所得税。

④ 纳税人收回转让的股权征收个人所得税的方法如下。

● 股权转让合同履行完毕、股权已做变更登记，且所得已经实现的，转让人取得的股权转让收入应当依法缴纳个人所得税。转让行为结束后，当事人双方签订并执行解除原股权转让合同、退回股权的协议，是另一次股权转让行为，对前次转让行为征收的个人所得税款不予退回。

● 股权转让合同未履行完毕，因执行仲裁委员会做出的解除股权转让合同及补充协议的裁决、停止执行原股权转让合同，并原价收回已转让股权的，由于其股权转让行为尚未完成、收入未完全实现，随着股权转让关系的解除，股权收益不复存在，因此纳税人不必缴纳个人所得税。

⑤ 对个人转让新三板挂牌公司原始股取得的所得，按照"财产转让所得"项目适用20%的比例税率征收个人所得税。原始股是指个人在新三板挂牌公司挂牌前取得的股票，以及在该公司挂牌前和挂牌后由上述股票孳生的送、转股。

⑥ 个人通过招标、竞拍或其他方式购置债权以后，通过相关司法或行政程序主张债权而取得的所得，应按照"财产转让所得"项目缴纳个人所得税。

⑦ 个人通过网络收购玩家的虚拟货币，加价后向他人出售取得的收入，应按照"财产转让所得"项目计算缴纳个人所得税。

（9）偶然所得

偶然所得是指个人得奖、中奖、中彩及其他偶然性质的所得。得奖是指参加各种有奖竞赛活动，取得名次得到的奖金；中奖、中彩是指参加各种有奖活动，如有奖储蓄，或者购买彩票，经过规定程序，抽中、摇中号码而取得的奖金。

① 企业对累积消费达到一定额度的顾客，给予额外抽奖机会，个人的获奖所得按照"偶然所得"项目全额缴纳个人所得税。

② 个人取得单张有奖发票奖金所得超过 800 元的，应全额按照"偶然所得"项目征收个人所得税。税务机关或其指定的有奖发票兑奖机构，是有奖发票奖金所得个人所得税的扣缴义务人。

③ 个人为单位或他人提供担保获得收入，按照"偶然所得"项目计算缴纳个人所得税。

④ 房屋产权所有人将房屋产权无偿赠予他人的，受赠人因无偿受赠房屋取得的受赠收入，按照"偶然所得"项目计算缴纳个人所得税。

⑤ 企业在业务宣传、广告等活动中，随机向本单位以外的个人赠送礼品（包括网络红包，下同），以及企业在年会、座谈会、庆典及其他活动中向本单位以外的个人赠送礼品，个人取得的礼品收入按照"偶然所得"项目计算缴纳个人所得税。但企业赠送的具有价格折扣或折让性质的消费券、代金券、抵用券、优惠券等礼品除外。

⑥ 个人取得的所得，难以界定应纳税所得项目的，由主管税务机关确定。

居民个人取得前款第（1）项至第（4）项所得（以下称综合所得），按纳税年度合并计算个人所得税；非居民个人取得前款第（1）项至第（4）项所得，按月或按次分项计算个人所得税。纳税人取得前款第（5）项至第（9）项所得，按照本法规定分别计算个人所得税。

5. 个人所得税的税率

（1）综合所得

综合所得适用 3%～45% 的七级超额累进税率。个人所得税税率表（一）如表 6-1 所示。

个人所得税税率及税收优惠

表 6-1　个人所得税税率表（一）

（综合所得适用税率表）

级数	全年应纳税所得额（含税）	税率 /%	速算扣除数 / 元
1	不超过 36 000 元的部分	3	0
2	超过 36 000 元至 144 000 元的部分	10	2 520
3	超过 144 000 元至 300 000 元的部分	20	16 920
4	超过 300 000 元至 420 000 元的部分	25	31 920
5	超过 420 000 元至 660 000 元的部分	30	52 920
6	超过 660 000 元至 960 000 元的部分	35	85 920
7	超过 960 000 元的部分	45	181 920

说明：① 本表所称全年应纳税所得额是指依照法律规定，居民个人取得综合所得以每一纳税年度收入额减除费用 60 000 元及专项扣除、专项附加扣除和依法确定的其他扣除后的余额。

② 非居民个人取得工资、薪金所得，劳务报酬所得，稿酬所得，特许权使用费所得，依照本表按月换算后计算应纳税额。

（2）经营所得

经营所得（个体工商户的生产、经营所得，对企事业单位的承包经营、承租经营所得，个人独资企业和合伙企业的生产经营所得），适用 5%～35% 的五级超额累进税率。个人所得税税率表（二）如表 6-2 所示。

表 6-2　个人所得税税率表（二）

（经营所得适用税率表）

级数	全年应纳税所得额（含税）	税率 /%	速算扣除数 / 元
1	不超过 30 000 元的部分	5	0
2	超过 30 000 元至 90 000 元的部分	10	1 500
3	超过 90 000 元至 300 000 元的部分	20	10 500
4	超过 300 000 元至 500 000 元的部分	30	40 500
5	超过 500 000 元的部分	35	65 500

说明：本表所称全年应纳税所得额是指依照法律规定，以每一纳税年度的收入总额减除成本、费用及损失后的余额。

（3）比例税率

利息、股息、红利所得，财产租赁所得，财产转让所得和偶然所得，适用 20% 的比例税率。

自 2001 年 1 月 1 日起，对个人出租住房取得的所得暂减按 10% 的税率征收个人所得税。

（4）预扣预缴适用税率

个人所得税税率表（三）、个人所得税税率表（四）、个人所得税税率表（五）如表 6-3、表 6-4 和表 6-5 所示。

表 6-3　个人所得税税率表（三）

（居民个人工资、薪金所得预扣预缴适用）

级数	累计预扣预缴应纳税所得额（含税）	预扣率 /%	速算扣除数 / 元
1	不超过 36 000 元的部分	3	0
2	超过 36 000 元至 144 000 元的部分	10	2 520
3	超过 144 000 元至 300 000 元的部分	20	16 920
4	超过 300 000 元至 420 000 元的部分	25	31 920
5	超过 420 000 元至 660 000 元的部分	30	52 920
6	超过 660 000 元至 960 000 元的部分	35	85 920
7	超过 960 000 元的部分	45	181 920

表 6-4　个人所得税税率表（四）

（居民个人劳务报酬所得预扣预缴适用）

级数	预扣预缴应纳税所得额	预扣率 /%	速算扣除数 / 元
1	不超过 20 000 元的部分	20	0
2	超过 20 000 元至 50 000 元的部分	30	2 000
3	超过 50 000 元的部分	40	7 000

表 6-5　个人所得税税率表（五）

（非居民个人工资薪金所得、劳务报酬所得、稿酬所得、特许权使用费所得适用）

级数	累计预扣预缴应纳税所得额（含税）	预扣率/%	速算扣除数/元
1	不超过 3 000 元的部分	3	0
2	超过 3 000 元至 12 000 元的部分	10	210
3	超过 12 000 元至 25 000 元的部分	20	1 410
4	超过 25 000 元至 35 000 元的部分	25	2 660
5	超过 35 000 元至 55 000 元的部分	30	4 410
6	超过 55 000 元至 80 000 元的部分	35	7 160
7	超过 80 000 元的部分	45	15 160

6. 个人所得税税收优惠

（1）免税项目

① 省级人民政府、国务院部委和中国人民解放军军以上单位，以及外国组织、国际组织颁发的科学、教育、技术、文化、卫生、体育、环境保护等方面的奖金。

② 国债和国家发行的金融债券利息。其中，国债利息是指个人持有中华人民共和国财政部发行的债券而取得的利息；国家发行的金融债券利息是指个人持有经国务院批准发行的金融债券而取得的利息。

③ 按照国家统一规定发给的补贴、津贴。这是指按照国务院规定发给的政府特殊津贴、院士津贴及国务院规定免纳个人所得税的补贴、津贴。

④ 福利费、抚恤金、救济金。

⑤ 保险赔款。

⑥ 军人的转业费、复员费、退役金。

⑦ 按照国家统一规定发给干部、职工的安家费、退职费、退休工资、离休工资、离休生活补助费。

⑧ 依照我国有关法律规定应予免税的各国驻华使馆、领事馆的外交代表、领事官员和其他人员的所得。

⑨ 中国政府参加的国际公约、签订的协议中规定免税的所得。

⑩ 国务院规定的其他免税所得。

（2）减税项目

有下列情形之一的，可以减征个人所得税，具体幅度和期限由省、自治区、直辖市人民政府规定，并报同级人民代表大会常务委员会备案。

① 残疾、孤老人员和烈属的所得。

② 因严重自然灾害造成重大损失的。

国务院可以规定其他减税情形，报全国人民代表大会常务委员会备案。

（3）暂免征税项目

根据《财政部国家税务总局关于个人所得税若干政策问题的通知》和有关文件的规定，对下列所得暂免征收个人所得税。

① 外籍个人以非现金形式或实报实销形式取得的住房补贴、伙食补贴、搬迁费、洗

衣费。

②外籍个人按合理标准取得的境内、境外出差补贴。

③外籍个人取得的语言训练费、子女教育费等，经当地税务机关审核批准为合理的部分。

④外籍个人从外商投资企业取得的股息、红利所得。

⑤个人举报、协查各种违法、犯罪行为而获得的奖金。

⑥个人办理代扣代缴手续，按规定取得的扣缴手续费。

⑦个人转让自用达5年以上，并且是唯一的家庭生活用房取得的所得，暂免征收个人所得税。

⑧对个人购买福利彩票、体育彩票，一次中奖收入在1万元以下（含1万元）的暂免征收个人所得税；超过1万元的，全额征收个人所得税。

⑨对个人转让上市公司股票的所得，暂免征收个人所得税。

⑩个人取得单张有奖发票奖金所得不超过800元（含800元）的，暂免征收个人所得税。

⑪达到离休、退休年龄，但确因工作需要，适当延长离休、退休年龄的高级专家（指享受国家发放的政府特殊津贴的专家、学者），其在延长离休、退休期间的工资、薪金所得，视同离休、退休工资免征个人所得税。

⑫对国有企业职工，因企业依照《中华人民共和国企业破产法（试行）》宣告破产，从破产企业取得的一次性安置费收入，免予征收个人所得税。

⑬职工与用人单位解除劳动关系取得的一次性补偿收入（包括用人单位发放的经济补偿金、生活补助费和其他补助费用），在当地上年职工年平均工资3倍数额内的部分，可免征个人所得税。

⑭企业和个人按规定比例提取并缴付的住房公积金、医疗保险金、基本养老保险金和失业保险基金（简称三险一金），免征个人所得税；个人领取"三险一金"免征个人所得税；按规定比例缴付的"三险一金"存入银行个人账户所取得的利息收入，免征个人所得税。

⑮自2008年10月9日（含）起，对储蓄存款利息所得暂免征收个人所得税。

⑯自2015年9月8日起，对个人投资应从上市公司取得的股息、红利所得，持股期限在1个月以内（含1个月）的，其股息红利所得全额计入应纳税所得额，实际税负为20%；持股期限在1个月以上至1年（含1年）的，暂减按50%计入应纳税所得额，实际税负为10%；持股期限超过1年的，暂免征收个人所得税。

（4）税前扣除

个人将其所得通过中国境内的社会团体、国家机关向教育和其他社会公益事业及遭受严重自然灾害地区、贫困地区的公益、救济性捐赠，捐赠额未超过纳税义务人申报的应纳税所得额30%的部分，准予从其应纳税所得额中扣除。但是，纳税义务人未通过中国境内的社会团体、国家机关而直接向受益人的捐赠，不得扣除。

个人通过非营利性的社会团体和国家机关，向红十字事业、农村义务教育及公益性青少年活动场所的捐赠，可以全额税前扣除。

（二）操作准备

①掌握居民个人和非居民个人的判定标准。

②掌握个人所得税征税对象及税率。

③ 了解个人所得税税收优惠。

（三）任务要领

① 能根据描述的情况判断某个人是否属于我国居民纳税人。
② 能根据纳税人类型判断个人所得税的征税范围。
③ 掌握个人所得税的征税对象及税率。
④ 熟悉个人所得税税收优惠。

三、任务实施

① 企业员工蒋龙属于居民纳税人，美国专家约翰属于我国的非居民纳税人。
② 企业员工董素属于居民纳税人，所涉及的征税对象为工资薪金所得、劳务报酬所得、稿酬所得。其中，居民个人工资、薪金所得预扣预缴适用税率为20%；居民个人劳务报酬所得预扣预缴适用税率为20%。
③ 企业员工周星获得的转业费不需要缴纳个人所得税。按照个人所得税税收优惠政策，军人的转业费、复员费、退役金属于免税项目。

四、任务评价

对于每一项任务，结合业务能力和评价指标，根据掌握情况在表6-6的自测结果相应的"□"中打"√"。自测结果共分为3类：A 掌握；B 基本掌握；C 未掌握。

表6-6 任务测评表

任务	业务能力	评价指标	自测结果	要　求
个人所得税概述	根据描述的情况判断佳晟公司员工蒋龙与美国专家约翰是否属于我国居民纳税人	① 判断佳晟公司员工蒋龙个人所得税纳税人类型 ② 判断美国专家约翰个人所得税纳税人类型	□A □B □C	能够区分居民纳税人和非居民纳税人
	判断企业员工董素的收入是否需要缴纳个人所得税，并说明其征税对象与适用税率	① 判断居民纳税人的征税范围 ② 判断企业员工董素的征税对象 ③ 确定企业员工董素个人所得税的适用税率	□A □B □C	确定居民纳税人的征税范围、征税对象与适用税率
	判断企业员工周星获得的转业费是否需要缴纳个人所得税	① 判断企业员工周星获得的转业费是否征收个人所得税 ② 判断不同税收优惠政策的适用范围	□A □B □C	能判别税收优惠政策的适用范围

五、任务拓展

重庆清珂摩托车有限责任公司有员工若干，企业在2019年5月8日邀请了英国的杰克先生来华工作，2020年5月回国休假，2020年6月10日又来华，2020年8月25日回国，2021年3月15日又来华。

要求：判断杰克先生是否为我国居民纳税人。

解析

任务二　个人所得税计算

一、任务情境

（一）任务场景

① 2021 年 12 月 31 日，企业发放员工工资。员工基本信息表（部分）如表 6-7 所示，工资发放明细表（部分）如表 6-8 所示。

表 6-7　员工基本信息表（部分）

工号	姓名	部门	证件类型	证件号码	任职受雇从业日期	人员状态
20200001	蒋龙	人力资源部	居民身份证	511221199205061313	2017 年 1 月 10 日	正常
20200002	王莉	行政部	居民身份证	501221198702081315	2011 年 12 月 20 日	正常
20200003	舒茜	总裁办	居民身份证	511221198612081316	2019 年 1 月 4 日	正常
20200004	苏江	财务部	居民身份证	511221199111021317	2016 年 2 月 1 日	正常
20200005	李广	销售部	居民身份证	411221198812081318	2017 年 1 月 10 日	正常
20200006	周星	采购部	居民身份证	341221199410081319	2019 年 1 月 10 日	正常

表 6-8　工资发放明细表（部分）　　　　　　　　　　　　　　　元

姓名	累计本月应付工资	累计本月扣除金额	累计本月应税金额	累计已扣税款	税率	速算扣除数	本月应扣税额
蒋龙	88 000	79 120	8 880	212.32	3%	—	
王莉	124 000	96 554.8	27 445.2	657.98	3%	—	
舒茜	180 000	108 722.55	71 277.5	3 760.41	10%	2 520	
苏江	96 000	80 125	15 875	345.88	3%		
李广	112 000	86 640	25 360	598.76	3%		
周星	60 000	60 000	0	0	—		

② 企业员工董素为独生子，2021 年交完社保和住房公积金后共取得税前工资收入 24 万元、劳务报酬收入 6 万元、稿酬收入 1 万元。董素有两个上小学的孩子且均由其 100% 扣除子女教育专项附加扣除，董素的父母健在且均年满 60 周岁。

③ 企业为解决技术难题，2021 年 12 月邀请美国专家约翰临时来华工作，当月约翰取得工资收入 4 万元人民币。同时，约翰受邀担任某大学技术指导获得劳务报酬 8 000 元人民币。

④ 企业员工张扬承包公司旗下的一个修理厂。张扬将该修理厂变更登记为个体工商户，修理厂2021年取得修理收入100万元，准予扣除的成本、费用及损失等合计80万元（不含业主扣除费用，但包含张扬每月从修理厂领取的工资4 500元）。张扬没有综合所得，但其父母均已经年满60周岁，且张扬为独生子。

（二）任务布置

① 计算佳晟公司各位员工本月应代扣代缴的个人所得税税额。
② 计算董素当年应缴纳的个人所得税税额。
③ 计算12月约翰应缴纳的个人所得税税额。
④ 计算张扬2021年应缴纳的个人所得税税额。

二、任务准备

（一）知识准备

1. 综合所得应纳个人所得税计算

居民取得综合所得，按年计算个人所得税；有扣缴义务人的，由扣缴义务人按月或按次预扣预缴税款；需要办理汇算清缴的，应当在取得所得的次年3月1日至6月30日内办理汇算清缴。

非居民个人取得的工资薪金、劳务报酬、稿酬和特许权使用费4项所得按月或按次分项计算个人所得税。

（1）计算居民个人综合所得应纳税额
1）居民个人综合所得应纳税所得额的确定
居民个人的综合所得，以每一纳税年度的收入额减除基本费用60 000元及专项扣除、专项附加扣除和依法确定的其他扣除后的余额，为应纳税所得额。

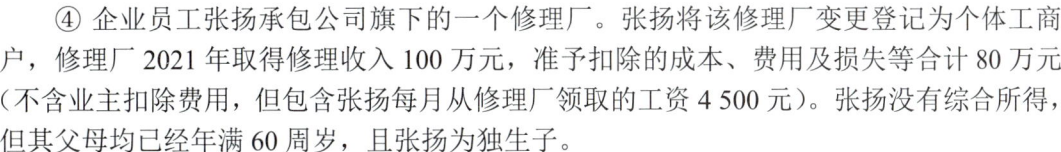

居民个人综合应纳税额计算

① 收入额的确定。工资、薪金收入为个人因任职或受雇而取得的工资、薪金、奖金、年终加薪、劳动分红、津贴、补贴及与任职或受雇有关的其他所得。对于一些不属于工资、薪金性质的补贴、津贴不计入收入额。劳务报酬所得、稿酬所得、特许权使用费所得以收入减除20%的费用后的余额为收入额，稿酬所得的收入额再减按70%计算。

② 专项扣除。专项扣除包括居民个人按照国家规定的范围和标准缴纳的基本养老保险、基本医疗保险、失业保险等社会保险费和住房公积金等，即"三险一金"。

③ 专项附加扣除。专项附加扣除是指《个人所得税法》规定的子女教育、继续教育、大病医疗、住房贷款利息或住房租金、赡养老人、婴幼儿照护等支出。其具体如下。

- 子女教育。纳税人的子女接受学前教育和学历教育的相关支出，按照每个子女每年12 000元（每月1 000元）的标准定额扣除。学前教育包括年满3岁至小学入学前教育；学历教育包括义务教育（小学和初中教育）、高中阶段教育（普通高中、中等职业教育）、高等教育（大学专科、大学本科、硕士研究生、博士研究生教育）。受教育子女的父母分别按扣除标准的50%扣除；经父母约定，也可以选择由其中一方按扣除标准的100%扣除。具体扣除方式在一个纳税年度内不得变更。
- 继续教育。纳税人接受学历继续教育的支出，在学历教育期间按照每年4 800元（每月400元）定额扣除。同一学历（学位）继续教育的扣除期限不能超过48个月。纳税人接受技能人员职业资格继续教育、专业技术人员职业资格继续教育支出，在取得相关证书的年度，按照每年3 600元定额扣除。个人接受同一学历教育事项，符合本办法规定扣除条件的，该项教育支出既可以由其父母按照子女教育支出扣除，也可以由本人按照继续教育支出扣除，但不得同时扣除。

- 大病医疗。一个纳税年度内，纳税人发生的与基本医保相关的医药费用支出，扣除医保报销后个人负担（指医保目录范围内的自付部分）累计超过15 000元的部分，由纳税人在办理年度汇算清缴时，在80 000元限额内据实扣除。大病医疗专项附加扣除由纳税人办理汇算清缴时扣除。纳税人发生的大病医疗支出由纳税人本人扣除，纳税人应当留存医疗服务收费相关票据原件（或复印件）。

- 住房贷款利息。纳税人本人或配偶单独或共同使用商业银行或住房公积金个人住房贷款为本人或其配偶购买中国境内住房，发生的首套住房贷款利息支出，在实际发生贷款利息的年度，按照每月1 000元的标准定额扣除，扣除期限最长不超过240个月。纳税人只能享受一次首套住房贷款的利息扣除。首套住房贷款是指购买住房享受首套住房贷款利率的住房贷款。经夫妻双方约定，可以选择由其中一方扣除，具体扣除方式在一个纳税年度内不得变更，同时应当留存住房贷款合同、贷款还款支出凭证。
夫妻双方婚前分别购买住房发生的首套住房贷款，其贷款利息支出婚后既可以选择其中一套购买的住房，由购买方按扣除标准的100%扣除，也可以由夫妻双方对各自购买的住房分别按扣除标准的50%扣除。具体扣除方式在一个纳税年度内不能变更。

- 住房租金。纳税人本人及配偶在纳税人的主要工作城市没有住房，而在主要工作城市租赁住房发生的租金支出，可以按照以下标准定额扣除：承租的住房位于直辖市、省会城市、计划单列市及国务院确定的其他城市，扣除标准为每月1 500元；承租的住房位于其他城市的，市辖区户籍人口超过100万的，扣除标准为每月1 100元；承租的住房位于其他城市，市辖区户籍人口不超过100万（含）的，扣除标准为每月800元。主要工作城市是指纳税人任职受雇的直辖市、计划单列市、副省级城市、地级市（地区、州、盟）全部行政区域范围；无任职受雇单位的，为受理其综合所得汇算清缴的税务机关所在城市。夫妻双方主要工作城市相同的，只能由一方扣除，且为签订租赁住房合同的承租人来扣除住房租金支出。夫妻双方主要工作城市不相同的，且各自在其主要工作城市都没有住房的，可以按规定标准分别进行扣除。纳税人及其配偶不得同时分别享受住房贷款利息专项附加扣除和住房租金专项附加扣除。纳税人应当留存住房租赁合同、协议等有关资料备查。

- 赡养老人。纳税人为独生子女的，按照每月2 000元的标准定额扣除。纳税人为非独生子女的，应当与其兄弟姐妹分摊每月2 000元的扣除额度，每人分摊的额度每月不能超过1 000元——既可以由赡养人均摊或约定分摊，也可由被赡养人指定分摊。约定或指定分摊的需要签订书面分摊协议，指定分摊优先于约定分摊，具体分摊方式和额度在一个纳税年度内不能变更。被赡养人是指年满60周岁的父母（生父母、继父母、养父母）及子女均已去世年满60周岁的祖父母、外祖父母。

- 婴幼儿照护。纳税人照护3岁以下婴幼儿子女的相关支出，按照每个婴幼儿每月1 000

元的标准定额扣除。父母可以选择由其中一方按扣除标准的100%扣除，也可以选择由双方分别按扣除标准的50%扣除。具体扣除方式在一个纳税年度内不能变更。

④ 依法确定的其他扣除。依法确定的其他扣除包括个人缴付符合国家规定的企业年金、职业年金，个人购买符合国家规定的商业健康保险、税收递延型商业养老保险的支出，以及国务院规定可以扣除的其他项目。

⑤ 个人自行购买符合规定的商业健康保险产品的，在不超过200元/月的标准内按月扣除。一年内保费金额超过2 400元的部分，不得税前扣除；单位统一组织为员工购买或单位和个人共同负担购买符合规定的健康保险产品，单位负担部分应当实名计入个人工资薪金明细清单，视同个人购买，并自购买产品次月起，在不超过200元/月的标准内按月扣除。一年内保费金额超过2 400元的部分，不得税前扣除。

思政案例

2）计算居民个人预扣预缴税额

① 工资、薪金所得的预扣预缴。扣缴义务人向居民个人支付工资、薪金所得时，应按照累计预扣法计算预扣税款，并按月办理全员全额扣缴申报。其具体计算公式为：

本期应预扣预缴税额＝（累计预扣预缴应纳税所得额×预扣率－速算扣除数）－累计减免税额－累计已预扣预缴税额

累计预扣预缴应纳税所得额＝累计收入－累计免税收入－累计减除费用－累计专项扣除－累计专项附加扣除－累计依法确定的其他扣除

其中，累计减除费用按照5 000元/月乘以纳税人当年截至本月在本单位的任职受雇月份数计算。

计算居民个人工资、薪金所得预扣预缴税额的预扣率、速算扣除数，按个人所得税税率表（三）（居民个人工资、薪金所得预扣预缴适用）（见表6-3）执行。

② 劳务报酬所得、稿酬所得、特许权使用费所得的预扣预缴。扣缴义务人向居民个人支付劳务报酬所得、稿酬所得、特许权使用费所得，按次或按月预扣预缴个人所得税。属于一次性收入的，以取得该项收入为一次；属于同一项目连续性收入的，以一个月内取得的收入为一次。其具体预扣预缴方法如下。

- 劳务报酬所得、稿酬所得、特许权使用费所得以收入减除费用后的余额为收入额。其中，稿酬所得的收入额减按70%计算。
- 减除费用。劳务报酬所得、稿酬所得、特许权使用费所得每次收入不超过4 000元的，减除费用按800元计算；每次收入4 000元以上的，减除费用按20%计算。
- 应纳税所得额。劳务报酬所得、稿酬所得、特许权使用费所得，以每次收入额为预扣预缴应纳税所得额。劳务报酬所得适用20%～40%的超额累进预扣率（见表6-4）；稿酬所得、特许权使用费所得适用20%的比例税率。

其计算公式为：

劳务报酬所得应预扣预缴税额＝预扣预缴应纳税所得额×预扣率－速算扣除数

稿酬所得、特许权使用费所得应预扣预缴税额＝预扣预缴应纳税所得额×20%

3）居民个人综合所得应纳税额的汇算清缴

居民个人取得综合所得，有下列情形之一的，需要在取得所得的次年3月1日至6月30日内办理汇算清缴。对于只取得一处工资薪金所得的纳税人，可在日常预缴环节缴纳全部税款的，不需要办理汇算清缴。

在两处或两处以上取得综合所得，且综合所得年收入额减去专项扣除的余额超过 60 000 元；取得劳务报酬所得、稿酬所得、特许权使用费所得中一项或多项所得，且综合所得年收入额减去专项扣除的余额超过 60 000 元；纳税年度内预缴税额低于应纳税额的。

纳税人需要退税的，应当办理汇算清缴，申报退税。申报退税应当提供本人在中国境内开设的银行账户。

其计算公式为：

$$全年应纳税所得额 = 全年收入额 - 费用扣除标准（60\,000\,元）- 专项扣除 - 专项附加扣除 - 依法确定的其他扣除$$

$$全年应纳税额 = \sum（各级距应纳税所得额 \times 该级距的适用税率）$$
$$= 应纳税所得额 \times 适用税率 - 速算扣除数$$

或

$$汇算清缴补缴（应退）税额 = 全年应纳税额 - 累计已纳税额$$

4) 计算全年一次性奖金所得应纳税额

居民个人取得全年一次性奖金，在 2021 年 12 月 31 日前，可选择不并入当年综合所得，以全年一次性奖金收入除以 12 个月得到的数额，以综合所得按月换算后的税率表（见表 6-5），确定适用税率和速算扣除数，单独计算纳税。其计算公式为：

$$应纳税额 = 全年一次性奖金收入 \times 适用税率 - 速算扣除数$$

在一个纳税年度内，对每一个纳税人，该计税办法只允许采用一次。雇员取得除全年一次性奖金以外的其他各种名目奖金，如半年奖、季度奖、加班奖、先进奖、考勤奖等，一律与当月工资、薪金收入合并，按综合所得缴纳个人所得税。

居民个人取得全年一次性奖金，也可以选择并入当年综合所得计算纳税。自 2022 年 1 月 1 日起，居民个人取得全年一次性奖金，需要并入当年综合所得计算缴纳个人所得税。

（2）计算非居民个人综合所得应纳税额

非居民个人取得工资薪金所得、劳务报酬所得、稿酬所得和特许权使用费所得，有扣缴义务人的，由扣缴义务人按月或按次代扣代缴税款，不办理汇算清缴。

1) 非居民个人综合所得应纳税所得额的确定

非居民个人的工资、薪金所得，以每月收入额减除费用 5 000 元后的余额为应纳税所得额；劳务报酬所得、稿酬所得、特许权使用费所得，以每次收入额为应纳税所得额。其中，劳务报酬所得、稿酬所得、特许权使用费所得以收入减除 20% 的费用后的余额为收入额。稿酬所得的收入额减按 70% 计算。

2) 非居民个人综合所得税率的确定

非居民个人的工资、薪金所得，劳务报酬所得，稿酬所得和特许权使用费所得，适用按月换算后的非居民个人月度税率表（见表 6-5）。

3) 非居民个人综合所得应纳税额的计算

$$应纳税额 = 应纳税所得额 \times 适用税率 - 速算扣除数$$

2. 经营所得应纳个人所得税计算

（1）计算经营所得应纳税所得额

经营所得以每一纳税年度的收入总额减除成本、费用及损失后的

经营所得应纳个人所得税计算

余额,为应纳税所得额。

成本、费用是指生产、经营活动中发生的各项直接支出和分配计入成本的间接费用及销售费用、管理费用、财务费用;损失是指生产、经营活动中发生的固定资产和存货的盘亏、毁损、报废损失,转让财产损失,坏账损失,自然灾害等不可抗力因素造成的损失及其他损失。

取得经营所得的个人没有综合所得的,计算其每一纳税年度的应纳税所得额时,应当减除费用6万元、专项扣除、专项附加扣除及依法确定的其他扣除。专项附加扣除在办理汇算清缴时减除。

从事生产、经营活动,未提供完整、准确的纳税资料,不能正确计算应纳税所得额的,由主管税务机关核定应纳税所得额或应纳税额。

① 计税基本规定。个体工商户的生产、经营所得,以每一纳税年度的收入总额,减除成本、费用、税金、损失、其他支出及允许弥补的以前年度亏损后的余额,为应纳税所得额。其计算公式为:

$$应纳税所得额 = 收入总额 - 成本 - 费用 - 税金 - 损失 - 其他支出 - 允许弥补的以前年度亏损$$

个体工商户从事生产经营及与生产经营有关的活动(以下简称生产经营)取得的货币形式和非货币形式的各项收入,为收入总额,包括销售货物收入、提供劳务收入、转让财产收入、利息收入、租金收入、接受捐赠收入、其他收入。

成本是指个体工商户在生产经营活动中发生的销售成本、销货成本、业务支出及其他耗费;费用是指个体工商户在生产经营活动中发生的销售费用、管理费用和财务费用,已经计入成本的有关费用除外;税金是指个体工商户在生产经营活动中发生的除个人所得税和允许抵扣的增值税以外的各项税金及其附加;损失是指个体工商户在生产经营活动中发生的固定资产和存货的盘亏、毁损、报废损失,转让财产损失,坏账损失,自然灾害等不可抗力因素造成的损失及其他损失,个体工商户发生的损失,减除责任人赔偿和保险赔款后的余额,参照财政部、国家税务总局有关企业资产损失税前扣除的规定扣除;其他支出是指除成本、费用、税金、损失外,个体工商户在生产经营活动中发生的与生产经营活动有关的、合理的支出;允许弥补的以前年度亏损是指个体工商户依照规定计算的应纳税所得额小于0的数额。

个体工商户已经作为损失处理的资产,在以后纳税年度又全部收回或部分收回时,应当计入收回当期的收入。

② 个体工商户的以下支出不得扣除:个人所得税税款;税收滞纳金;罚金、罚款和被没收财物的损失;不符合扣除规定的捐赠支出;赞助支出;用于个人和家庭的支出;与取得生产经营收入无关的其他支出;国家税务总局规定不准扣除的支出。

③ 个体工商户在生产经营活动中,应当分别核算生产经营费用和个人、家庭费用。对于生产经营与个人、家庭生活混用难以分清的费用,其40%视为与生产经营有关的费用,准予扣除。

④ 个体工商户纳税年度发生的亏损,准予向以后年度结转,用以后年度的生产经营所得弥补,但结转年限最长不得超过5年。

⑤ 个体工商户实际支付给从业人员的、合理的工资薪金支出,准予扣除。个体工商户业主的工资薪金支出不得税前扣除。

⑥ 个体工商户按照国务院有关主管部门或省级人民政府规定的范围和标准为其业主及从业人员缴纳的基本养老保险费、基本医疗保险费、失业保险费、工伤保险费与住房公积金，准予扣除。

个体工商户为从业人员缴纳的补充养老保险费、补充医疗保险费，分别在不超过从业人员工资总额5%标准内的部分据实扣除；超过部分，不得扣除。

个体工商户业主本人缴纳的补充养老保险费、补充医疗保险费，以当地（地级市）上年度社会平均工资的3倍为计算基数，分别在不超过该计算基数5%标准内的部分据实扣除；超过部分，不得扣除。

除个体工商户依照国家有关规定为特殊工种从业人员支付的人身安全保险费和财政部、国家税务总局规定可以扣除的其他商业保险费外，个体工商户业主本人或为从业人员支付的商业保险费，不得扣除。

⑦ 个体工商户在生产经营活动中发生的合理的不需要资本化的借款费用，准予扣除。

⑧ 个体工商户在生产经营活动中发生的以下利息支出，准予扣除：向金融企业借款的利息支出；向非金融企业和个人借款的利息支出，不超过按照金融企业同期同类贷款利率计算的数额的部分；个体工商户向当地工会组织拨缴的工会经费、实际发生的职工福利费支出、职工教育经费支出分别在工资薪金总额的2%、14%、2.5%的标准内据实扣除，工资薪金总额是指允许在当期税前扣除的工资薪金支出数额；职工教育经费的实际发生数额超出规定比例当期不能扣除的数额，准予在以后纳税年度结转扣除；个体工商户业主本人向当地工会组织缴纳的工会经费、实际发生的职工福利费支出、职工教育经费支出，以当地（地级市）上年度社会平均工资的3倍为计算基数，在规定比例内据实扣除。

⑨ 个体工商户发生的与生产经营活动有关的业务招待费，按照实际发生额的60%扣除，但最高不得超过当年销售（营业）收入的5‰；业主自申请营业执照之日起至开始生产经营之日止所发生的业务招待费，按照实际发生额的60%计入个体工商户的开办费。

⑩ 个体工商户每一纳税年度发生的与其生产经营活动直接相关的广告费和业务宣传费不超过当年销售（营业）收入15%的部分，可以据实扣除；超过部分，准予在以后纳税年度结转扣除。

⑪ 个体工商户代其从业人员或他人负担的税款，不得税前扣除。

⑫ 个体工商户按照规定缴纳的摊位费、行政性收费、协会会费等，按实际发生数额扣除。

⑬ 个体工商户参加财产保险，按照规定缴纳的保险费，准予扣除。

⑭ 个体工商户发生的合理的劳动保护支出，准予扣除。

⑮ 个体工商户自申请营业执照之日起至开始生产经营之日止所发生符合规定的费用，除为取得固定资产、无形资产的支出，以及应计入资产价值的汇兑损益、利息支出外，作为开办费，个体工商户既可以选择在开始生产经营的当年一次性扣除，也可以自生产经营月份起在不短于3年期限内摊销扣除。但一经选定，就不得改变。

开始生产经营之日为个体工商户取得第一笔销售（营业）收入的日期。

⑯ 个体工商户通过公益性社会团体或县级以上人民政府及其部门，用于《中华人民共和国公益事业捐赠法》规定的公益事业的捐赠，捐赠额不超过其应纳税所得额30%的部分可以据实扣除；财政部、国家税务总局规定可以全额在税前扣除的捐赠支出项目，按有关规定执行；个体工商户直接对受益人的捐赠不得扣除。

⑰个体工商户研究开发新产品、新技术、新工艺所发生的开发费用,以及研究开发新产品、新技术而购置单台价值在 10 万元以下的测试仪器和试验性装置的购置费准予直接扣除;单台价值在 10 万元以上(含 10 万元)的测试仪器和试验性装置,按固定资产管理,不得在当期直接扣除。

⑱个人独资企业的投资者以全部生产经营所得为应纳税所得额;合伙企业的投资者按照合伙企业的全部生产经营所得和合伙协议约定的分配比例确定应纳税所得额,合伙协议没有约定分配比例的,以全部生产经营所得和合伙人数量平均计算每个投资者的应纳税所得额。生产经营所得包括企业分配给投资者个人的所得和企业当年留存的所得(利润)。

查账征收的个人独资企业和合伙企业的扣除项目比照《个体工商户个人所得税计税办法》的规定确定。

投资者兴办两个或两个以上企业,并且企业性质全部是个人独资的,年度终了后汇算清缴时,应汇总其投资兴办的所有企业的经营所得作为应纳税所得额,以此确定适用税率,计算出全年经营所得的应纳税额,再根据每个企业的经营所得占所有企业经营所得的比例,分别计算出每个企业的应纳税额和应补缴税额。

投资者兴办两个或两个以上企业的,其投资者个人费用扣除标准由投资者选择在其中一个企业的生产经营所得中扣除。

⑲计提的各种准备金不得扣除。

⑳企业与其关联企业之间的业务往来,应当按照独立企业之间的业务往来收取或支付价款、费用。不按照独立企业之间的业务往来收取或支付价款、费用,而减少其应纳税所得额的,主管税务机关有权进行合理调整。

㉑国家对以下情形的个人独资企业和合伙企业实行核定征收个人所得税:依照国家有关规定应当设置但未设置账簿的;虽设置账簿,但账目混乱或成本资料、收入凭证、费用凭证残缺不全,难以查账的;纳税人发生纳税义务,未按照规定的期限办理纳税申报,经税务机关责令限期申报,逾期仍不申报的。

核定征收方式包括定额征收、核定应税所得率征收及其他合理的征收方式。

(2)计算经营所得应纳税额

经营所得应纳个人所得税税额实行按年计算,分月或分季预缴,年终汇算清缴,多退少补的方法,以每一纳税年度的收入总额,减除成本、费用及损失后的余额作为应纳税所得额,按适用税率计算应纳税额。其计算公式为:

$$应纳税额 = 应纳税所得额 \times 适用税率 - 速算扣除数$$

3.财产租赁所得应纳个人所得税计算

(1)计算财产租赁所得应纳税所得额

财产租赁所得以一个月内取得的收入为一次。在确定应纳税所得额时,允许依次扣除以下费用:纳税人在出租财产过程中缴纳的税金和教育费附加;能够提供有效凭证,证明纳税人负担的该出租财产实际开支的修缮费用(以每次 800 元为限,一次扣除不完的,准予在下一次继续扣除,直到扣完为止);税法规定的费用扣除标准(每次收入不超过 4 000 元的,定额减除费用 800 元;每次收入在 4 000 元以上的,定率减除 20% 的费用)。

其计算公式为:

①每次收入不足 4 000 元的

$$应纳税所得额 = 每次(月)收入额 - 财产租赁有关税费 - 修缮费用 - 800$$

② 每次收入在 4 000 元以上的：

应纳税所得额 =[每次（月）收入额 – 财产租赁有关税费 – 修缮费用]×(1-20%)

式中，每次（月）修缮费用以 800 元为限。

（2）计算财产租赁所得应纳税额

财产租赁所得个人所得税应纳税额适用 20% 的比例税率。其计算公式为：

$$应纳税额 = 应纳税所得额 \times 适用税率$$

个人出租居住用房暂减按 10% 计算征收个人所得税。

"营改增"试点后，个人出租房屋的个人所得税应税收入不含增值税，计算房屋出租所得可扣除的税费不包括本次出租缴纳的增值税；个人转租房屋的，其向房屋出租方支付的租金及增值税税额，在计算转租所得时予以扣除。免征增值税的，确定计税依据时，租金收入不扣减增值税税额。

4. 财产转让所得应纳个人所得税计算

（1）计算财产转让所得应纳税所得额

财产转让所得以个人每次转让财产取得的收入额减除财产原值和转让财产发生的相关税费后的余额为应纳税所得额。其中，一件财产的所有权一次转让取得的收入为一次。

$$应纳税所得额 = 每次收入额 – 财产原值 – 合理税费$$

（2）计算财产转让所得应纳税额

财产转让所得个人所得税应纳税额适用 20% 的比例税率。其计算公式为：

$$应纳税额 = 应纳税所得额 \times 20\%$$

5. 利息、股息、红利所得，偶然所得，其他所得应纳个人所得税

利息、股息、红利所得，偶然所得和其他所得，以每次收入额为应纳税所得额，不扣除任何费用。其计算公式为：

$$应纳税额 = 应纳税所得额 \times 适用税率$$

6. 境外所得已纳税额扣除的计算

根据《个人所得税法》的规定，对个人所得税的居民纳税人，应就其来源于中国境内、境外的所得计算个人所得税。但纳税人从中国境外取得的所得，已在境外缴纳的个人所得税，准予在应纳税额中抵免，但抵免额不得超过该纳税人境外所得依照我国《个人所得税法》计算的应纳税额。

上述"已在境外缴纳的个人所得税"是指居民个人来源于中国境外的所得，依照该所得来源国或地区的法律应当缴纳并且实际已缴纳的所得税税额；"境外所得依照我国《个人所得税法》计算的应纳税额"是指纳税人从中国境外取得的所得，区别不同国家（或地区）和不同应税项目，依照我国税法规定的费用减除标准和适用税率计算的应纳税额。同一国家（或地区）内不同应税项目，依照我国税法计算的应纳税额之和，则为该国（或地区）的抵免限额。

纳税人从中国境外一国（或地区）实际已缴纳的个人所得税税额，低于依照上述办法计算的该国（或地区）抵免限额的，需要在我国缴纳差额部分的税款；超过该国（或地区）抵免限额的，其超过部分不能在本纳税年度的应纳税额中扣除，但可在以后纳税年度该国（或地区）抵免限额的余额中补扣，补扣期最长不得超过 5 年。

纳税人按规定申请扣除在境外实际已缴纳的个人所得税税额时，需要提供境外税务机

关填发的完税凭证原件。

（二）操作准备

掌握个人所得税的计算方法。

（三）任务要领

① 掌握个人综合所得税税额的计算。
② 掌握个人经营所得税税额的计算。
③ 掌握财产租赁所得税税额的计算。
④ 掌握财产转让所得税税额的计算。
⑤ 掌握利息、股息、红利所得税税额的计算。
⑥ 掌握偶然所得税税额的计算。

三、任务实施

（一）任务流程（见图 6-1）

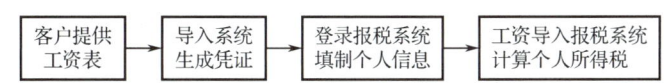

图 6-1　任务流程

（二）任务操作

根据工资表（标准模板），导入财天下平台，生成凭证；单击"智能工资"，导入工资表，进行个税计算。

视频演示

① 企业员工均属于居民纳税人，工资薪金所得按月预扣预缴，年终按综合所得计算缴纳个人所得税，适用 3%～45% 的综合所得税率表。其计算过程如下。

蒋龙本月应扣个人所得税 =(88 000-79 120)×3%-212.32=54.08（元）
王莉本月应扣个人所得税 =(124 000-96 554.8)×3%-657.98=165.38（元）
舒茜本月应扣个人所得税 =(180 000-108 722.55)×10%-2 520=847.34（元）
苏江本月应扣个人所得税 =(96 000-80 125)×3%-345.88=130.37（元）
李广本月应扣个人所得税 =(112 000-86 640)×3%-598.76=162.04（元）
周星本月应扣个人所得税 =60 000-60 000=0

② 企业员工董素属于居民纳税人，工资薪金所得、劳务报酬所得、稿酬所得在取得时应预扣预缴，年终合并以居民个人综合所得纳税。同时，子女教育专项附加、赡养老人等项目允许税前扣除。

董素当年应纳个人所得税税额计算如下。

全年应纳税所得额 =240 000+60 000×(1-20%)+10 000×(1-20%)×70%-60 000-12 000×2-24 000= 33 600-108 000=185 600（元）

应纳税额 =185 600×20%-16 920=20 200（元）

③ 美国专家约翰属于我国的非居民纳税人，仅就来源于我国境内的部分缴纳个人所得税，因此当月工资、薪金所得和劳务报酬按我国支付的部分代扣代缴个人所得税。

企业扣缴该非居民个人当月工资、薪金所得应纳税额 =(40 000-5 000)×25%-2 660= 6 090（元）

大学扣缴该非居民个人当月劳务报酬所得应纳税额 =8 000×(1-20%)×10%-210=430（元）

④ 个体工商户按照生产经营所得纳税，适用 5%～35% 的超额累进税率。

2021 年应纳税所得额 =1 000 000-800 000+4 500×12-2 000×12=122 000（元）

应纳税额 =122 000×20%-10 500=13 900（元）

四、任务评价

对于每一项任务，结合业务能力和评价指标，根据掌握情况在表 6-9 的自测结果相应的"□"中打"√"。自测结果共分为 3 类：A 掌握；B 基本掌握；C 未掌握。

表 6-9　任务测评表

任务	业务能力	评价指标	自测结果	要　求
个人所得税计算	计算佳晟公司各位员工本月应代扣代缴的个人所得税	佳晟公司各位员工本月应代扣代缴的个人所得税计算方法	□ A □ B □ C	掌握居民纳税人个人所得税代扣代缴个人所得税的计算方法
	计算董素当年应缴纳的个人所得税	① 董素当年综合所得应纳税额的计算方法 ② 判断专项附加扣除的项目与金额	□ A □ B □ C	能确定专项附加扣除项目，正确计算综合所得个人所得税
	计算 12 月约翰应缴纳的个人所得税	约翰应纳个人所得税的计算方法	□ A □ B □ C	能计算非居民个人所得税
	计算张扬 2021 年应缴纳的个人所得税	张扬 2021 年应缴纳的个人所得税的计算方法	□ A □ B □ C	会计算个体工商户生产经营所得应纳个人所得税

五、任务拓展

根据项目场景，完成重庆清珂摩托车有限责任公司部分员工 2021 年 12 月份个人所得税计算。员工信息及工资表（部分）如表 6-10 所示。

表 6-10　员工信息及工资表（部分）　　　　　　　　　　　　　　　　　　　　元

姓　名	部　门	证件类型	证件号码	任职受雇从业日期	人员状态	工资	专项扣除
王素汐	人力资源部	居民身份证	321221198205061313	2010 年 1 月 10 日	正常	9 000	1 000
李有才	行政部	居民身份证	501221198702081315	2010 年 12 月 20 日	正常	10 000	3 000
赵小刚	总裁办	居民身份证	511221198612084243	2009 年 1 月 4 日	正常	12 000	3 000
孙家富	财务部	居民身份证	511521199211022307	2015 年 2 月 1 日	正常	9 000	2 000
吴琳琳	销售部	居民身份证	411221198811181323	2012 年 1 月 10 日	正常	8 800	2 000
周鑫	采购部	居民身份证	341221199410231341	2018 年 1 月 10 日	正常	8 600	1 000

此外，李有才利用业余时间出版了一部短篇小说，取得稿酬收入8 000元；孙家富为其他企业开展一次财务培训，取得劳务报酬3 500元；吴琳琳出租一套住房，每月租金3 600元。

解析

任务三　个人所得税纳税申报

一、任务情境

（一）任务场景

见任务二。

（二）任务布置

① 填写个人所得税纳税申报表。
② 完成申报缴纳。

二、任务准备

（一）知识准备

1. 税款征收方式

我国个人所得税采取由支付单位源泉扣缴和纳税人自行申报缴纳两种征收方法。

（1）代扣代缴

个人所得税以所得人为纳税人，以支付所得的单位或个人为代扣代缴义务人。扣缴义务人向个人支付应税款项（包括现金形式支付、实物形式支付及其他各种形式支付）时，应当依照税法规定代（预）扣代（预）缴税款。

① 凡支付个人应纳税所得的企业（公司）、事业单位、机关、社团组织、军队、驻华机构、个体户等单位或个人，为个人所得税的扣缴义务人。税务机关应根据扣缴义务人所扣缴的税款，付给2%的手续费，由扣缴义务人用于代扣代缴费用开支和奖励代扣代缴工作做得较好的办税人员。

② 扣缴义务人向居民个人支付工资薪金所得、劳务报酬所得、稿酬所得和特许权使用费所得时实行预扣个人所得税。扣缴义务人向个人支付经营所得、利息、股息、红利所得、财产租赁所得、财产转让所得、偶然所得，以及向非居民个人支付工资薪金所得、劳务报酬所得、稿酬所得和特许权使用费所得时实行代扣个人所得税。

③ 除大病医疗以外，子女教育、赡养老人、住房贷款利息、住房租金、继续教育，纳税人可以选择在单位发放工资薪金时，按月享受专项附加扣除政策。首次享受时，纳税人要填报个人所得税专项附加扣除信息表给任职受雇单位，单位在每个月发放工资时，像"四险一金"一样，按月办理专项附加扣除，不得拒绝。

（2）自行申报缴纳方法

自行申报是由纳税人自行在税法规定的纳税期限内，向税务机关申报取得的应税所得项目和数额，如实填写个人所得税纳税申报表，并按照税法规定计算应纳税额，据此缴纳个人所得税的一种方法。有下列情形之一的，应按照规定办理自行纳税申报：取得综合所得的纳税人；取得经营所得的纳税人；取得应税所得，扣缴义务人未扣缴税款的纳税人；取得境外所得的纳税人；因移居境外注销中国户籍的纳税人；非居民个人在中国境内从两处以上取得工资、薪金所得；国务院规定的其他情形。

2. 个人所得税纳税期限

① 居民个人取得综合所得，按年计算个人所得税；有扣缴义务人的，由扣缴义务人按月或按次预扣预缴税款；需要办理汇算清缴的，应当在取得所得的次年3月1日至6月30日内办理汇算清缴。不能按照规定期限报送时，应当在规定的报送期限内提出申请，经当地税务机关批准，可以适当延期。

② 纳税人取得经营所得，按年计算个人所得税，由纳税人在月度或季度终了后15日内向税务机关报送纳税申报表，并预缴税款；在取得所得的次年3月31日前办理汇算清缴。

③ 居民个人从中国境外取得所得的，应当在取得所得的次年3月1日至6月30日申报纳税。

④ 非居民个人在中国境内从两处以上取得工资、薪金的，应当在取得所得的次月15日内申报纳税。

⑤ 纳税人因移居境外注销中国户籍的，应当在注销中国户籍前办理税款清算。

⑥ 纳税人办理汇算清缴退税或扣缴义务人为纳税人办理汇算清缴退税的，税务机关审核后，按照国库管理的有关规定办理退税。

3. 纳税申报地点

① 取得综合所得需要办理汇算清缴的纳税人，纳税申报地点分别为：在中国境内有任职、受雇单位的，向任职、受雇单位所在地主管税务机关申报；在中国境内有两处或两处以上任职、受雇单位的，选择并向其中一处任职、受雇单位所在地主管税务机关申报；在中国境内无任职、受雇单位的，向户籍所在地或经常居住地主管税务机关申报。

② 取得经营所得的纳税人，按月向经营管理所在地主管税务机关办理预纳税申报，次年办理汇算清缴；从两处以上取得经营所得的，选择向其中一处经营管理地主管税务机关办理年度汇总申报。

③ 非居民个人取得工资薪金所得、劳务报酬所得、稿酬所得、特许权使用费所得，扣缴义务人未扣缴税款的，向扣缴义务人所在地主管税务机关申报；有两个以上扣缴义务人均未扣缴税款的，选择向其中一处扣缴义务人所在地主管税务机关办理纳税申报。

④ 居民个人从中国境外取得所得的，向中国境内任职、受雇单位所在地主管税务机关办理纳税申报；没有任职、受雇单位的，向户籍所在地或中国境内经常居住地主管税务机关申报；户籍所在地或中国境内经常居住地不一致的，选择其中一地主管税务机关申报；在中国境内没有户籍的，向中国境内经常居住地主管税务机关申报。

⑤ 纳税人因移居境外注销中国户籍的，应当在申请注销户籍前，向户籍所在地主管税务机关办理纳税申报，进行税款清算。

⑥ 非居民个人在中国境内从两处以上取得工资、薪金所得的，向其中一处任职、受

雇单位所在地主管税务机关办理纳税申报。

⑦ 纳税人取得利息、股息、红利所得，财产租赁所得，财产转让所得和偶然所得，扣缴义务人未扣缴税款的，纳税人要按相关规定向主管税务机关办理纳税申报。

纳税人不得随意变更纳税申报地点，因特殊情况需要变更纳税申报地点的，须报原主管税务机关备案。

（二）操作准备

登录财天下平台，根据工资表数据自动生成记账凭证。

（三）任务要领

① 了解个人所得税征收管理的相关规定。
② 掌握个人所得税代扣代缴网上纳税申报方法。
③ 掌握个人所得税自行网上申报方法。

三、任务实施

（一）任务流程（见图 6-2）

图 6-2　任务流程

（二）任务操作

视频演示

① 在"智能工资"中单击"申报"。单击"申报"后不可再次计算税费。
② 登录 APP 申报纳税。

步骤 1　登录企业账户。打开"自然人税收管理系统扣缴客户端"APP，输入企业信息，然后单击"登录"。

步骤 2　人员信息采集。进入个税申报界面后，单击"人员信息采集"。选择"导入文件"（从金税师取数），单击"报送"，完成人员信息采集。

③ 个税申报。完成人员信息采集后，以"工资薪酬所得"为例来介绍申报程序。

步骤 1　首先单击"综合所得申报"，选择"正常工资薪金所得"，然后单击"填写"。进入正常工资薪金所得界面后，选择"导入数据"（从金税师取数），完成工资表导入。

步骤 2　完成工资表导入后，单击"预填专项附加扣除"。在弹出的对话框中选中"我确认需要进行自动预填"，然后单击"确认"，完成专项附加扣除数据的更新。

步骤 3　专项附加扣除数据更新后，单击"返回"进入主页面。单击"税款计算"，最后单击"申报表报送"，完成申报。

步骤 4　最后单击"立即缴款"，查询是否成功完成缴款（此步很重要）。

④ 税款缴纳。个人所得税发送申报完成后，如果需要缴纳税款，则首先单击主页面上的"税款缴纳"，选择"三方协议缴税"，然后选择"税款缴纳"。

⑤ 取得银行扣款回单。

四、任务评价

对于每一项任务,结合业务能力和评价指标,根据掌握情况在表 6-11 的自测结果相应的"□"中打"√"。自测结果共分为 3 类:A 掌握;B 基本掌握;C 未掌握。

表 6-11　任务测评表

任务	业务能力	评价指标	自测结果	要　求
个人所得税纳税申报	填写个人所得税纳税申报表	①在平台导入人员信息 ②完成综合所得个人所得税申报操作	□A □B □C	①了解个人所得税征收管理的相关规定 ②准确填写个人所得税纳税申报表
	完成申报缴纳	①提交个人所得税自行网上申报表 ②完成税款缴纳	□A □B □C	能在平台上完成纳税申报表上传并成功缴纳税款

五、任务拓展

根据任务二中任务拓展的计算结果,完成重庆清珂摩托车有限责任公司部分员工 2021 年 1 月份个人所得税申报。

同步练习

在线测试　　　　　　计算题

单元七

其他税种税务处理

↘ 思政目标
1. 树立依法纳税意识。
2. 树立降低涉税风险意识。

↘ 知识目标
1. 熟悉资源税、土地增值税、城镇土地使用税、房产税、车船税、印花税、契税、耕地占用税和环保税的纳税人、征税范围、税率、纳税义务发生时间等要素。
2. 掌握资源税、土地增值税、城镇土地使用税、房产税、车船税、印花税、契税、耕地占用税和环保税的应纳税额计算方法。

↘ 技能目标
1. 会计算资源税、土地增值税、城镇土地使用税、房产税、车船税、印花税、契税、耕地占用税和环保税的应纳税额。
2. 会进行资源税、土地增值税、城镇土地使用税、房产税、车船税、印花税、契税、耕地占用税和环保税申报。

任务一　资源税税务处理

一、任务情境

（一）任务场景

山西省丁一煤矿是增值税一般纳税人，主要以生产煤炭、原煤为主，同时还生产销售天然气。2021年12月，主要发生以下业务。

① 内销原煤100吨，售价为500元/吨。
② 外销原煤1 000吨，售价为650元/吨。
③ 出售选煤50吨，售价为900元/吨，该选煤的折算率为1.6。
④ 使用原煤200吨加工煤制品，市场售价为500元/吨。
⑤ 煤矿因安全生产需要抽采煤成（层）气1 000万立方米，邻近的石油天然气公司的

适用税率为6%。

山西省原煤资源税税率为8%。

(二)任务布置

① 确定丁一煤矿的产品哪些要征收资源税。

② 计算丁一煤矿2021年12月应缴的资源税税额。

二、任务准备

(一)知识准备

1. 资源税的纳税人

资源税的纳税人是在中华人民共和国领域及中华人民共和国管辖的其他海域开发应税资源的单位和个人。这里的单位和个人包括外商投资企业、外国企业和外籍人员。

中外合作开采陆上、海上石油资源的企业依法缴纳资源税。2011年11月1日前已依法订立中外合作开采陆上、海上石油资源合同的,在该合同有效期内继续依照国家有关规定缴纳矿区使用费,不缴资源税;合同期满后依法缴纳资源税。

2. 资源税的征税范围

2020年9月1日起施行的《中华人民共和国资源税法》(以下简称《资源税法》)规定,我国资源税的征税范围主要包括矿产品和盐5个税目。按照现行制度的规定,国家层面列举了30多种主要资源的品目,没有列举的由省级人民政府具体确定。而《资源税法》对税目进行了统一的规范,将目前所有的应税资源产品都在税法中一一列明,目前所列的税目有164个,涵盖了所有已经发现的矿种和盐。资源税税目表如表7-1所示。

表7-1 资源税税目表

税 目		征税对象
能源矿产	原油	原矿
	天然气、页岩气、天然气水合物	原矿
	煤	原矿或选矿
	煤成(层)气	原矿
	铀、钍	原矿
	油页岩、油砂、天然沥青、石煤	原矿或选矿
	地热	原矿
金属矿产	黑色金属	原矿或选矿
	有色金属	原矿或选矿(钨、钼、轻稀土、中重稀土的征税对象为选矿)
非金属矿产	矿物类	原矿或选矿
	岩石类	原矿或选矿
	宝玉石类	原矿或选矿

(续表)

税 目		征税对象
水气矿产	二氧化碳气、硫化氢气、氦气、氡气	原矿
	矿泉水	原矿
盐	钠盐、钾盐、镁盐、锂盐	选矿
	天然卤水	原矿
	海盐	—

资源税税目中所指原油是指天然原油,不包括人造原油;煤包括原煤和以未税原煤(自采原煤)、已税原煤加工的选煤、其他煤炭制品。

3. 资源税的税率

资源税实行从价和从量计征,以从价计征为主,从量计征为辅。资源条件好的税率高,资源条件差的税率低。实行从价计征的,应纳税额按照应税资源产品(以下简称应税产品)的销售额乘以具体适用税率计算;实行从量计征的,应纳税额按照应税产品的销售数量乘以具体适用税率计算。应税产品为矿产品的,包括原矿和选矿产品。资源税税率表如表 7-2 所示。

表 7-2 资源税税率表

税率的分类	适用具体税目	所属税目大类
定额税率 (从量计征适用)	地热	能源矿产
	石灰岩	非金属矿产——矿物类
	其他黏土	
	砂石	非金属矿产——岩石类
	矿泉水	水气矿产
	天然卤水	盐
固定比例税率 (从价计征适用)	原油	能源矿产 (原油也可以选择从价计征,从价计征时适用幅度比例税率)
	天然气、页岩气、天然气水合物	
	铀、钍	
	钨	金属矿产——有色金属
	钼	
	中重稀土	
幅度比例税率 (从价计征适用)	除适用固定税率以外的其他具体税目,包括选择从价计征的 6 个具体税目	

4. 资源税的税收优惠

资源税税收优惠如表 7-3 所示。

智能化税费核算与管理

表 7-3 资源税税收优惠

项　目	具体内容	
免征	开采原油及在油田范围内运输原油过程中用于加热的原油、天然气；煤炭开采企业因安全生产需要抽采的煤成（层）气	
减征	减征 20%	从低丰度油气田开采的原油、天然气
	减征 30%	高含硫天然气、三次采油和从深水油气田开采的原油、天然气；从衰竭期矿山开采的矿产品
	减征 40%	稠油、高凝油
	减征 50%	充填开采置换出来的煤炭（新增）
	其他	对增值税小规模纳税人可以在 50% 的税额幅度内减征
省、自治区、直辖市可以决定免征或减征	① 纳税人开采或生产应税产品过程中，因意外事故或自然灾害等原因遭受重大损失 ② 纳税人开采共伴生矿、低品位矿、尾矿 上述两项的免征或减征的具体办法，由省、自治区、直辖市人民政府提出，报同级人民代表大会常务委员会决定，并报全国人民代表大会常务委员会和国务院备案	
其他规定	省、自治区、直辖市可以决定免征或减征资源税的具体办法，由省、自治区、直辖市人民政府提出，报同级人民代表大会常务委员会决定，并报全国人民代表大会常务委员会和国务院备案；纳税人开采或生产同一应税产品，其中既有享受减免税政策的，又有不享受减免税政策的，按照免税、减税项目的产量占比等方法分别核算确定免税、减税项目；纳税人开采或生产同一应税产品同时符合两项或两项以上减征资源税优惠政策的，除另有规定外，只能选择其中一项执行；纳税人享受资源税优惠政策，实行"自行判别、申报享受、有关资料留存备查"的办理方式，另有规定的除外	

5. 资源税的计税依据

（1）一般规定

① 从价计征（比例税率）。从价计征的计税依据为应税产品的销售额。销售额按照纳税人销售应税产品向购买方收取的全部价款确定，不包括增值税税款；计入销售额中的相关运杂费用，凡取得增值税发票或其他合法有效凭据的，准予从销售额中扣除。

② 从量计征（定额税率）。从量计征的计税依据为应税产品的销售数量。销售数量包括纳税人开采或生产应税产品的实际销售数量和自用于应当缴纳资源税情形的应税产品数量（视同销售数量）。

（2）特殊规定

纳税人申报的应税产品销售额明显偏低且无正当理由的，或者有自用应税产品行为而无销售额的，主管税务机关可以按下列方法和顺序确定其应税产品销售额。

① 按纳税人最近时期同类产品的平均销售价格确定。
② 按其他纳税人最近时期同类产品的平均销售价格确定。
③ 按后续加工非应税产品销售价格，减去后续加工环节的成本利润后确定。
④ 按应税产品组成计税价格确定。其计算公式为：

$$组成计税价格 = 成本 \times (1 + 成本利润率) \div (1 - 资源税税率)$$

成本利润率由省、自治区、直辖市税务机关确定。

⑤ 按其他合理方法确定。

6.资源税应纳税额的计算

（1）从价计征

$$应纳税额 = 销售额 \times 比例税率$$

（2）从量计征

$$应纳税额 = 销售数量 \times 定额税率$$

资源税计算方法

（3）其他规定

① 征税对象为原矿的，按照原矿征税。纳税人以自采原矿（经过采矿过程采出后未进行选矿或加工的矿石）直接销售，或者自用于应当缴纳资源税情形的，按照原矿计征资源税。

② 征税对象为选矿的，按照选矿征税。纳税人以自采原矿洗选加工为选矿产品（通过破碎、切割、洗选、筛分、磨矿、分级、提纯、脱水、干燥等过程形成的产品，包括富集的精矿和研磨成粉、粒级成型、切割成型的原矿加工品）销售，或者将选矿产品自用于应当缴纳资源税情形的，按照选矿产品计征资源税，在原矿移送环节不缴纳资源税。

③ 征税对象为原矿或选矿的，按照原矿或选矿征税。应当分别确定具体适用税率。

7.资源税的征收管理（见表7-4）

表7-4 资源税的征收管理

项 目		具体规定
纳税地点	应税矿产品	开采地
	海盐	生产地
纳税义务发生时间	销售应税产品的	为收讫销售款或取得销售款凭据的当日
	自用应税产品的	为移送应税产品的当日
纳税期限	按月或按季申报缴纳的	应当自月度或季度终了之日起15日内，向税务机关办理纳税申报并缴纳税款
	不能按固定期限计算缴纳的，可以按次申报缴纳	应当自纳税义务发生之日起15日内，向税务机关办理纳税申报并缴纳税款

（二）操作准备

① 查询资源税的征税范围。
② 了解税收优惠政策。

（三）任务要领

① 理清业务所涉及的范围，准确判断税目，以便确认适用税率。
② 准确界定纳税义务发生时间。

三、任务实施

① 根据《资源税法》，丁一煤矿2021年12月发生的业务①、②、③和④均属于资源税的征税范围，业务⑤不属于资源税的征税范围。

② 丁一煤矿2021年12月发生的业务①、②和④可以直接计算，应缴资源税税额＝(100×500+1 000×650+200×500)×8%=64 000（元）。

业务③需要根据洗煤折算率折算为原煤销售额再计算，应缴资源税税额＝50×1.6×900×8%＝5 760（元）。

因此，丁一煤矿2021年12月应缴资源税税额=64 000+5 760=69 760（元）。

四、任务评价

对于每一项任务，结合业务能力和评价指标，根据掌握情况在表7-5的自测结果相应的"□"中打"√"。自测结果共分为3类：A掌握；B基本掌握；C未掌握。

表7-5 任务测评表

任 务	任务布置	评价指标	自测结果	要 求
资源税的征税范围	确定丁一煤矿的征税范围	明确丁一煤矿哪些业务要征收资源税	□A □B □C	资源税的征税范围界定
应纳资源税税额的计算	计算丁一煤矿的应纳资源税税额	能准确计算丁一煤矿的应纳资源税税额	□A □B □C	应纳资源税税额的计算
纳税管理	确定资源税的纳税义务发生时间、纳税地点和纳税期限	能准确判定丁一煤矿资源税的纳税义务发生时间、纳税地点和纳税期限	□A □B □C	纳税管理

五、任务拓展

（一）拓展知识

资源税和增值税、消费税的组成计税价格公式的对比。

1. 资源税与增值税

资源税的征税范围与增值税的征税范围有重叠之处（应税资源产品都属于货物），对于同一应税资源产品可能会同时征收资源税和增值税，这时二者的组成计税价格一般情况下是相同的，即：

$$组成计税价格 = 成本 \times (1+ 成本利润率) + 资源税$$

从价计征的，组成计税价格公式也可以写成：

$$组成计税价格 = 成本 \times (1+ 成本利润率) \div (1- 资源税比例税率)$$

2. 资源税与消费税

资源税的征税范围与消费税的征税范围没有重叠之处，对于同一产品不会同时征收资源税和消费税。但同一项目中可能会同时涉及消费税和资源税的计算，如开采原油销售——缴纳资源税，将原油加工生产为成品油销售——缴纳消费税。

3. 消费税与增值税

消费税的征税范围与增值税的征税范围有重叠之处（应税消费品都属于货物），对于同一应税消费品可能会同时征收消费税和增值税，这时二者的组成计税价格一般情况下是相同的，即：

$$组成计税价格 = 成本 \times (1+ 成本利润率) + 消费税$$

从价计征的，组成计税价格公式也可以写成：

$$组成计税价格 = 成本 \times (1+ 成本利润率) \div (1- 消费税比例税率)$$

（二）思政教育

思政教育

任务二　土地增值税税务处理

一、任务情境

（一）任务场景

2021年12月19日，北京佳味食品有限公司（增值税一般纳税人）转让位于市区的一栋旧自建办公楼，取得不含税销售收入40 000万元。2010年建造该办公楼时，支付土地使用权出让金200万元，发生建造成本7 000万元。经政府批准的房地产评估机构评估，该办公楼的重置成本价为38 000万元，成新度折扣率为60%。已知该转让项目允许扣除的有关税金及附加为320万元（包括城市维护建设税84万元、教育费附加36万元、印花税200万元），评估费为15万元。

（二）任务布置

① 计算应缴土地增值税税额。
② 填写土地增值税纳税申报表（假设填表时间为2022年1月5日）。

二、任务准备

1. 土地增值税的概念及特点
（1）概念
土地增值税是对有偿转让国有土地使用权、地上建筑物及其附着物并取得收入的单位和个人，就其转让房地产所取得的增值额征收的一种税。
（2）特点
1）以转让房地产取得的增值额为征税对象
土地增值税以增值额为征税对象，增值额按照全部销售收入扣除与之相关的成本、费用、税金及其他项目金额后的余额进行计算。
2）征税范围比较广泛
凡在我国境内转让房地产并取得收入的单位和个人，除税法规定免税外，均应按照《土地增值税暂行条例》的规定缴纳土地增值税。
3）采取超率累进税率计税
土地增值税的税率以转让房地产增值率为依据，按照累进原则，实行分级计税。增值率越高，适用税率越高，应纳税额越多；反之，增值率越低，适用税率越低，应纳税额越少。

4）实行按次征税

土地增值税发生在房地产转让环节，实行按次征收，每发生一次转让行为，就应对转让增值额计征一次税。

2. 土地增值税纳税人

土地增值税纳税人为转让国有土地使用权、地上建筑物及其附着物，并取得收入的单位和个人。其中，单位是指各类企业单位、事业单位、国家机关和社会团体与其他组织；个人包括个体经营者和其他个人。

3. 土地增值税征税范围

（1）一般规定

① 土地增值税只对转让国有土地使用权的行为征税，对出让国有土地使用权的行为不征税。

② 土地增值税既对转让国有土地使用权的行为征税，也对转让地上建筑物及其他附着物产权的行为征税。

③ 土地增值税只对有偿转让的房地产征税，对以继承、赠予等方式无偿转让的房地产不予征税。

（2）特殊规定

① 以房地产进行投资联营，一方以土地作价入股进行投资或作为联营条件，暂免征收土地增值税。其中，如果投资联营的企业从事房地产开发，或者房地产开发企业以其建造的商品房进行投资联营，则不能暂免征收土地增值税。

② 房地产开发企业将开发的房地产转为自用或用于出租等商业用途，如果产权没有发生转移，则不予征收土地增值税。

③ 房地产互换，房产发生了转移，因此属于土地增值税的征税范围。但是，对于个人之间互换自有居住用房的，经过当地税务机关核实，可以免征土地增值税。

④ 合作建房，一方出地，另一方出资金，双方合作建房，建成后按比例分房自用的，暂免征收土地增值税；建成后转让的，应征收土地增值税。

⑤ 房地产的出租，没有发生房产产权、土地使用权的转让，不属于土地增值税的征税范围。

⑥ 房地产的抵押，在抵押期间不征收土地增值税。

⑦ 在企业兼并中，被兼并企业将房地产转让到兼并企业中，暂不征收土地增值税。

⑧ 房地产开发公司代客户进行房地产开发，开发完成后向客户收取代建费用，房地产开发公司取得的代建收入属于提供劳务性质，因此不属于土地增值税的征税范围。

⑨ 对国有企业在清产核资时对房地产进行重新评估而发生的评估增值，因其既没有发生房地产权属转移，也未取得收入，所以不属于土地增值税的征税范围。

⑩ 土地使用者转让、抵押或置换土地，无论是否取得该土地使用权属证书，也无论其在转让、抵押或置换土地过程中是否与对方当事人办理了土地使用权属证书变更登记手续，只要土地使用者享有占用、使用、收益或处置该土地的权利，具有合同等证据表明其实质转让、抵押或置换了土地，并取得了相应的经济利益，土地使用者就应依法缴纳土地增值税。

4. 土地增值税税率

土地增值税实行4级超率累进税率，最低税率为30%，最高税率为60%。土地增值税4级超率累进税率表如表7-6所示。

表7-6 土地增值税4级超率累进税率表

级　数	增值额与扣除项目金额的比率	税率/%	速算扣除系数/%
1	不超过50%的部分	30	0
2	超过50%至100%的部分	40	5
3	超过100%至200%的部分	50	15
4	超过200%的部分	60	35

5. 土地增值税应纳税额的计算

（1）计税依据

土地增值税的计税依据是纳税人转让房地产所取得的增值额，即转让房地产所取得收入减除税法规定的扣除项目金额后的余额。其计算公式为：

房地产企业土地增值税计算方法

增值额＝转让房地产所取得的收入－扣除项目金额

1）收入的规定

根据《土地增值税暂行条例》及其实施细则的规定，转让房地产所取得的收入应包括纳税人转让房地产的全部价款及有关经济收益，包括货币收入、实物收入和其他收入。"营改增"后，纳税人转让房地产所取得收入为不含增值税收入。

2）扣除项目及其金额的规定

准予纳税人从转让收入中扣除的项目包括以下6项。

① 取得土地使用权所支付的金额。该金额包括纳税人取得土地使用权所支付的地价款和取得土地使用权时按国家规定缴纳的有关费用与税金。

② 房地产开发成本。房地产开发成本是房地产开发企业开发房地产项目实际发生的成本，包括土地征用及拆迁补偿费、前期工程费、建筑安装工程费、基础设施费、公共配套设施费、开发间接费用等。

③ 房地产开发费用。房地产开发费用是与房地产开发项目有关的销售费用、管理费用和财务费用。在财务会计上，这3项费用作为期间费用，按实际发生额直接计入当期损益。但在计算土地增值税时，房地产开发费用分别按照以下两种情况扣除。

其一，财务费用支出中的利息支出，凡能够按转让房地产项目计算分摊利息支出并提供金融机构贷款证明的，允许据实扣除，但最高不能超过按商业银行同类同期贷款利率计算的金额；超过贷款期限的利息部分和加罚的利息不允许扣除。其他房地产开发费用，按取得土地使用权所支付的金额和房地产开发成本之和的5%以内计算扣除。其计算公式为：

允许扣除的房地产开发费用＝利息＋（取得土地使用权所支付的金额＋房地产开发成本）×5%

其二，财务费用支出中的利息支出，凡不能按转让房地产项目计算分摊利息支出或不能提供金融机构贷款证明的，房地产开发费用按取得土地使用权所支付的金额和房地产开发成本之和的 10% 以内计算扣除。其计算公式为：

$$允许扣除的房地产开发费用 = （取得土地使用权所支付的金额 + 房地产开发成本）\times 10\%$$

④ 与转让房地产有关的税金。与转让房地产有关的税金是指在转让房地产时缴纳的城市维护建设税、印花税。因转让房地产缴纳的教育费附加，可视同税金予以扣除。需要说明的是，房地产开发企业在转让时缴纳的印花税因列入管理费用中，不在本项中扣除；对其他纳税人缴纳的印花税允许在此项中扣除。

⑤ 旧房及建筑物的评估价格。旧房及建筑物的评估价格是指在转让已使用的房屋及建筑物时，由政府批准设立的房地产评估机构评定的重置成本乘以成新度折扣率后的价格。其计算公式为：

$$旧房及建筑物的评估价格 = 重置成本 \times 成新度折扣率$$

纳税人转让旧房及建筑物，凡不能取得评估价格，但能提供购房发票的，经当地税务部门确认，扣除项目金额可按发票所载金额并从购买年度起至转让年度止每年加计 5% 计算。对于纳税人购房时缴纳的契税，能够提供契税完税凭证的，准予作为与转让房地产有关的税金予以扣除，但不作为加计 5% 的基数。

⑥ 其他扣除项目。对从事房地产开发的纳税人，可按取得土地使用权所支付的金额和房地产开发成本的金额之和，加计 20% 进行扣除。除此之外的其他纳税人不适用。

（2）应纳税额的计算

土地增值税按纳税人转让房地产所取得的增值额和规定的税率计算征收。其计算公式为：

$$应纳土地增值税额 = \sum（每级距的土地增值额 \times 适用税率）$$

实务工作中，一般可以采用速算扣除法计算。其计算公式为：

$$应纳土地增值税税额 = 增值额 \times 适用税率 - 扣除项目金额 \times 速算扣除系数$$

6. 土地增值税的优惠政策

① 纳税人建造普通标准住宅出售，增值额未超过扣除项目金额 20% 的，免征土地增值税；超过 20% 的，应就其全部增值额按规定计算缴纳土地增值税。这里的普通标准住宅是指按所在地一般民用住宅标准建造的居住用住宅。普通标准住宅与其他住宅的具体划分界限由各省、自治区、直辖市人民政府规定。

对于纳税人既建造普通标准住宅，又进行其他房地产开发的，应分别核算增值额。未分别核算增值额或不能准确核算增值额的，其建造的普通标准住宅不能适用上述免税规定。

② 因国家建设的需要，依法征用、收回的房地产和土地使用权，免征土地增值税。

③ 因城市实施规划、国家建设的需要而搬迁，由纳税人自行转让原房地产的，免征土地增值税。

④ 对企事业单位、社会团体及其他组织转让旧房屋作为公共租赁房屋房源，且增值税额未超过扣除项目金额 20% 的，免征土地增值税。

7. 土地增值税的纳税申报

（1）纳税期限

① 纳税人应自转让房地产合同签订之日起 7 日内，向房地产所在地主管税务机关办理纳税申报，并向主管税务机关提交房屋及建筑物产权、土地使用权证书，土地转让、房

屋买卖合同，房地产评估报告及其他与转让房地产有关的资料。

② 房地产开发企业采取预收款方式销售自行开发的房地产项目的，依据规定的土地增值税预征率计算应预缴税额，在每次转让时申报纳税，或者按月或按各省、自治区、直辖市和计划单列市税务机关规定的期限申报纳税。

③ 房地产开发企业开发房地产项目符合清算条件的，须在满足清算条件之日起90日内或在主管税务机关限定的期限内，开展土地增值税清算和申报纳税工作。

（2）纳税地点

土地增值税纳税人应向房地产所在地主管税务机关办理纳税申报。这里所称的房地产所在地，是指房地产坐落地。纳税人转让的不动产坐落在两个或两个以上地区的，应按房地产所在地分别纳税申报。

（3）纳税申报表

土地增值税纳税申报表需要区分从事房地产开发的纳税人和非从事房地产开发的纳税人。对于从事房地产开发的纳税人，主要涉及土地增值税项目登记表（从事房地产开发的纳税人适用）、土地增值税纳税申报表（一）（从事房地产开发的纳税人预征适用）、土地增值税纳税申报表（二）（从事房地产开发的纳税人清算适用）；对于非从事房地产开发的纳税人，主要涉及土地增值税纳税申报表（三）（非从事房地产开发的纳税人适用）。相关申报表的格式和内容如表7-7至表7-10所示。

表7-7 土地增值税项目登记表
（从事房地产开发的纳税人适用）

纳税人识别号：　　　　　　纳税人名称：　　　　　　填表日期：　年　月　日

金额单位：元至角分　面积单位：平方米

项目名称		项目地址		业　别	
经济性质		主管部门			
开户银行		银行账号			
地　　址		邮政编码		电　话	
土地使用权受让（行政划拨）合同号			受让（行政划拨）时间		
建设项目起讫时间		总预算成本		单位预算成本	
项目详细坐落地点					
开发土地总面积		开发建筑总面积		房地产转让合同名称	
转让次序	转让土地面积（按次填写）	转让建筑面积（按次填写）		转让合同签订日期（按次填写）	
第1次					
第2次					
…					

(续表)

备注	

以下由纳税人填写

纳税人声明	此纳税申报表是根据《中华人民共和国土地增值税暂行条例》及其实施细则和国家有关税收规定填报的，是真实的、可靠的、完整的。
纳税人签章	代理人签章	代理人身份证号

以下由税务机关填写：

受理人		受理日期	年 月 日	受理税务机关签章	

表 7-8 土地增值税纳税申报表（一）
（从事房地产开发的纳税人预征适用）

税款所属时间： 年 月 日至 年 月 日　　　填表日期： 年 月 日
项目名称：　　　　项目编号：　　　　金额单位：元至角分　面积单位：平方米
纳税人识别号

房产类型	房产类型子目	收　入				预征率/%	应纳税额	税款缴纳	
		应税收入	货币收入	实物收入及其他收入	视同销售收入			本期已缴税额	本期应缴税额计算
	1	2=3+4+5	3	4	5	6	7=2×6	8	9=7-8
普通住宅									
非普通住宅									
其他类型房地产									
合　计	—						—		

以下由纳税人填写：

纳税人声明	此纳税申报表是根据《中华人民共和国土地增值税暂行条例》及其实施细则和国家有关税收规定填报的，是真实的、可靠的、完整的。
纳税人签章	代理人签章	代理人身份证号

以下由税务机关填写：

受理人		受理日期	年 月 日	受理税务机关签章	

单元七 其他税种税务处理

表7-9 土地增值税纳税申报表（二）
（从事房地产开发的纳税人清算适用）

税款所属时间：　年　月　日至　年　月　日　填表日期：　年　月　日　　金额单位：元至角分　面积单位：平方米

纳税人识别号 □□□□□□□□□□□□□□□

纳税人名称		项目名称		项目编号		项目地址	
所属行业		登记注册类型		纳税人地址		邮政编码	
开户银行		银行账号		主管部门		电话	
总可售面积				自用和出租面积			
已售面积		其中：普通住宅已售面积		其中：非普通住宅已售面积		其中：其他类型房地产已售面积	

项目		行次	金额			
			普通住宅	非普通住宅	其他类型房地产	合计
一、转让房地产收入总额　1=2+3+4		1				
其中	货币收入	2				
	实物收入及其他收入	3				
	视同销售收入	4				
二、扣除项目金额合计　5=6+7+14+17+20+21		5				
1.取得土地使用权所支付的金额		6				
2.房地产开发成本　7=8+9+10+11+12+13		7				
其中	土地征用及拆迁补偿费	8				
	前期工程费	9				
	建筑安装工程费	10				
	基础设施费	11				
	公共配套设施费	12				
	开发间接费用	13				
3.房地产开发费用　14=15+16		14				
其中	利息支出	15				
	其他房地产开发费用	16				
4.与转让房地产有关的税金等　17=18+19		17				
其中	城市维护建设税	18				
	教育费附加	19				
5.财政部规定的其他扣除项目		20				
6.代收费用		21				

（续表）

三、增值额　22=1-5		22		
四、增值额与扣除项目金额之比/%　23=22÷5		23		
五、适用税率/%		24		
六、速算扣除系数/%		25		
七、应缴土地增值税税额　26=22×24-5×25		26		
八、减免税额　27=29+31+33		27		
其中	减免税（1）	减免性质代码（1）	28	
		减免税额（1）	29	
	减免税（2）	减免性质代码（2）	30	
		减免税额（2）	31	
	减免税（3）	减免性质代码（3）	32	
		减免税额（3）	33	
九、已缴土地增值税税额		34		
十、应补（退）土地增值税税额　35=26-27-34		35		
以下由纳税人填写				
纳税人声明	此纳税申报表是根据《中华人民共和国土地增值税暂行条例》及其实施细则和国家有关税收规定填报的，是真实的、可靠的、完整的。			
纳税人签章		代理人签章		代理人身份证号	
以下由税务机关填写				
受理人		受理日期	年　月　日	受理税务机关签章

表7-10　土地增值税纳税申报表（三）
（非从事房地产开发的纳税人适用）

税款所属时间：　年　月　日至　年　月　日　填表日期：　年　月　日　金额单位：元至角分　面积单位：平方米

纳税人识别号　□□□□□□□□□□□□□□□□

纳税人名称		项目名称		项目地址		
所属行业		登记注册类型		纳税人地址		邮政编码	
开户银行		银行账号		主管部门		电话	
项目				行次		金额
一、转让房地产收入总额　1=2+3+4				1		
其中	货币收入			2		
	实物收入			3		
	其他收入			4		

（续表）

二、扣除项目金额合计 （1）5=6+7+10+15 （2）5=11+12+14+15			5	
（1）提供评估价格	1. 取得土地使用权所支付的金额		6	
	2. 旧房及建筑物的评估价格 7=8×9		7	
	其中	旧房及建筑物的重置成本价	8	
		成新度折扣率	9	
	3. 评估费用		10	
（2）提供购房发票	1. 购房发票金额		11	
	2. 发票加计扣除金额 12=11×5%×13		12	
	其中：房产实际持有年数		13	
	3. 购房契税		14	
4. 与转让房地产有关的税金等 15=16+17+18			15	
其中	城市维护建设税		16	
	印花税		17	
	教育费附加		18	
三、增值额 19=1-5			19	
四、增值额与扣除项目金额之比 /% 20=19÷5			20	
五、适用税率 /%			21	
六、速算扣除系数 /%			22	
七、应缴土地增值税税额 23=19×21-5×22			23	
八、减免税额（减免性质代码：　　　　）			24	
九、已缴土地增值税税额			25	
十、应补（退）土地增值税税额 26=23-24-25			26	
以下由纳税人填写				
纳税人声明	此纳税申报表是根据《中华人民共和国土地增值税暂行条例》及其实施细则和国家有关税收规定填报的，是真实的、可靠的、完整的。			
纳税人签章		代理人签章	代理人身份证号	
以下由税务机关填写				
受理人		受理日期	年　月　日	受理税务机关签章

三、任务实施

1. 搜集、填写土地增值税涉税资料

非房地产开发企业办理土地增值税清算资料清单如下。

① 土地增值税税款清算申请报告。

② 土地增值税清算申请表（二）。

③ 纳税人营业执照副本复印件或居民个人身份证（护照）复印件。

④ 购入土地、地上建筑物及其附着物的买卖合同、发票复印件。

⑤ 转让土地、地上建筑物及其附着物的买卖合同、发票复印件。

⑥ 已预征土地增值税完税凭证复印件。

⑦ 税务机关要求的其他资料。

2. 计算应纳土地增值税税额

该公司转让办公楼业务土地增值税税额的计算过程如下。

① 扣除项目金额 = 取得土地使用权支付的价格 + 该办公楼的评估价格 + 与转让房地产有关的税金 + 评估费 = 4 200+38 000×60%+320+15=27 335（万元）。

② 增值额 = 不含税转让收入 − 允许扣除金额 = 40 000−27 335=12 665（万元）。

③ 增值率 = 增值额 ÷ 扣除项目金额 = 12 665÷27 335×100%=46.33%＜50%，适用税率为30%。

④ 应纳土地增值税税额 = 12 665×30%=3 799.5（万元）。

3. 填写纳税申报表

① 纳税人为非房地产开发企业，应填写土地增值税纳税申报表（三）（非从事房地产开发的纳税人适用）。

② "税款所属时间"处填写"2021年12月01日至2021年12月31日"。

③ "纳税人识别号"等处填写纳税人基本信息。

④ 第2行次"货币收入"栏中填写400 000 000，第1行次"金额"栏填写400 000 000。

⑤ 第6行次"取得土地使用权所支付的金额"栏填写42 000 000。

⑥ 第8行次"旧房及建筑物的重置成本价"栏填写380 000 000，第9行次"成新度折扣率"栏填写60%。

⑦ 第7行次"旧房及建筑物的评估价格"栏，根据计算填写228 000 000。

⑧ 第10行次"评估费用"栏填写150 000。

⑨ 第5行次"二、扣除项目金额合计"栏，根据计算填写273 350 000。

⑩ 第16、17、18行次"城市维护建设税""印花税""教育费附加"栏分别填写840 000、2 000 000、360 000。

⑪ 第15行次"与转让房地产有关的税金等"栏，根据计算填写3 200 000。

⑫ 第19行次"增值额"栏，根据计算填写126 650 000。

⑬ 第20行次"增值额与扣除项目金额之比/%"栏，计算填写46.33。

⑭ 根据第20行次查询土地增值税率表，在第21、22行次分别填写30、0。

⑮ 第23行次"应缴土地增值税税额"栏，根据计算填写37 995 000。

⑯ 第26行次"应补（退）土地增值税税额"栏，根据计算填写37 995 000。

本任务纳税申报表填写如表7-11所示。

单元七　其他税种税务处理

表7-11　土地增值税纳税申报表（三）
（非从事房地产开发的纳税人适用）

税款所属时间：2021年12月01日至2021年12月31日　填表时间：2022年01月05日　　金额单位：元至角分

纳税人识别号　9 1 1 1 0 1 0 5 3 9 7 0 3 0 0 0 0 N　　面积单位：平方米

纳税人名称	北京佳味食品有限公司	项目名称	办公楼	项目地址	北京市西城区复兴路25号		
所属行业	农副食品加工	登记注册类型	有限责任公司	纳税人地址	北京市西城区复兴路25号	邮政编码	100032
开户银行	中国工商银行复兴路支行	银行账号	02002198009200017600	主管部门	北京市食品药品监督管理局	电话	010-88000000

项　目	行　次	金　额
一、转让房地产收入总额　1=2+3+4	1	400 000 000
其中　　货币收入	2	400 000 000
实物收入	3	
其他收入	4	
二、扣除项目金额合计 （1）5=6+7+10+15 （2）5=11+12+14+15	5	273 350 000
（1）提供评估价格　1.取得土地使用权所支付的金额	6	42 000 000
2.旧房及建筑物的评估价格 7=8×9	7	228 000 000
其中　旧房及建筑物的重置成本价	8	380 000 000
成新度折扣率	9	60%
3.评估费用	10	150 000
（2）提供购房发票　1.购房发票金额	11	
2.发票加计扣除金额 12=11×5%×13	12	
其中：房产实际持有年数	13	
3.购房契税	14	
4.与转让房地产有关的税金等 15=16+17+18	15	3 200 000
其中　城市维护建设税	16	840 000
印花税	17	2 000 000
教育费附加	18	360 000
三、增值额　19=1-5	19	126 650 000
四、增值额与扣除项目金额之比 /%　20=19÷5	20	46.33
五、适用税率 /%	21	30
六、速算扣除系数 /%	22	0
七、应缴土地增值税额　23=19×21-5×22	23	37 995 000
八、减免税额（减免性质代码：　　　　）	24	

(续表)

九、已缴土地增值税税额	25	0
十、应补（退）土地增值税税额 26=23-24-25	26	37 995 000
以下由纳税人填写		
纳税人声明	此纳税申报表是根据《中华人民共和国土地增值税暂行条例》及其实施细则和国家有关税收规定填报的，是真实的、可靠的、完整的。	
纳税人签章	（略）	代理人签章		代理人身份证号	（略）
以下由税务机关填写		
受理人		受理日期	年 月 日	受理税务机关签章	

四、任务评价

对于每一项任务，结合业务能力和评价指标，根据掌握情况在表7-12的自测结果相应的"□"中打"√"。自测结果共分为3类：A掌握；B基本掌握；C未掌握。

表7-12 任务测评表

任 务	业务能力	评价指标	自测结果	要 求
非房地产开发企业土地增值税应纳税额的计算	计算土地增值税应纳税额	非房地产开发企业土地增值税计算公式	□A □B □C	正确计算非房地产开发企业土地增值税
非房地产开发企业土地增值税纳税申报	填报土地增值税纳税申报表	土地增值税纳税申报表填写	□A □B □C	正确填写非房地产开发企业土地增值税纳税申报表

五、任务拓展

（一）拓展训练

2021年12月北京独秀房地产开发有限公司（增值税一般纳税人）开始销售开发的写字楼。该房地产项目于2022年第一季度销售完毕，符合土地增值税清算条件，共取得不含税销售收入40 000万元。开发该写字楼的有关支出包括：支付地价款及有关税费5 000万元；房地产开发成本10 000万元（含土地征用及拆迁补偿费2 000万元、前期工程费500万元、建筑安装工程费4 500万元、基础设施费1 000万元、公共配套设施费1 000万元、开发间接费用1 000万元）；从工商银行借入开发贷款5 000万元，利率为8%，期限1年，与建设期相同。该项目允许扣除的有关税金及附加120万元（含城市维护建设税84万元、教育费附加36万元），已预缴土地增值税3 000万元。

要求：计算该公司销售写字楼应缴纳的土地增值税税额。

（二）思政教育

解析与思政教育

任务三　城镇土地使用税税务处理

一、任务情境

（一）任务场景

北京佳味食品有限公司使用土地面积为 20 000 平方米。经税务机关核定，该土地为应税土地，每平方米年应纳税额为 4 元。

（二）任务布置

① 计算该公司全年应纳的城镇土地使用税税额。
② 填写该公司城镇土地使用税 房产税纳税申报表（假设填表时间为 2022 年 1 月 5 日）。

二、任务准备

（一）知识准备

1. 城镇土地使用税的概念

城镇土地使用税是以国有土地为征税对象，对拥有土地使用权的单位和个人征收的一种税。

2. 城镇土地使用税的纳税人

在城市、县城、建制镇、工矿区范围内使用土地的单位和个人，为城镇土地使用税的纳税人。

上述所称单位，包括国有企业、集体企业、私营企业、股份制企业、外商投资企业、外国企业及其他企业和事业单位、社会团体、国家机关、军队与其他单位；所称个人，包括个体工商户及其他个人。

城镇土地使用税的纳税人通常包括以下几类。

① 拥有土地使用权的单位和个人。
② 拥有土地使用权的单位和个人不在土地所在地的，其土地的实际使用人和代管人为纳税人。
③ 土地使用权未确定或权属纠纷未解决的，其实际使用人为纳税人。
④ 土地使用权共有的，共有各方都是纳税人，由共有各方分别纳税。
⑤ 在城镇土地使用税征税范围内，承租集体所有建设用地的，由直接从集体经济组织承租土地的单位和个人缴纳城镇土地使用税。

几个人或几个单位共同拥有一块土地的使用权，这块土地的城镇土地使用税的纳税个人或几个单位共同拥有一块土地的使用权，这块土地的城镇土地使用税的纳税人应是对这块土地拥有使用权的每一个人或每一个单位。他们应以其实际使用的土地面积占总面积的比例，分别计算缴纳土地使用税。

3. 城镇土地使用税的征税范围

城镇土地使用税的征税范围，包括在城市、县城、建制镇和工矿区内的国家所有和集体所有的土地。

上述城市、县城、建制镇和工矿区分别按以下标准确认。

① 城市是指经国务院批准设立的市。

② 县城是指县人民政府所在地。

③ 建制镇是指经省、自治区、直辖市人民政府批准设立的建制镇。

④ 工矿区是指工商业比较发达、人口比较集中、符合国务院规定的建制镇标准，但尚未设立建制镇的大中型工矿企业所在地。工矿区须经省、自治区、直辖市人民政府批准。

上述城镇土地使用税的征税范围中，城市的土地包括市区和郊区的土地，县城的土地是指县人民政府所在地的城镇的土地，建制镇的土地是指镇人民政府所在地的土地。

建立在城市、县城、建制镇和工矿区以外的工矿企业不需要缴纳城镇土地使用税。

4. 城镇土地使用税的税率

城镇土地使用税采用定额税率，即采用有幅度的差别税额，按大、中、小城市和县城、建制镇、工矿区分别规定每平方米城镇土地使用税年应纳税额。

大、中、小城市以公安部门登记在册的非农业正式户口人数为依据，按照国务院颁布的《城市规划条例》中规定的标准划分。人口在 50 万人以上者为大城市；人口在 20 万～50 万人者为中等城市；人口在 20 万人以下者为小城市。城镇土地使用税税率如表 7-13 所示。

表 7-13 城镇土地使用税税率

级 别	人口/人	每平方米税额/元
大城市	50 万以上	1.5～30
中等城市	20 万～50 万	1.2～24
小城市	20 万以下	0.9～18
县城、建制镇、工矿区		0.6～12

城镇土地使用税计算方法

各省、自治区、直辖市人民政府可根据市政建设情况和经济繁荣程度在规定税额幅度内，确定所辖地区的适用税额幅度。经济落后地区，城镇土地使用税的适用税额标准可适当降低，但降低额不得超过上述规定最低税额的 30%；经济发达地区的适用税额标准可以适当提高，但须报财政部批准。

5. 城镇土地使用税的计税依据

城镇土地使用税以纳税人实际占用的土地面积为计税依据，土地面积计量标准为每平方米，即税务机关根据纳税人实际占用的土地面积，按照规定的税额计算应纳税额，向纳税人征收城镇土地使用税。

纳税人实际占用的土地面积按下列办法确定。

① 由省、自治区、直辖市人民政府确定的单位组织测定土地面积的，以测定的面积

为准。

② 尚未组织测定，但纳税人持有政府部门核发的土地使用证书的，以证书确认的土地面积为准。

③ 尚未核发土地使用证书的，应由纳税人申报土地面积，并据以纳税，待核发土地使用证书以后再做调整。

④ 对在城镇土地使用税征税范围内单独建造的地下建筑用地，按规定征收城镇土地使用税。其中，已取得地下土地使用权证的，按土地使用权证确认的土地面积计算应征税款；未取得地下土地使用权证或地下土地使用权证上未标明土地面积的，按地下建筑垂直投影面积计算应征税款。

对上述地下建筑用地暂按应征税款的 50% 征收城镇土地使用税。

5. 城镇土地使用税应纳税额的计算方法

城镇土地使用税的应纳税额可以通过纳税人实际占用的土地面积乘以该土地所在地段的适用税额求得。其计算公式为：

$$全年应纳税额 = 实际占用应税土地面积（平方米）\times 适用税额$$

6. 城镇土地使用税应纳税额的税收优惠

（1）法定免征城镇土地使用税的优惠

① 国家机关、人民团体、军队自用的土地。

② 由国家财政部门拨付事业经费的单位自用的土地。

③ 宗教寺庙、公园、名胜古迹自用的土地。

④ 市政街道、广场、绿化地带等公共用地。

⑤ 直接用于农、林、牧、渔业的生产用地。

上述土地是指直接从事种植养殖、饲养的专业用地，不包括农副产品加工场地和生活办公用地。

⑥ 经批准开山填海整治的土地和改造的废弃土地，从使用的月份起免征城镇土地使用税 5～10 年。具体免税期限由各省、自治区、直辖市税务局在《城镇土地使用税暂行条例》规定的期限内自行确定。

⑦ 对非营利性医疗机构、疾病控制机构和妇幼保健机构等卫生机构和非营利性科研机构自用的土地，免征城镇土地使用税。

⑧ 对国家拨付事业经费和企业办的各类学校，托儿所，幼儿园自用的房产、土地，免征城镇土地使用税。

⑨ 免税单位无偿使用纳税单位的土地（如公安、海关等单位使用铁路、民航等单位的土地），免征城镇土地使用税。纳税单位无偿使用免税单位的土地，纳税单位应照章缴纳城镇土地使用税。纳税单位与免税单位共同使用、共有使用权土地上的多层建筑，对纳税单位可按其占用的建筑面积占建筑总面积的比例计征城镇土地使用税。

⑩ 对改造安置住房建设用地免征城镇土地使用税。在商品住房等开发项目中配套建造安置住房的，依据政府部门出具的相关材料、房屋征收（拆迁）补偿协议或棚户区改造合同（协议），按改造安置住房建筑面积占总建筑面积的比例免征城镇土地使用税。

⑪ 为了体现国家的产业政策，支持重点产业的发展，对石油、电力、煤炭等能源用地，民用港口、铁路等交通用地和水利设施用地，盐业、采石场、邮电等一些特殊用地划分了

征免税界限和给予政策性减免税照顾。

⑫ 自2019年1月1日起至2021年12月31日，对专门经营农产品的农产品批发市场、农贸市场使用（包括自有和承租，下同）的房产、土地，暂免征收城镇土地使用税。对同时经营其他产品的，按其他产品与农产品交易场地面积的比例确定征免城镇土地使用税。

⑬ 自2020年1月1日起至2022年12月31日止，对物流企业自有（包括自用和出租）或承租的大宗商品仓储设施用地，减按所属土地等级适用税额标准的50%计征城镇土地使用税。

（2）省、自治区、直辖市税务局确定的城镇土地使用税减免优惠

① 个人所有的居住房屋及院落用地。

② 房产管理部门在房租调整改革前经租的居民住房用地。

③ 免税单位职工家属的宿舍用地。

④ 集体和个人办的各类学校、医院、托儿所、幼儿园用地。

7. 城镇土地使用税应纳税额的纳税申报

（1）纳税期限

城镇土地使用税实行按年计算、分期缴纳的征收方法，具体纳税期限由省、自治区、直辖市人民政府确定。

（2）纳税义务发生时间

① 纳税人购置新建商品房，自房屋交付使用之次月起，缴纳城镇土地使用税。

② 纳税人购置存量房，自办理房屋权属转移、变更登记手续，房地产权属登记机关签发房屋权属证书之次月起，缴纳城镇土地使用税。

③ 纳税人出租、出借房产，自交付出租、出借房产之次月起，缴纳城镇土地使用税。

④ 以出让或转让方式有偿取得土地使用权的，应由受让方从合同约定交付土地时间之次月起缴纳城镇土地使用税；合同未约定交付土地时间的，由受让方从合同签订之次月起缴纳城镇土地使用税。

⑤ 纳税人新征用的耕地，自批准征用之日起满1年时开始缴纳城镇土地使用税。

⑥ 纳税人新征用的非耕地，自批准征用次月起缴纳城镇土地使用税。

⑦ 自2009年1月1日起，纳税人因土地的权利发生变化而依法终止城镇土地使用税纳税义务的，其应纳税款的计算应截至土地权利发生变化的当月月末。

（3）纳税地点和征收机构

纳税人使用的土地不属于同一省、自治区、直辖市管辖的，由纳税人分别向土地所在地的税务机关缴纳城镇土地使用税；在同一省、自治区、直辖市管辖范围内，纳税人跨地区使用的土地，其纳税地点由各省、自治区、直辖市税务局确定。城镇土地使用税由土地所在地的税务机关征收，其收入纳入地方财政预算管理。

（4）纳税申报

城镇土地使用税的纳税人应按照规定及时办理纳税申报，并如实填写城镇土地使用税纳税申报表，如表7-14所示。

表 7-14 城镇土地使用税 房产税纳税申报表

纳税人识别号（统一社会信用代码）：□□□□□□□□□□□□□□□□□□

纳税人名称：

税款所属期：自　年　月　日至　年　月　日

金额单位：人民币元（列至角分）；面积单位：平方米

一、城镇土地使用税

本期是否适用增值税小规模纳税人减征政策（减免性质代码 10049901）		□是 □否	本期适用增值税小规模纳税人减征政策起始时间		年　月	减征比例/%	
			本期适用增值税小规模纳税人减征政策终止时间		年　月		
序号	土地编号	宗地号	土地等级	税额标准	土地总面积	所属期起	所属期止	本期应纳税额	本期减免税额	本期增值税小规模纳税人减征额	本期已缴税额	本期应补（退）税额
1												
2												
3												
合计	*	*	*		*	*	*					

二、房产税

本期是否适用增值税小规模纳税人减征政策（减免性质代码 08049901）	□是 □否	本期适用增值税小规模纳税人减征政策起始时间	年　月	减征比例/%	
		本期适用增值税小规模纳税人减征政策终止时间	年　月		

(续表)

(一) 从价计征房产税

序号	房产编号	房产原值	其中:出租房产原值	计税比例	税率	所属期起	所属期止	本期应纳税额	本期减免税额	本期增值税小规模纳税人减征额	本期已缴税额	本期应补(退)税额
1	*											
2	*											
3	*											
合计	*			*	*	*	*					

(二) 从租计征房产税

序号	本期申报租金收入	税率	本期应纳税额	本期减免税额	本期增值税小规模纳税人减征额	本期已缴税额	本期应补(退)税额
1							
2							
3							
合计		*					

声明:此表是根据国家税收法律法规及相关规定填写的,本人(单位)对填报内容(及附带资料)的真实性、可靠性、完整性负责。

纳税人(签章):

经办人:
经办人身份证号:
代理机构签章:
代理机构统一社会信用代码:

受理人:
受理税务机关(章):
受理日期: 年 月 日

对表7-14的填写说明如下。

① 本表适用于在中华人民共和国境内申报缴纳城镇土地使用税、房产税的单位和个人。

② 本表依据《中华人民共和国税收征收管理法》《中华人民共和国城镇土地使用税暂行条例》《中华人民共和国房产税暂行条例》制定，为城镇土地使用税 房产税纳税申报表主表。本表除"本期是否适用增值税小规模纳税人减征政策""本期适用增值税小规模纳税人减征政策起始时间""本期适用增值税小规模纳税人减征政策终止时间""减征比例"外，其他数据项来源于城镇土地使用税 房产税税源明细表并由系统自动生成。城镇土地使用税 房产税减免税明细申报表为城镇土地使用税 房产税纳税申报表的附表。

③ 税款所属期：默认为税款所属期的起始时间和终止时间。

④ 纳税人识别号（统一社会信用代码）：填写纳税人识别号码或统一社会信用代码。

⑤ 纳税人名称：填报营业执照、身份证等证件载明的纳税人名称。

⑥ 本期是否适用增值税小规模纳税人减征政策（减免性质代码：城镇土地使用税10049901、房产税08049901）：纳税人在税款所属期内有任意一个月份为增值税小规模纳税人的，勾选"是"；否则，勾选"否"。

⑦ 本期适用增值税小规模纳税人减征政策起始时间：如果税款所属期内纳税人一直为增值税小规模纳税人，则填写税款所属期起始月份；如果税款所属期内纳税人由增值税一般纳税人转登记为增值税小规模纳税人，则填写成为增值税小规模纳税人的月份。例如，税款所属期为2021年1月至6月，按月申报增值税的某企业在2021年2月11日前为增值税一般纳税人，2月11日转登记为增值税小规模纳税人，该企业本期适用增值税小规模纳税人减征政策起始日期为2021年3月，应在本栏填写"2021年3月"。如果小规模纳税人状态没有发生变化，则系统默认起始时间为税款所属期起始月份，但纳税人可以修改。

⑧ 本期适用增值税小规模纳税人减征政策终止时间：如果税款所属期内纳税人一直为增值税小规模纳税人，则填写税款所属期终止月份；如果税款所属期内纳税人由增值税小规模纳税人登记为增值税一般纳税人，则填写增值税一般纳税人生效之日上月；经税务机关通知，逾期仍不办理增值税一般纳税人登记的，自逾期次月起不再适用减征优惠，填写逾期当月所在的月份。例如，税款所属期为2021年1月至6月，某企业在2021年5月1日前为增值税小规模纳税人，5月1日为一般纳税人的生效之日，该企业适用增值税小规模纳税人减征优惠终止日期为2021年4月，应在本栏填写"2021年4月"。如果小规模纳税人状态没有发生变化，则系统默认终止时间为税款所属期终止月份，但纳税人可以修改。

⑨ 减征比例：系统自动带出，纳税人不必填写。

⑩ 土地、房产编号：由系统赋予编号，纳税人不必填写。

⑪ 宗地号：土地权属证书记载的宗地号。不同宗地号的土地应当分行填写。无宗地号的，不同的宗地也应当分行填写。

⑫ 土地等级：根据本地区关于土地等级的有关规定，填写纳税人占用土地所属的土地的等级。

⑬ 税额标准：根据土地等级确定，由系统自动带出。

⑭ 土地总面积：此面积为全部面积，包括减免税面积。本项为城镇土地使用税 房产税税源明细表"城镇土地使用税税源明细"中"占用土地面积"的值。

⑮ 城镇土地使用税所属期起：税款所属期内税款所属的起始月份。起始月份不同的土地应当分行填写。默认为税款所属期的起始月份。但是，当城镇土地使用税 房产税税源明细表"城镇土地使用税税源明细"中土地取得时间晚于税款所属期起始月份时，所属期起为"取得时间"的次月；城镇土地使用税 房产税税源明细表"城镇土地使用税税源明细"中减免的起始月份晚于税款所属期起始月份时，所属期起为"减免的起始月份"；城镇土地使用税 房产税税源明细表"城镇土地使用税税源明细"中变更类型选择信息项变更，且变更时间晚于税款所属期起始月份时，所属期起为"变更时间"。

⑯ 城镇土地使用税所属期止：税款所属期内税款所属的终止月份。终止月份不同的土地应当分行填写。默认为税款所属期的终止月份。但是，当城镇土地使用税 房产税税源明细表"城镇土地使用税税源明细"中变更类型选择纳税义务终止，且变更时间早于税款所属期终止月份时，所属期止为"变更时间"；城镇土地使用税 房产税税源明细表"城镇土地使用税税源明细"中"减免的终止月份"早于税款所属期终止月份时，所属期止为"减免的终止月份"。

⑰ 房产原值：本项为城镇土地使用税 房产税税源明细表"从价计征房产税明细"中"房产原值"的值。

⑱ 出租房产原值：本项为城镇土地使用税 房产税税源明细表"从价计征房产税明细"中"出租房产原值"的值。

⑲ 计税比例：系统自动带出，纳税人不填写。

⑳ 税率：系统自动带出，纳税人不必填写。

㉑ 房产税所属期起：税款所属期内税款所属的起始月份。起始月份不同的房产应当分行填写。默认为税款所属期的起始月份。但是，当城镇土地使用税 房产税税源明细表"从价计征房产税明细"中房产取得时间晚于税款所属期起始月份时，所属期起为"取得时间"的次月；城镇土地使用税 房产税税源明细表"从价计征房产税明细"中减免的起始月份晚于税款所属期起始月份时，所属期起为"减免的起始月份"；城镇土地使用税 房产税税源明细表"从价计征房产税明细"中变更类型选择信息项变更，且变更时间晚于税款所属期起始月份时，所属期起为"变更时间"。

㉒ 房产税所属期止：税款所属期内税款所属的终止月份。终止月份不同的房产应当分行填写。默认为税款所属期的终止月份。但是，当城镇土地使用税 房产税税源明细表"从价计征房产税明细"中变更类型选择纳税义务终止，且变更时间早于税款所属期终止月份时，所属期止为"变更时间"；城镇土地使用税 房产税税源明细表"从价计征房产税明细"中"减免的终止月份"早于税款所属期终止月份时，所属期止为"减免的终止月份"。

㉓ 本期增值税小规模纳税人减征额：为税款所属期内适用增值税小规模纳税人减征优惠各月减征额的合计。

增值税小规模纳税人月减征额 =（当月应纳税额 − 当月减免税额）× 减征比例

㉔ 城镇土地使用税本期应纳税额、本期减免税额、本期应补（退）税额计算公式如下。

本期应纳税额 = $\sum$ 占用土地面积 × 税额标准 ÷ 12 ×（所属期止月份 − 所属期起月份 + 1）

本期减免税额 = $\sum$ 城镇土地使用税 房产税税源明细表"城镇土地使用税税源明细"中月减免税额 ×（所属期止月份 − 所属期起月份 + 1）

本期应补（退）税额 = 本期应纳税额 − 本期减免税额 − 本期增值税小规模纳税人减征额 − 本期已缴税额

本期应纳税额根据城镇土地使用税 房产税税源明细表"城镇土地使用税税源明细"中有关数据项自动计算生成。

② 房产税本期应纳税额、本期减免税额、本期应补（退）税额计算公式如下。

<1> 从价计征房产税的。

本期应纳税额 = ∑城镇土地使用税 房产税税源明细表"从价计征房产税明细"中（房产原值 − 出租房产原值）× 计税比例 × 税率 ÷ 12 ×（所属期止月份 − 所属期起月份 + 1）

本期减免税额 = ∑城镇土地使用税 房产税税源明细表"从价计征房产税明细"中月减免税额 ×（所属期止月份 − 所属期起月份 + 1）；

本期应补（退）税额 = 本期应纳税额 − 本期减免税额 − 本期增值税小规模纳税人减征额 − 本期已缴税额

<2> 从租计征房产税的。

本期应纳税额 = ∑城镇土地使用税 房产税税源明细表"从租计征房产税明细"中本期应税租金收入 × 适用税率

本期减免税额 = ∑城镇土地使用税 房产税税源明细表"从租计征房产税明细"中月减免税额 ×（所属期止月份 − 所属期起月份 + 1）

本期应补（退）税额 = 本期应纳税额 − 本期减免税额 − 本期增值税小规模纳税人减征额 − 本期已缴税额

（二）操作准备

① 计算城镇土地使用税应纳税额。
② 填写纳税申报表。

（三）任务要领

① 理清业务所涉及的范围，准确判断税目，以便确认适用税率。
② 准确界定纳税义务发生时间。

三、任务实施

① 计算城镇土地使用税应纳税额。该公司使用土地面积为 20 000 平方米，经税务机关核定，该土地为应税土地，每平方米年税额为 4 元，则：

城镇土地使用税全年应纳税额 = 20 000 × 4 = 80 000（元）

② 填写纳税申报表，如表 7-15 所示。

表 7-15 城镇土地使用税 房产税纳税申报表

税款所属期：自 2021 年 10 月 01 日至 2021 年 12 月 31 日

纳税人识别号（统一社会信用代码）：9 1 1 1 0 1 0 5 3 9 7 0 3 0 0 0 0 N

纳税人名称：北京佳味食品有限公司

金额单位：人民币元（列至角分）；面积单位：平方米

一、城镇土地使用税

本期是否适用增值税小规模纳税人减征政策（减免性质代码 10049901） □是 □否

序号	土地编号	宗地号	土地等级	税额标准	土地总面积	本期应纳税额	本期减免税额	本期增值税小规模纳税人减征额	本期已缴税额	本期应补（退）税额
									减征比例 /%	
1	*	*		4	20 000	80 000	0	0	0	80 000
2	*	*								
3	*	*								
合计	*	*	*	*	20 000	80 000				80 000

本期适用增值税小规模纳税人减征政策起始时间　　年　月

本期适用增值税小规模纳税人减征政策终止时间 2021 年 01 月

所属期起 2021 年 01 月
所属期止 2021 年 12 月

二、房产税

本期是否适用增值税小规模纳税人减征政策（减免性质代码 08049901） □是 □否

减征比例 /%

本期适用增值税小规模纳税人减征政策起始时间　　年　月
本期适用增值税小规模纳税人减征政策终止时间　　年　月

单元七　其他税种税务处理

（续表）

（一）从价计征房产税

序号	房产编号	房产原值	其中：出租房产原值	计税比例	税率	所属期起	所属期止	本期应纳税额	本期减免税额	本期增值税小规模纳税人减征额	本期已缴税额	本期应补（退）税额
1	略											
2												
3												
合计	*		*	*	*	*	*					

（二）从租计征房产税

序号	本期申报租金收入	税率	本期应纳税额	本期减免税额	本期增值税小规模纳税人减征额	本期已缴税额	本期应补（退）税额
1							
2							
3							
合计	*	*					

声明：此表是根据国家税收法律法规及相关规定填写的，本人（单位）对填报内容（及附带资料）的真实性、可靠性、完整性负责。

纳税人（签章）：（略）　　2022 年 01 月 14 日

经办人：（略）

经办人身份证号：（略）

代理机构签章：（略）

代理机构统一社会信用代码：（略）

受理人：

受理税务机关（章）：

受理日期：　　年　月　日

四、任务评价

对于每一项任务，结合业务能力和评价指标，根据掌握情况在表 7-16 的自测结果相应的 "□" 中打 "√"。自测结果共分为 3 类：A 掌握；B 基本掌握；C 未掌握。

表 7-16　任务测评表

任务	业务能力	评价指标	自测结果	要求
非房地产开发企业城镇土地使用税应纳税额的计算	计算城镇土地使用税应纳税额	非房地产开发企业城镇土地使用税计算公式	□ A □ B □ C	正确计算非房地产开发企业城镇土地使用税税额
非房地产开发企业城镇土地使用税纳税申报	填报城镇土地使用税 房产税纳税申报表	城镇土地使用税 房产税纳税申报表填写	□ A □ B □ C	正确填写非房地产开发企业城镇土地使用税 房产税纳税申报表

五、任务拓展

（一）拓展训练

北京独秀房地产开发有限公司 2021 年度拥有位于市郊的一宗地块。其地上面积为 1 万平方米，单独建造的地下建筑占地面积为 4 000 平方米（已取得地下土地使用权证）。该市规定的城镇土地使用税税率为 2 元 / 平方米。

要求： 计算该公司企业 2021 年度就此地块应缴纳的城镇土地使用税税额。

（二）思政教育

解析与思政教育

任务四　房产税税务处理

一、任务情境

（一）任务场景

① 北京佳味食品有限公司 2021 年 11 月将一栋办公楼出租，租赁合同约定租期从 12 月起算，租期为 3 年，每年预收租金 150 万元（不含增值税）。该办公楼于 2017 年购置，原值为 6 000 万元。

② 北京佳味食品有限公司 2021 年 11 月自建完成一栋仓库并验收，当月投入使用。原值为 4 000 万元。当地税务机关规定，房产税计税时，房产原值减除比例为 30%。

（二）任务布置

① 确定该公司房产税纳税义务发生时间。

② 确定该公司房产税计税方法。

③ 完成该公司2021年第四季度城镇工地使用税 房产税纳税申报表的填制（假设申报表填表时间为2022年1月14日）。

二、任务准备

（一）知识准备

1. 房产税的概念及特点

（1）概念

房产税是对在我国境内拥有房屋产权的单位和个人，以房产为征税对象，依据房产计税价值或房产租金收入向房产所有人或管理人征收的一种税。

（2）特点

① 房产税属于财产税中的个别财产税，其征税对象只是房屋。房产是指屋面和围护结构（有墙或两边有柱），能够遮风避雨，可供人们在其中生产、学习、工作、娱乐、居住或储藏物质的场所。独立于房屋之外的建筑物（水塔、围墙、烟囱、菜窖、室外游泳池等）不属于房屋。

② 征税范围限于城镇的经营性房屋。

③ 按房屋的经营使用方式规定不同的计税依据，对自用的按房产计税余值计税，对出租的按租金收入计税。

2. 房产税的纳税人

① 产权属国家所有的，其经营管理的单位为纳税人；产权属于集体或个人所有的，集体单位或个人为纳税人。

② 产权出典的，承典人为纳税人。

③ 产权所有人、承典人均不在房产所在地的，房产代管人或使用人为纳税人。

④ 纳税单位和个人无租使用房产管理部门、免税单位及纳税单位的房产，由使用人代为缴纳房产税。

3. 房产税的征税范围

我国房产税的征税范围为城市、县城、建制镇和工矿区。其中，城市是指经国务院批准设立的市，其征税范围为市区、郊区和市辖县城，不包括农村；县城是指县人民政府所在地；建制镇是指经省、自治区、直辖市人民政府批准设立的建制镇；工矿区是指工商业比较发达，人口比较集中，符合国务院规定的建制镇标准，但尚未设立的建制镇的大中型工矿企业所在地。

4. 房产税的税率

① 从价计征的税率为1.2%。

② 从租计征的税率为12%。从2001年1月1日起，对个人按市场价格出租的居民住房，以及单位按市场价格向个人出租用于居住的住房，可减按4%税率征收房产税。

5. 房产税应纳税额的计算

（1）从价计征

从价计征是按房产的原值减除一定比例（10%～30%）后的余值计征，具体扣除比例由当地省、自治区、直辖市人民政府确定。其计算公式为：

$$应纳税额 = 应税房产原值 \times (1-扣除比例) \times 1.2\%$$

房产税计税方法

（2）从租计征

从租计征是按房产的租金收入计征。其计算公式为：

$$应纳税额 = 租金收入 \times 12\%（或 4\%）$$

6. 房产税税收优惠

① 国家机关、人民团体、军队自用房产免征房产税。

② 由国家财政部门拨付事业经费的单位，如学校、医疗卫生单位、托儿所、幼儿园、敬老院及文化、体育、艺术类单位等，其本身业务范围内使用的房产免征房产税。

③ 宗教寺庙、公园、名胜古迹自用的房产免征房产税。

④ 个人所有非营业用的房产免征房产税。

经财政部批准免税的其他房产，主要包括：

① 损坏不堪居住的房屋和危险房屋，经有关部门鉴定，在停止使用后，可免征房产税。

② 纳税人因房屋大修导致连续停用半年以上的，在房屋大修期间免征房产税。

③ 在基建工地为基建工地服务的各种工棚、材料棚、休息棚和办公室、食堂、茶炉房、汽车房等临时性房屋，在施工期间，免征房产税。

④ 为鼓励利用地下人防设施，对其暂不征收房产税。

⑤ 向居民提供热并向居民收取采暖费的供热企业，暂免征收房产税。

⑥ 对高校学生公寓免征房产税。

⑦ 对非营利性医疗机构、疾病控制中心和妇幼保健机构等卫生机构自用的房产，免征房产税。

⑧ 老年服务机构自用的房产，免征房产税。

⑨ 自2001年1月1日起，对按政府规定出租的公有住房和廉租住房，暂免征收房产税。

7. 房产税的纳税申报

（1）纳税义务发生时间

① 纳税人将原有房产用于生产经营，从生产经营之月起，缴纳房产税。

② 纳税人自行新建房屋用于生产经营，从建成之次月起，缴纳房产税。

③ 纳税人委托施工企业建设的房屋，从办理验收手续之次月起，缴纳房产税。

④ 纳税人购置新建商品房，自房屋交付使用之次月起，缴纳房产税。

⑤ 纳税人购置存量房，自办理房屋权属转移、变更登记手续，房地产权属登记机关签发房屋权属证书之次月起，缴纳房产税。

⑥ 纳税人出租、出借房产，自交付出租、出借本企业房产之次月起，缴纳房产税。

⑦ 房地产开发企业自用、出租、出借本企业建造的商品房，自房屋使用或交付之次月起，缴纳房产税。

⑧ 自2009年1月1日起，纳税人因房产的实物权利状态发生变化而依法终止房产纳税义务的，其应纳税款的计算应截至房产的实物权利状态发生变化的当月月末。

（2）纳税地点

房产税在房产所在地申报缴纳。房产不在同一地方的纳税人，按房产的坐落地分别向房产所在地的税务机关申报缴纳。

（3）纳税期限

房产税实行按年计算、分期缴纳的征收方法，具体纳税期限由省、自治区、直辖市人民政府确定。

（4）纳税申报表

房产税纳税人应该按照主管税务机关核定的纳税期限，如实填写、提交申报表。为简化和便利纳税人申报工作，房产税采取与城镇土地使用税并表申报方式，参见表7-14。

三、任务实施

（一）网上申报操作流程

步骤1　进入国家税务总局北京市税务局首页（通过"智能财税仿真系统"），如图7-1所示。

图7-1　国家税务总局北京市税务局首页

步骤2　单击"电子税务局"，如图7-2所示。

图7-2　单击"电子税务局"

步骤3　CA 登录，如图 7-3 所示。

图 7-3　CA 登录界面

步骤4　单击"我要办税"，如图 7-4 所示。

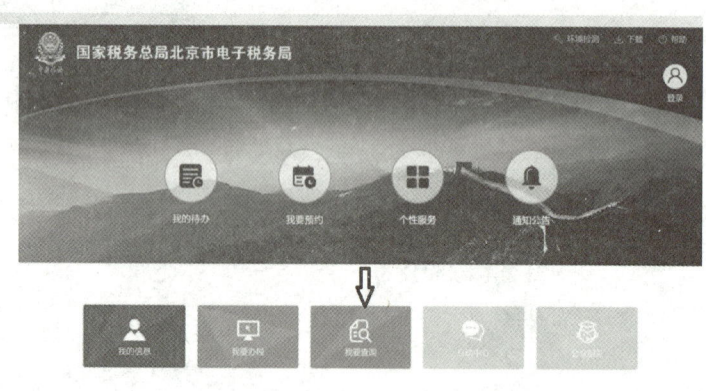

图 7-4　单击"我要办税"

步骤5　在北京市电子税务局网页，单击"税费申报及缴纳"，如图 7-5 所示。
步骤6　在左侧常用功能栏中单击"按期应申报"，进入税费申报及缴纳页面，如图 7-6 所示。

单元七　其他税种税务处理

图 7-5　单击"税费申报及缴纳"

图 7-6　单击"按期应申报"

步骤 7　填写纳税申报表。在"其他申报"界面设置"申报月份"为"2021-01",在"税费申报"列表中选择"城镇土地税房产税",如图 7-7 所示。

步骤 8　在"请选择申报方式"对话框中选择申报方式,分别选择"基础信息""税源明细查询""纳税申报""申报查询",然后单击"申报"(见图 7-8),根据申报项目和内容,结合案例资料填写相关信息和查询。

智能化税费核算与管理

图 7-7 "其他申报"界面

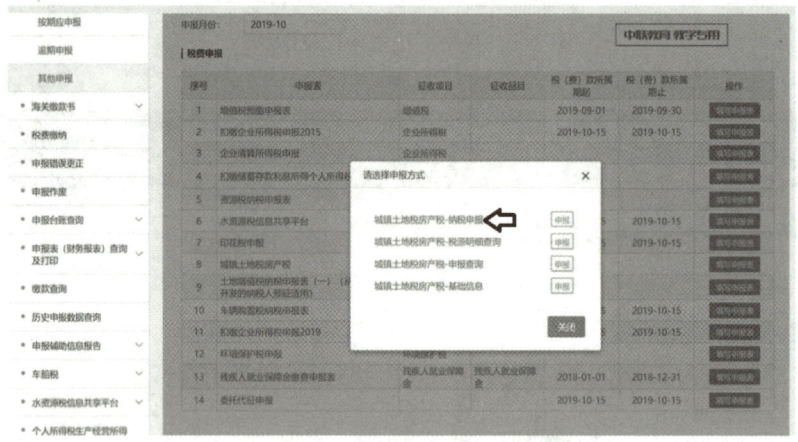

图 7-8 "请选择申报方式"界面

（二）业务分析

① 纳税人出租办公楼，应采取从租计税方法计算应纳房产税。根据规定，该公司 2021 年 11 月出租房产应从下月开始计缴房产税，因此 12 月应缴纳房产税税额 =150×12%×1÷12=1.5（万元）。

② 纳税人经营使用自建仓库，应采取从价计税办法计算应纳房产税。该自建仓库于 2021 年 11 月投入使用，根据规定，其房产税计算期间为 12 月。因此，12 月该仓库应缴纳房产税税额 =4 000×(1-30%)×1.2%×1÷12=2.8（万元）。

（三）填写城镇土地使用税 房产税纳税申报表

本案例城镇土地使用税 房产税纳税申报表填写如表 7-17 所示。

表 7-17 城镇土地使用税 房产税纳税申报表

税款所属期：自 2021 年 10 月 01 日至 2021 年 12 月 31 日

纳税人识别号（统一社会信用代码）：9 1 1 1 0 1 0 5 3 9 7 0 3 0 0 0 0 N

纳税人名称：北京佳味食品有限公司

金额单位：人民币元（列至角分）；面积单位：平方米

一、城镇土地使用税

本期是否适用增值税小规模纳税人减征政策（减免性质代码 10049901）　□是　□否

序号	土地编号	宗地号	土地等级	税额标准	土地总面积	本期适用增值税小规模纳税人减征政策起始时间	本期适用增值税小规模纳税人减征政策终止时间	所属期起	所属期止	本期应纳税额	本期减免税额	本期增值税小规模纳税人减征额	减征比例/%	本期已缴税额	本期应补（退）税额
						年　月	年　月								
1	*														
2	*														
3	*														
合计	*	*	*	*				*	*						

二、房产税

本期是否适用增值税小规模纳税人减征政策（减免性质代码 08049901）　□是　□否

						本期适用增值税小规模纳税人减征政策起始时间	本期适用增值税小规模纳税人减征政策终止时间						减征比例/%		
						年　月	年　月								

(续表)

(一) 从价计征房产税

序号	房产编号	房产原值	其中:出租房产原值	计税比例	税率	所属期起	所属期止	本期应纳税额	本期减免税额	本期增值税小规模纳税人减征额	本期已缴税额	本期应补(退)税额
1	(略)	40 000 000		70%	1.2%	2021.10.01	2021.12.31	28 000	0	0	0	28 000
2												
3												
合计	*	40 000 000	*	*	*	*	*	28 000	0	0	0	28 000

(二) 从租计征房产税

序号	本期申报租金收入	税率	本期应纳税额	本期减免税额	本期增值税小规模纳税人减征额	本期已缴税额	本期应补(退)税额
1	125 000	12%	15 000	0	0	0	15 000
2							
3							
合计	125 000	*	15 000	0	0	0	15 000

声明:此表是根据国家税收法律法规及相关规定填写的,本人(单位)对填报内容(及附带资料)的真实性、可靠性、完整性负责。

纳税人(签章): 　　　　　　　　　　　　　　　　　　　　　　　　　　2022 年 01 月 14 日

经办人:(略)

经办人身份证号:(略)

代理机构签章:

代理机构统一社会信用代码:(略)

受理人:

受理税务机关(章):

受理日期: 　年　月　日

单元七　其他税种税务处理

四、任务评价

对于每一项任务，结合业务能力和评价指标，根据掌握情况在表 7-18 的自测结果相应的"□"中打"√"。自测结果共分为 3 类：A 掌握；B 基本掌握；C 未掌握。

表 7-18　任务测评表

任　务	业务能力	评价指标	自测结果	要　求
房产税税率选择	选择房产税适用税率	房产税适用税率	□ A □ B □ C	正确选择房产税适用税率
房产税纳税义务发生时间确定	确定房产税纳税义务发生时间	房产税纳税义务发生时间	□ A □ B □ C	正确确定房产税纳税义务发生时间
房产税应纳税额的计算	运用从租、从价计税方法	计算公式	□ A □ B □ C	正确计算房产税税额
房产税的纳税申报	填写城镇土地使用税 房产税纳税申报表	城镇土地使用税 房产税纳税申报表	□ A □ B □ C	正确填写城镇土地使用税 房产税纳税申报表

五、任务拓展

（一）拓展训练

北京卓越房地产开发公司（一般纳税人）2022 年 1 月将自用办公楼用于出租。租期从 2 月起算，按季度预收租金，每季度租金 90 万元（不含增值税）。该办公楼账面原值为 5 000 万元。当地税务机关规定，房产税计税时，房产原值减除比例为 30%。

要求：计算该公司上述业务第二季度应缴纳的房产税税额。

（二）思政教育

解析与思政教育

任务五　车船税税务处理

一、任务情境

（一）任务场景

山野物流公司 2021 年拥有有小轿车 8 辆（排量为 2.0 升，其中 2 辆为纯电动乘用车），2021 年 4 月新购货车 15 辆（整备质量为 10 吨），并于当月办理车辆登记手续。已知该货车年税额为整备质量每吨 80 元，小轿车年税额为每辆 700 元。

（二）任务布置

① 确认山野物流公司哪些车辆属于车船税的征税范围。

219

② 计算山野物流公司的应纳车船税税额。

二、任务准备

（一）知识准备

1. 车船税的概念

车船税是按《中华人民共和国车船税法》（以下简称《车船税法》）规定的税目和税额向中华人民共和国境内的车辆、船舶的所有人或管理人征收的一种财产税。

2. 车船税的纳税人

在中华人民共和国境内属于《车船税法》所附车船税税目税额表规定的车辆、船舶（以下简称车船）的所有人或管理人，为车船税的纳税人。

3. 车船税的征税范围

车船税的征税范围是指在中华人民共和国境内属于《车船税法》所附车船税税目税额表规定的车辆、船舶。车辆、船舶是指依法应当在车船管理部门登记的机动车辆和船舶；依法不需要在车船管理部门登记的、在单位内部场所行驶或作业的机动车辆和船舶。

① 机动车辆包括乘用车、商用车（包括客车、货车）、挂车、专用作业车、轮式专用机械车、摩托车。拖拉机不需要缴纳车船税。

② 船舶是指各类机动、非机动船舶及其他水上移动装置，但是船舶上装备的救生艇筏和长度小于 5 米的艇筏除外。其中，机动船舶是指用机器推进的船舶；拖船是指专门用于拖（推）动运输船舶的专业作业船舶；非机动驳船是指在船舶登记管理部门登记为驳船的非机动船舶；游艇是指具备内置机械推进动力装置，长度在 90 米以下，主要用于游览观光、休闲娱乐、水上体育运动等活动，并具有船舶检验证书和适航证书的船舶。

4. 税目和税额

《车船税法》所附车船税税目税额表规定的车辆税额幅度如下。

（1）乘用车

乘用车按照排气量区间划分为 7 个档次，每辆每年税额如下。

① 1.0 升（含）以下的，税额为 60～360 元。
② 1.0 升以上至 1.6 升（含）的，税额为 300～540 元。
③ 1.6 升以上至 2.0 升（含）的，税额为 360～660 元。
④ 2.0 升以上至 2.5 升（含）的，税额为 660～1 200 元。
⑤ 2.5 升以上至 3.0 升（含）的，税额为 1 200～2 400 元。
⑥ 3.0 升以上至 4.0 升（含）的，税额为 2 400～3 600 元。
⑦ 4.0 升以上的，税额为 3 600～5 400 元。

（2）商用车

商用车划分为客车和货车。其中，客车（核定载客人数 9 人以上，包括电车）每辆每年税额为 480～1 440 元；货车（包括半挂牵引车、三轮汽车和低速载货汽车等）按整备质量每吨每年税额为 16～120 元。

（3）挂车

挂车按相同整备质量的货车税额的 50% 计算应纳税额。

（4）其他车辆

其他车辆包括专用作业车和轮式专用机械车，按整备质量每吨每年税额为16～120元。

（5）摩托车

摩托车每辆每年税额为36～180元。

车辆的具体适用税额由省、自治区、直辖市人民政府依照车船税税目税额表规定的税额幅度和国务院的规定确定。

机动船舶具体适用税额为：

① 净吨位不超过200吨的，每吨3元。

② 净吨位超过200吨但不超过2 000吨的，每吨4元。

③ 净吨位超过2 000吨但不超过10 000吨的，每吨5元。

④ 净吨位超过10 000吨的，每吨6元。

拖船按照发动机功率每一千瓦折合净吨位0.67吨计算征收车船税。拖船、非机动驳船分别按照机动船舶税额的50%计算。

游艇具体适用税额为：

① 艇身长度不超过10米的，每米600元。

② 艇身长度超过10米但不超过18米的，每米900元。

③ 艇身长度超过18米但不超过30米的，每米1300元。

④ 艇身长度超过30米的，每米1 800元。

⑤ 辅助动力帆艇，每米600元。

5. 车船税的税收优惠

（1）法定减免

① 捕捞、养殖渔船。这是指在渔业船舶登记管理部门登记为捕捞船或养殖船的船舶。

② 军队、武装警察部队专用的车船。这是指按照规定在军队、武装警察部队车船登记管理部门登记，并领取军队、武警牌照的车船。

③ 警用车船。这是指公安机关、国家安全机关、监狱、劳动教养管理机关和人民法院、人民检察院领取警用牌照的车辆和执行警务的专用车船。

④ 依照法律规定应当予以免税的外国驻华使领馆、国际组织驻华代表机构及其有关人员的车船。

（2）实施条例规定的减免税项目

① 节约能源、使用新能源的车船可以免征或减半征收车船税。

② 按照规定缴纳船舶吨税的机动船舶，自《车船税法》实施之日起5年内免征车船税。

③ 依法不需要在车船登记管理部门登记的机场、港口、铁路站场内部行驶或作业的车船，自《车船税法》实施之日起5年内免征车船税。

（3）授权省、自治区、直辖市人民政府规定的减免税项目

① 省、自治区、直辖市人民政府根据当地实际情况，可以对公共交通车船，农村居民拥有并主要在农村地区使用的摩托车、三轮汽车和低速载货汽车定期减征或免征车船税。

② 对受地震、洪涝等严重自然灾害影响纳税困难及其他特殊原因确实需要减免税的车船，可以在一定期限内减征或免征车船税。

另外，对纯电动乘用车、燃料电池乘用车、非机动车船（不包括非机动驳船）、临时

入境的外国车船和香港特别行政区、澳门特别行政区、台湾地区的车船，不征收车船税。

6. 车船税的计算与代收代缴

（1）购置新车船的税额计算

购置的新车船，购置当年的应纳税额自纳税义务发生的当月起按月计算。其计算公式为：

$$应纳税额 =（年应纳税额 \div 12）\times 应纳税月份数$$

（2）被盗抢、报废、灭失的车船的税额计算

在一个纳税年度内，已完税的车船被盗抢、报废、灭失的，纳税人可以凭有关管理机关出具的证明和完税证明，向纳税所在地的主管税务机关申请退还自被盗抢、报废、灭失月份起至该纳税年度终了期间的税款。

已办理退税的被盗抢车船失而复得的，纳税人应当从公安机关出具相关证明的当月起计算缴纳车船税。

（3）已缴纳车船税的车船在同一纳税年度内办理转让过户的不另纳税，也不退税

（4）船舶车船税

海事管理机构代征船舶车船税的计算公式如下。

1）船舶按一个年度计算的

$$应纳税额 = 计税单位 \times 年基准税额$$

2）购置的新船舶，购置当年的应纳税额自纳税义务发生时间起到该年度终了按月计算

$$应纳税额 = 年应纳税额 \times 应纳税月份数 \div 12$$

$$应纳税月份数 = 12 - 纳税义务发生时间（取月份）+ 1$$

（5）保险机构的代收代缴

从事机动车第三者责任强制保险业务的保险机构为机动车车船税的扣缴义务人。

保险机构在代收车船税时，应当在机动车交强险的保险单及保费发票上注明已收税款的信息，作为代收税款凭证。纳税人不能提供完税凭证或减免税证明，且拒绝扣缴义务人代收代缴车船税的，扣缴义务人应及时报告税务机关处理。

7. 车船税的征收管理

（1）纳税义务的发生时间

纳税义务的发生时间为取得车船所有权或管理权的当月，即购买车船的发票或其他证明文件所载日期的当月。对于在国内购买的机动车，购买日期以机动车销售统一发票所载日期为准；对于进口机动车，购买日期以海关关税专用缴款书所载日期为准；对于购买的船舶，以购买船舶的发票或其他证明文件所载日期的当月为准。

（2）纳税期限

车船税按年申报，分月计算，一次性缴纳。纳税年度为公历1月1日至12月31日。车船税按年申报缴纳，具体申报纳税期限由省、自治区、直辖市人民政府规定。

（3）纳税地点

车船税的纳税地点为车船的登记地或车船税扣缴义务人所在地。依法不需要办理登记的车船，其纳税地点为车船的所有人或管理人所在地。

单元七 其他税种税务处理

（二）操作准备
① 查询车船税的征税范围。
② 搜集税收优惠政策。

（三）任务要领
① 理清业务所涉及的范围，准确判断税目，以便确定适用税率。
② 准确确定纳税义务发生时间。

三、任务实施

根据《车船税法》及其实施细则及有关税法的规定，对山野物流公司应纳车船税业务解析如下。

① 小轿车6辆、新购货车15辆属于车船税的征税范围；2辆纯电动乘用车属于新能源车，不征收车船税。

② 小轿车8辆（排量为2.0升，其中2辆为纯电动乘用车新能源车），其中2辆纯电动乘用车属于新能源车，不征收车船税，故只有6辆小轿车征车船税。车船税税额=6×700=4 200（元）。

货车因属于新购，应纳税车船税税额=（年应纳税额÷12）×应纳税月份数=15×10×80÷12×9=9 000（元）

山野物流公司2021年度应纳车船税税额=4 200+9 000=13 200（元）

四、任务评价

对于每一项任务，结合业务能力和评价指标，根据掌握情况在表7-19的自测结果相应的"□"中打"√"。自测结果共分为3类：A 掌握；B 基本掌握；C 未掌握。

表7-19 任务测评表

任 务	任务布置	评价指标	自测结果	要 求
车船税的征税范围	确定山野公司的征税范围	明确山野公司哪些业务要征收车船税	□A □B □C	车船税的征税范围界定
应纳车船税税额的计算	计算山野公司的应纳车船税税额	准确计算山野公司的应纳车船税税额	□A □B □C	应纳车船税税额的计算
纳税管理	确定车船税的纳税义务时间、纳税地点和纳税期限	能准确判定山野公司车船税的纳税义务时间、纳税地点和纳税期限	□A □B □C	纳税管理

五、任务拓展

纳税人购置车船和因车船被盗等原因申请退税及车船丢失后又找回需要补税的时间均为当月。

拓展训练 7-1 成际公司2021年1月缴纳了5辆轿车的车船税。其中，1辆7月被盗，已办理车船税退还手续；10月，由公安机关找回并出具证明，成际公司补缴了车船税。该类型轿车年基准税额为800元/辆。计算成际公司2021年应缴纳的车船税税额。

成际公司的4辆客车缴纳全年的车船税，即车船税应纳税额=800×4=3 200（元）。

成际公司的1辆客车1月至6月纳税，7月至9月不需要纳税，10月至12月纳税，共缴纳9个月的车船税，即车船税应纳税额=800×1÷12×9=600（元）。

成际公司2021年实际缴纳车船税=3 200+600=3 800（元）。

任务六　印花税税务处理

一、任务情境

（一）任务场景

清远公司是高新技术企业，于2021年成立。2021年发生了如下业务。

① 资金账簿记载实收资本为1 000万元、资本公积为50万元。新启用其他账簿10本，办理了营业执照1本。

② 3月发生采购业务，购买原材料85万元；5月发生销售业务，销售额为3 392 368.25元。两笔业务均签订了购销合同。

③ 7月与上海全一证券公司签订了有价证券转让合同，证券转让所得为80万元。

④ 10月8日，与全德公司签订了一份协议，公司承租全德公司设备1台，每月租赁费2万元。暂不确定租期期限。

（二）任务布置

① 确认清远公司印花税的征税范围。
② 计算2021年清远公司应缴印花税税额。

二、任务准备

（一）知识准备

1. 印花税的概念

印花税是以经济活动和经济交往中，书立、领受应税凭证的行为为征税对象征收的一种税。

2. 印花税的纳税人

印花税的纳税义务人是在中国境内书立、使用、领受《中华人民共和国印花税法》（以下简称《印花税法》）所列举的凭证并应依法履行纳税义务的单位和个人。单位和个人是指国内各类企业、事业、机关、团体、部队及中外合资企业、合作企业、外资企业、外国公司和其他经济组织及其在华机构等单位和个人。

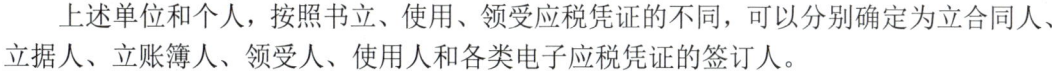

上述单位和个人，按照书立、使用、领受应税凭证的不同，可以分别确定为立合同人、立据人、立账簿人、领受人、使用人和各类电子应税凭证的签订人。

（1）立合同人

立合同人是指合同的当事人。当事人是指对凭证有直接权利义务关系的单位和个人，但不包括合同的担保人、证人、鉴定人。各类合同的纳税人是立合同人。各类合同包括购销、加工承揽、建设工程承包、财产租赁、货物运输、仓储保管、借款、财产保险、技术合同或具有合同性质的凭证。

所称合同，是指根据《中华人民共和国民法典》（以下简称《民法典》）订立的合同；所称具有合同性质的凭证，是指具有合同效力的协议、契约、合约、单据、确认书及其他各种名称的凭证。

《民法典》2021年1月1日起施行，有关合同的法律依据可参考《民法典》的规定。

当事人的代理人有代理纳税的义务，与纳税人负有同等的税收法律义务和责任。

（2）立据人

产权转移书据的纳税人是立据人。立据人是指土地、房屋权属转移过程中买卖双方的当事人。

（3）立账簿人

营业账簿的纳税人是立账簿人。立账簿人是指设立并使用营业账簿的单位和个人。例如，企业单位因生产、经营需要设立了营业账簿，该企业即为纳税人。

（4）领受人

权利、许可证照的纳税人是领受人。领受人是指领取或接受并持有该项凭证的单位和个人。例如，某人因其发明创造，经申请依法取得国家专利机关颁发的专利证书，该人即为纳税人。

（5）使用人

在国外书立、领受，但在国内使用的应税凭证，其纳税人是使用人。

（6）各类电子应税凭证的签订人

各类电子应税凭证的签订人就是以电子形式签订的各类应税凭证的当事人。

值得注意的是，对应税凭证，凡由两方或两方以上当事人共同书立的，其当事人各方都是印花税的纳税人，应各就其所持凭证的计税金额履行纳税义务。

3. 印花税的征税范围和税目

印花税的税目是指《印花税法》明确规定的应当纳税的项目。它具体划定了印花税的征税范围。一般地说，列入税目的就要征税，未列入税目的就不征税。印花税共有13个税目，主要包括经济合同10类、产权转移书据、营业账簿和权利、许可证照。

（1）购销合同

购销合同包括供应、预购、采购、购销结合及协作、调剂、补偿、贸易等合同。此外，还包括出版单位和发行单位之间订立的图书、报纸、期刊和音像制品的应税凭证，如订购单等，以及发电厂和电网之间、电网和电网之间（国家电网公司系统、南方电网公司系统内部各级电网互供电量除外）签订的购售电合同。电网和用户之间签订的供用电合同不属于印花税列举征税的凭证，不征收印花税。

（2）加工承揽合同

加工承揽合同包括加工、定做、修缮、修理、印刷广告、测绘、测试等合同。

（3）建设工程勘察设计合同

建设工程勘察设计合同包括勘察、设计合同。

（4）建筑安装工程承包合同

建筑安装工程承包合同包括建筑、安装工程承包合同。承包合同包括总承包合同、分包合同和转包合同。

（5）财产租赁合同

财产租赁合同不仅包括租赁房屋、船舶、飞机、机动车辆、机械、器具、设备等合同，还包括企业、个人出租门店、柜台等签订的合同。

（6）货物运输合同

货物运输合同包括民用航空、铁路运输、海上运输、公路运输和联运合同，以及作为合同使用的单据。

（7）仓储保管合同

仓储保管合同包括仓储、保管合同，以及作为合同使用的仓单、栈单等。

（8）借款合同

借款合同包括银行及其他金融组织与借款人（不包括银行同业拆借）所签订的合同，以及只填开借据并作为合同使用、取得银行借款的借据。银行及其他金融机构经营的融资租赁业务是一种以融物方式达到融资目的的业务，实际上是分期偿还的固定资金借款，因此融资租赁合同也属于借款合同。

（9）财产保险合同

财产保险合同包括财产、责任、保证、信用保险合同，以及作为合同使用的单据。财产保险合同分为企业财产保险、机动车辆保险、货物运输保险、家庭财产保险和农牧业保险五大类。家庭财产两全保险属于家庭财产保险性质，其合同在财产保险合同之列，应照章纳税。

（10）技术合同

技术合同包括技术开发、转让、咨询、服务等合同，以及作为合同使用的单据。

① 技术转让合同包括专利申请权转让和非专利技术转让。

② 技术咨询合同是当事人就有关项目的分析、论证、预测和调查订立的技术合同。但一般的法律、会计、审计等方面的咨询不属于技术咨询，其所立合同不贴印花。

③ 技术服务合同是当事人一方委托另一方就解决有关特定技术问题，如为改进产品结构、改良工艺流程、提高产品质量、降低产品成本、保护资源环境、实现安全操作、提高经济效益等提出实施方案，实施所订立的技术合同，包括技术服务合同、技术培训合同和技术中介合同。但不包括以常规手段或以生产经营为目的进行一般加工、修理、修缮、广告、印刷、测绘、标准化测试，以及勘察、设计等所书立的合同。

（11）产权转移书据

产权转移书据包括财产所有权和版权、商标专用权、专利权、专有技术使用权等转移书据和专利实施许可合同、土地使用权出让合同、土地使用权转让合同、商品房销售合同等权利转移合同。

产权转移书据是指单位和个人产权的买卖、继承、赠予、交换、分割等所立的书据。财产所有权转移书据的征税范围是经政府管理机关登记注册的动产、不动产的所有权转移所立的书据，以及企业股权转让所立的书据，并包括个人无偿赠送不动产所签订的个人无偿赠予不动产登记表。当纳税人完税后，税务机关（或其他征收机关）应在纳税人印花税完税凭证上加盖"个人无偿赠予"印章。

（12）营业账簿

营业账簿是指单位或个人记载生产经营活动的财务会计核算账簿。营业账簿按其反映内容的不同，可分为记载资金的账簿和其他账簿。

记载资金的账簿是指反映生产经营单位资本金数额增减变化的账簿；其他账簿是指除上述账簿以外的有关其他生产经营活动内容的账簿，包括日记账簿和各明细分类账簿。

但是，对金融系统营业账簿，要结合金融系统财务会计核算的实际情况进行具体分析：凡银行用以反映资金存贷经营活动、记载经营资金增减变化、核算经营成果的账簿，如各种日记账、明细账和总账都属于营业账簿，应按照规定缴纳印花税；银行根据业务管理需要设置的各种登记簿，如空白重要凭证登记簿、有价单证登记簿、现金收付登记簿等，其记载的内容与资金活动无关，仅用于内部备查，属于非营业账簿，均不征收印花税。

（13）权利、许可证照

权利、许可证照包括政府部门发给的房屋产权证、工商营业执照、商标注册证、专利证、土地使用证。

4. 印花税的税率

印花税的税率设计，遵循税负从轻、共同负担的原则，因此，税率比较低。凭证的当事人，即对凭证有直接权利与义务关系的单位和个人均应就其所持凭证依法纳税。

印花税的税率有两种形式，即比例税率和定额税率。

（1）比例税率

在印花税的 13 个税目中，各类合同及具有合同性质的凭证（含以电子形式签订的各类应税凭证）、产权转移书据、营业账簿中记载资金的账簿，适用比例税率。

印花税的比例税率分为 4 个档次，分别是 0.05%、0.3%、0.5%、1%。

① 适用 0.05% 税率的为借款合同。

② 适用 0.3% 税率的为购销合同、建筑安装工程承包合同、技术合同。

③ 适用 0.5% 税率的为"加工承揽合同""建筑工程勘察设计合同""货物运输合同""产权转移书据""营业账簿"税目中记载资金的账簿。

④ 适用 1% 税率的为财产租赁合同、仓储保管合同、财产保险合同。

在上海证券交易所、深圳证券交易所、北京证券交易所、全国中小企业股份转让系统买卖、继承、赠予优先股所书立的股权转让书据，均依书立时的实际成交金额，由出让方按 1% 的税率计算缴纳证券（股票）交易印花税。

香港市场投资者通过沪港通买卖、继承、赠予上交所上市 A 股，按照内地现行税制规定缴纳证券（股票）交易印花税；内地投资者通过沪港通买卖、继承、赠予联交所上市股票，按照香港特别行政区现行税法规定缴纳印花税。

（2）定额税率

在印花税的 13 个税目中，"权利、许可证照"和"营业账簿"税目中的其他账簿，适用定额税率，均为按件贴花，税额为 5 元。这样规定，主要是考虑到上述应税凭证比较特殊，有的是无法计算金额的凭证，如权利、许可证照；有的是虽记载有金额，但以其作为计税依据又明显不合理的凭证，如其他账簿。采用定额税率，便于纳税人缴纳，便于税务

智能化税费核算与管理

机关征管。印花税税目税率如表 7-20 所示。

表 7-20　印花税税目、税率

税　目	范　围	税　率	纳税人	说　明
购销合同	供应、预购、采购、购销结合及协作、调剂、补偿、易货等合同	按购销合同 0.3‰ 贴花	立合同人	
加工承揽合同	加工、定做、修缮、修理、印刷、广告、测绘、测试等合同	按加工或承揽收入 0.5‰ 贴花	立合同人	
建设工程勘察设计合同	勘察、设计合同	按收取费用 0.5‰ 贴花	立合同人	
建筑安装工程承包合同	建筑、安装工程承包合同	按承包金额 0.3‰ 贴花	立合同人	
财产租赁合同	租赁房屋、船舶、飞机、机动车辆、机械、器具、设备等合同	按租赁金额 1‰ 贴花。税额不足 1 元，按 1 元贴花	立合同人	
货物运输合同	民用航空运输、铁路运输、海上运输、内河运输、公路运输和联运合同	按运输费用 0.5‰ 贴花	立合同人	单据作为合同使用的，按合同贴花
仓储保管合同	仓储、保管合同	按仓储保管费用 1‰ 贴花	立合同人	仓单或栈单作为合同使用的，按合同贴花
借款合同	银行及其他金融组织和借款人（不包括银行同业拆借）所签订的借款合同	按借款金额 0.05‰ 贴花	立合同人	单据作为合同使用的，按合同贴花
财产保险合同	财产、责任、保证、信用等保险合同	按保险费收入 1‰ 贴花	立合同人	单据作为合同使用的，按合同贴花
技术合同	技术开发、转让、咨询、服务等合同	按所载金额 0.3‰ 贴花	立合同人	
产权转移书据	财产所有权和版权、商标专用权、专利权、专有技术使用权等转移书据、土地使用权出让合同、土地使用权转让合同、商品房销售合同	按所载金额 0.5‰ 贴花	立据人	
营业账簿	生产、经营用账册	记载资金的账簿，按实收资本和资本公积的合计金额 0.5‰ 贴花。其他账簿按件贴花 5 元	立账簿人	
权利、许可证照	政府部门发给的房屋产权证、工商营业执照、商标注册证、专利证、土地使用证	按件贴花 5 元	领受人	

5. 印花税的税收优惠

对印花税的减免税优惠主要有以下几项。

① 对已缴纳印花税凭证的副本或抄本免税。凭证的正式签署本已按规定缴纳了印花税，其副本或抄本对外不发生权利义务关系，只是留存备查。但以副本或抄本视同正本使用的，则应另贴印花。

② 对无息、贴息贷款合同免税。无息、贴息贷款合同是指我国的各专业银行按照国家金融政策发放的无息贷款，以及由各专业银行发放并按有关规定由财政部门或中国人民银行给予贴息的贷款项目所签订的贷款合同。一般情况下，无息、贴息贷款体现国家政策，满足特定时期的某种需要，其利息全部或部分是由国家财政负担的，对这类合同征收印花税没有财政意义。

③ 对房地产管理部门与个人签订的用于生活居住的租赁合同免税。

④ 对农牧业保险合同免税。

6. 印花税的计税依据

印花税计税依据的一般规定如表 7-21 所示。

表 7-21　印花税计税依据的一般规定

税　目	计税依据
购销合同	合同中记载的购销金额
加工承揽合同	合同中的加工或承揽收入的金额
建设工程勘察设计合同	收取的费用
建筑安装工程承包合同	承包的金额
财产租赁合同	租赁金额（融资租赁合同不属于此类）
货物运输合同	取得的运输费，不包括所运货物的金额、装卸费和保险费等
仓储保管合同	收取的仓储保管费用
借款合同	借款金额（融资租赁合同属于此类，计税依据为租金总额）
财产保险合同	保险费收入，不包括所保财产的金额
技术合同	合同所载的价款、报酬或使用费
产权转移书据	所载的金额
营业账簿	记载资金的账簿计税依据为实收资本与资本公积两项的合计金额；其他账簿的计税依据为应税凭证件数
权利、许可证照	应税凭证的件数

（2）印花税计算依据的特殊规定

① 纳税人在签订应税合同时纳税义务即已产生，应计算应纳税额并贴花。所以不论合同是否兑现或能否按期兑现，均应贴花。

② 办理一项业务（如货物运输、仓储保管等），如果既书立合同，又开立单据，只就合同贴花；凡不书立合同，只开立单据，以单据作为合同使用的，其使用的单据应按规定贴花。

③ 有些合同在签订时无法确定计税金额，如技术转让合同中的转让收入，是按销售收入的一定比例收取或按实现利润分成的；财产租赁合同只是规定了月（天）租金标准而无租赁期限。对这类合同，可在签订时先按定额5元贴花，以后结算时再按实际金额计税，补贴印花。

④ 按金额比例贴花的应税凭证，未标明金额的，应按照凭证所载数量及国家牌价（没有国家牌价的，按市场价格）计算金额，依适用税率贴足印花。

⑤ 同一凭证因载有两个或两个以上经济事项而适用不同税率，分别载有金额的，应分别计算应纳税额，相加后按合计税额贴花；未分别记载金额的，按税率高的计税贴花。

⑥ 已贴花的凭证，修改后所载金额增加的，其增加部分应当补贴印花税票。

⑦ 按比例税率计算纳税而应纳税额不足1角的，免纳印花税；应纳税额在1角以上的，其税额尾数不满5分的不计，满5分的按1角计算贴花。对财产租赁合同的应纳税额超过1角但不足1元的，按1元贴花。

7. 印花税应纳税额的计算

纳税人印花税的应纳税额，根据应税凭证的性质，分别按比例税率或定额税率计算。其计算公式为：

$$应纳税额 = 应税凭证计税金额（或应税凭证件数）\times 适用税率$$

8. 印花税的征收管理

（1）印花税的缴纳方法

① 自行贴花办法。纳税人自行计算、自行购买、自行画销，自行完成纳税义务。

② 汇贴办法。如果一份凭证的应纳税额超过500元，贴用印花税票不方便，则可向当地税务机关申请填写缴款书或完税证，以缴款书或完税证代替贴花。

③ 汇缴。同一种类应纳税凭证如果需要频繁贴花的，纳税人根据实际情况自行决定是否采用按期汇总申报缴纳印花税的方式。汇总申报缴纳期限不得超过1个月。

（2）印花税票

印花税票票面金额以人民币为单位，分为壹角、贰角、伍角、壹元、贰元、伍元、拾元、伍拾元、壹佰元9种。印花税票可以委托单位或个人代售，并由税务机关付给不超过代售金额5%的手续费，支付来源从实征印花税税款中提取。

（3）纳税环节

印花税应当在书立或领受时贴花。具体是指在合同签订时、账簿启用时和证照领受时贴花。

（4）纳税地点

印花税一般实行就地纳税。

（二）操作准备

① 查询印花税的征税范围。
② 搜集税收优惠政策。

（三）任务要领

① 理清业务所涉及的范围，准确判断税目，以便确定适用税率。
② 准确确定纳税义务发生时间。

单元七 其他税种税务处理

三、任务实施

根据《印花税暂行条例》及其实施细则和有关税法的规定，对清远公司应纳印花税业务解析如下。

① 自 2018 年 5 月 1 日起，对按 0.5‰ 税率贴花的资金账簿减半征收印花税，对按件贴花 5 元的其他账簿免征印花税。应缴纳的印花税税额 =(10 000 000 +500 000)×0.5‰×50%+1×5= 2 630（元）。

② 购销合同应纳的印花税税额 =(1 200 000 +3 392 368.25)×0.3‰ =1 377.71（元）；按税法规定印花税 1 角以上的，其税额尾数不满 5 分的不计，满 5 分的按 1 角计算。因此，应纳印花税税额是 1 377.7 元。

③ 证券交易印花税按 1‰ 征收，并采用单边收取的征收方式。证券转让应纳印花税税额 =800 000×1‰= 800（元）。

④ 与全德公司签订协议，租期不确定，先按照 5 元贴花。

清远公司 2021 年度应纳印花税税额 =2 630+1 377.7+800+5=4 812.7（元）。

四、任务评价

对于每一项任务，结合业务能力和评价指标，根据掌握情况在表 7-22 的自测结果相应的"□"中打"√"。自测结果共分为 3 类：A 掌握；B 基本掌握；C 未掌握。

表 7-22 任务测评表

任 务	任务布置	评价指标	自测结果	要 求
印花税的征税范围	确定清远公司的征税范围	明确清远公司哪些业务要征收印花税	□A □B □C	印花税的征税范围界定
应纳印花税税额的计算	计算清远公司的应纳印花税税额	准确计算清远公司的应纳印花税税额	□A □B □C	应纳印花税税额的计算
纳税管理	确定印花税的纳税义务发生时间、纳税地点和纳税期限	能准确判定清远公司印花税的纳税义务发生时间、纳税地点和纳税期限	□A □B □C	纳税管理

五、任务拓展

以货易货合同，按照销售和采购两项金额合计贴花。以货易货交易，要看成是销售货物然后购进货物，换出去的货物就是销售的货物，换进来的货物就是购进的货物，将销售金额和采购金额的合计数作为以货易货合同的印花税计税依据。其差额分为以下两种情况处理。

① 如果已明确换出货物的金额及换入货物的金额，则直接将投入和换出两个金额之和作为以货易货合同的计税依据。

② 如果只明确了换出货物的金额或换入货物的金额，则首先要确定是哪方支付差价，算出对应换入货物的金额或换出货物的金额，再以换出货物金额和换入货物金额的合计数作为印花税的计税依据。

拓展训练 7-2 A、B 公司签订了一份货物交换合同，A 公司以价值 50 万元的商品一交换B公司的商品二，A公司补差价10万元。计算印花税的计税依据。

B公司的商品二价格没明确，需要计算，因为A公司补差价10万元，所以B公司的商品二价值就是60万元，印花税的计税依据=50+60=110（万元）。

任务七　契税税务处理

一、任务情境

（一）任务场景

重庆渝都公司2021年度发生了以下业务。
① 5月接受一家企业以房产投资入股，房产的市场价值为200万元。
② 7月以自有房产与荣成公司互换一处房产，支付差价款300万元。
③ 10月向政府购买出让土地一块，支付土地出让金80万元。
重庆规定契税税率为3%。以上业务价格均为不含增值税的价格。

（二）任务布置

① 确认重庆渝都公司哪些业务属于契税的征税范围。
② 计算重庆渝都公司2021年度应纳契税金额。

二、任务准备

（一）知识准备

1. 契税的概念

契税是以所有权发生转移的不动产为征税对象，向产权承受人征收的一种财产税。契税属于财产转移税，由财产承受人缴纳。

2. 契税的纳税人

在中华人民共和国境内转移土地、房屋权属，承受的单位和个人为契税的纳税人。

3. 契税的征税范围

① 土地使用权出让：出让方不缴纳土地增值税，承受方缴纳契税。
② 土地使用权转让：包括出售、赠予、互换，不包括土地承包经营权和土地经营权的转移。
③ 房屋买卖。
④ 房屋赠予：法定继承免征契税。
⑤ 房屋互换：以支付补价的一方作为契税的纳税人。

下列情形发生土地、房屋权属转移的，承受方应当依法缴纳契税。因共有不动产份额变化的；因共有人增加或减少的；因人民法院、仲裁委员会的生效法律文书或监察机关出具的监察文书等因素，发生土地、房屋权属转移的。

⑥ 其他：以作价投资（入股）、偿还债务、划转、奖励等方式转移土地、房屋权属的，应当依照《中华人民共和国契税法》（以下简称《契税法》）征收契税。

4. 契税的税率

契税实行幅度比例税率，税率为3%～5%。

契税的具体适用税率由省、自治区、直辖市人民政府在《契税法》规定的税率幅度内提出，报同级人民代表大会常务委员会决定，并报全国人民代表大会常务委员会和国务院备案。

5. 契税的税收优惠

（1）法定免税

① 国家机关、事业单位、社会团体、军事单位承受土地、房屋权属用于办公、教学、医疗、科研、军事设施。

② 非营利性的学校、医疗机构、社会福利机构承受土地、房屋权属用于办公、教学、医疗、科研、养老、救助。

③ 承受荒山、荒地、荒滩土地使用权用于农、林、牧、渔业生产。

④ 婚姻关系存续期间夫妻之间变更土地、房屋权属。

⑤ 法定继承人通过继承承受土地、房屋权属。

⑥ 依照法律规定应当予以免税的外国驻华使馆、领事馆和国际组织驻华代表机构承受土地、房屋权属。

（2）省、自治区、直辖市可以决定免征或减征契税

① 因土地、房屋被县级以上人民政府征收、征用，重新承受土地、房屋权属。

② 因不可抗力灭失住房，重新承受住房权属。

（3）其他减征、免征和不征契税的项目

① 对售后回租合同期满，承租人回购原房屋、土地权属的，免征契税。

② 市、县级人民政府根据《国有土地上房屋征收与补偿条例》有关规定征收居民房屋，居民因个人房屋被征收而选择货币补偿用以重新购置房屋，并且购房成交价格不超过货币补偿的，对新购房屋免征契税；购房成交价格超过货币补偿的，对差价部分按规定征收契税。

③ 企业承受土地使用权用于房地产开发，并在该土地上代政府建设保障性住房的，计税价格为取得全部土地使用权的成交价格。

④ 自2010年10月1日起，个人购买属家庭唯一的普通住房，才能享受契税减半征收的优惠政策。普通住房的标准是：住宅小区建筑容积率在1.0以上、单套建筑面积在120平方米以下、实际成交价格低于同级别土地上住房平均交易价格1.2倍以下。各省、自治区、直辖市根据本地区享受优惠政策普通住房的具体标准，允许单套建筑面积和价格标准适当浮动，但向上浮动的比例不得超过上述标准的20%。

⑤ 对个人购买家庭唯一住房（家庭成员范围包括购房人、配偶及未成年子女），面积为90平方米及以下的，减按1%的税率征收契税；面积为90平方米以上的，减按1.5%的税率征收契税。

⑥ 对个人购买家庭第二套改善性住房，面积为90平方米及以下的减按1%的税率征

收契税，面积在90平方米以上的，减按2%的税率征收契税。

6. 契税的计税依据

① 土地使用权出让、出售，房屋买卖，为土地、房屋权属转移合同确定的成交价格，包括应交付的货币及实物、其他经济利益对应的价款。

② 土地使用权互换、房屋互换，为所互换的土地使用权、房屋价格的差额。

③ 土地使用权赠予、房屋赠予及其他没有价格的转移土地、房屋权属行为，为税务机关参照土地使用权出售、房屋买卖的市场价格依法核定的价格。纳税人申报的成交价格、互换价格差额明显偏低且无正当理由的，由税务机关依照《税收征收管理法》的规定核定。

契税的计税依据不包含增值税的具体规定如下。

① 土地使用权出售、房屋买卖，承受方计征契税的成交价格不含增值税；实际取得增值税发票的，成交价格以发票上注明的不含税价格确定。

② 土地使用权互换、房屋互换，契税计税依据为不含增值税价格的差额。

③ 税务机关核定的契税计税价格为不含增值税价格。

7. 契税的应纳税额的计算

契税的应纳税额按照计税依据乘以具体适用税率计算。其计算公式为：

$$应纳税额 = 计税依据 \times 适用税率$$

8. 契税的征收管理

① 纳税义务发生时间。为纳税人签订土地、房屋权属转移合同的当日，或者纳税人取得其他具有土地、房屋权属转移合同性质凭证的当日。纳税人应当在依法办理土地、房屋权属登记手续前申报缴纳契税。

② 纳税期限。纳税人应当在依法办理土地、房屋权属登记手续前申报缴纳契税。

③ 纳税地点。契税由土地、房屋所在地的税务机关依照《契税法》和《税收征收管理法》的规定征收管理。

④ 契税的退还。纳税人缴纳契税后发生下列情形，可依照有关法律法规申请退税。

- 纳税人在依法办理土地、房屋权属登记前，权属转移合同、权属转移合同性质凭证不生效、无效、被撤销或被解除的，纳税人可以向税务机关申请退还已缴纳的税款，税务机关应当依法办理。
- 因人民法院判决或仲裁委员会裁决导致土地、房屋权属转移行为无效、被撤销或被解除，且土地、房屋权属变更至原权利人的。
- 在出让土地使用权交付时，因容积率调整或实际交付面积小于合同约定面积需要退还土地出让价款的。
- 在新建商品房交付时，因实际交付面积小于合同约定面积需要返还房价款的。

⑤ 契税纳税申报。契税纳税人依法纳税申报时，应填报财产和行为税税源明细表（契税税源明细表部分），并根据具体情形提交下列资料。

- 纳税人身份证件。
- 土地、房屋权属转移合同或其他具有土地、房屋权属转移合同性质的凭证。
- 交付经济利益方式转移土地、房屋权属的，提交土地、房屋权属转移相关价款支付凭证。其中，土地使用权出让为财政票据；土地使用权出售、互换和房屋买卖、互换为增值税发票。

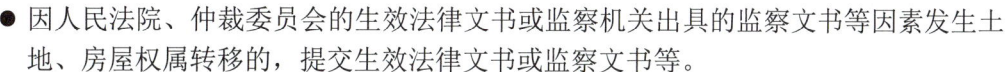

- 因人民法院、仲裁委员会的生效法律文书或监察机关出具的监察文书等因素发生土地、房屋权属转移的,提交生效法律文书或监察文书等。

(二) 操作准备

① 查询契税的征税范围。
② 搜集税收优惠政策。

(三) 任务要领

① 理清业务所涉及的范围,准确判断税目,以便确定适用税率。
② 准确计算应纳契税税额。

三、任务实施

① 根据《契税法》及其实施细则及有关税法的规定,重庆渝都公司的所有业务都属于契税的征税范围。

② 业务①以房产做投资,由产权承受方按投资房产价值不含增值税 200 万元缴纳契税;业务②房产互换,以所换的房屋价格差额 300 万元为计税依据;业务③土地使用权出让为土地权属转移合同确定的成交价格 80 万元为计税依据。

因此,重庆渝都公司 2021 年度应纳契税税额 =(200+300+80)×3%=17.4(万元)。

四、任务评价

对于每一项任务,结合业务能力和评价指标,根据掌握情况在表 7-23 的自测结果相应的"□"中打"√"。自测结果共分为 3 类:A 掌握;B 基本掌握;C 未掌握。

表 7-23 任务测评表

任　务	任务布置	评价指标	自测结果	要　求
契税的征税范围	确定重庆渝都公司的征税范围	明确重庆渝都公司哪些业务要征收印花税	□A □B □C	契税的征税范围界定
应纳契税税额的计算	计算重庆渝都公司的应纳契税税额	准确计算重庆渝都公司的应纳契税税额	□A □B □C	应纳契税税额的计算
纳税管理	确定契税的纳税义务发生时间、纳税地点和纳税期限	能准确判定重庆渝都公司契税的纳税义务发生时间、纳税地点和纳税期限	□A □B □C	纳税管理

五、任务拓展

① 等价互换房屋、土地权属与实物交换房屋、土地权属的区别。土地使用权互换、房屋互换,契税的计税依据为所互换的土地使用权、房屋价格的差额,等价互换房屋、土地权属的属于免征契税;实物交换房屋、土地权属契税的计税依据为对应的差额。

② 契税计税依据不包括增值税,但如果土地、房屋权属转让方免征增值税的,承受方计征契税的成交价格不得扣减增值税税额。

智能化税费核算与管理

任务八 耕地占用税处理

一、任务情境

（一）任务场景

2021年12月19日，陈鸿公司新占用20 000平方米耕地用于工业建设，所占耕地适用的定额税率为20元/平方米。

（二）任务布置

计算该公司应纳的耕地占用税。

二、任务准备

（一）知识准备

1. 耕地占用税的概念

耕地占用税是对占用耕地建房或从事其他非农业建设的单位和个人，就其实际占用的耕地面积征收的一种税。它属于对特定土地资源占用课税。

2. 耕地占用税纳税人

耕地占用税纳税人是指凡占用耕地建房或从事其他非农业建设的单位和个人，均为耕地占用税的纳税义务人。但外国投资者在中国境内开办的中外合资经营企业、中外合作企业和外商独资企业生产经营的某些项目，可以免征耕地占用税。

3. 耕地占用税的征税范围

耕地占用税的征税范围包括纳税人占用耕地建设建筑物、构筑物或从事非农业建设的国家所有和集体所有的耕地。

耕地是指用于种植农作物的土地，包括菜地、园地。其中，园地包括花圃、苗圃、茶园、果园、桑园和其他种植经济林木的土地。

占用鱼塘及其他农用土地建房或从事其他非农业建设，也视同占用耕地，必须依法征收耕地占用税。占用已开发从事种植、养殖的滩涂、草场、水面和林地等从事非农业建设，由省、自治区、直辖市本着有利于保护土地资源和生态平衡的原则，结合具体情况确定是否征收耕地占用税。

4. 耕地占用税的税率

由于我国不同地区之间人口和耕地资源的分布极不均衡，因此有些地区人口稠密，耕地资源相对匮乏，而有些地区人烟稀少，耕地资源比较丰富。各地区之间的经济发展水平也有很大差异。考虑到不同地区之间客观条件的差别及与此相关的税收调节力度和纳税人负担能力方面的差别，耕地占用税在税率设计上采用了地区差别定额税率。税率具体标准如下：

① 人均耕地不超过1亩（约667平方米）的地区（以县、自治县、不设区的市、市辖区为单位，下同），每平方米为10～50元。

② 人均耕地超过1亩（约667平方米）但不超过2亩（约1 333平方米）的地区，每平方米为8～40元。

③ 人均耕地超过2亩（约1 333平方米）但不超过3亩（约2 000平方米）的地区，每平方米为6～30元。

④ 人均耕地超过3亩（约2 000平方米）的地区，每平方米为5～25元。

各地区耕地占用税的适用税额，由省、自治区、直辖市人民政府根据人均耕地面积和经济发展等情况，在规定的税额幅度内提出，报同级人民代表大会常务委员会决定，并报全国人民代表大会常务委员会和国务院备案。各省、自治区、直辖市耕地占用税适用税额的平均水平，不得低于各省、自治区、直辖市耕地占用税平均税额表（见表7-24）规定的平均税额。

表7-24 各省、自治区、直辖市耕地占用税平均税额表

省、自治区、直辖市	每平方米平均税额/元
上海	45
北京	40
天津	35
江苏、浙江、福建、广东	30
辽宁、湖北、湖南	25
河北、安徽、江西、山东、河南、重庆、四川	22.5
广西、海南、贵州、云南、陕西	20
山西、吉林、黑龙江	17.5
内蒙古、西藏、甘肃、青海、宁夏、新疆	12.5

在人均耕地低于0.5亩（约333平方米）的地区，省、自治区、直辖市可以根据当地经济发展情况，适当提高耕地占用税的适用税额，但提高的部分不得超过确定的适用税额的50%。具体适用税额按照规定程序确定。

占用基本农田的，应当按照当地适用税额加征150%。

5. 耕地占用税的应纳税额的计算

耕地占用税以纳税人实际占用的属于耕地占用税征税范围的土地（以下简称应税土地）面积为计税依据，按应税土地当地适用税额计税，实行一次性征收。

实际占用的耕地面积，包括经批准占用的耕地面积和未经批准占用的耕地面积。

耕地占用税以纳税人实际占用的应税土地面积为计税依据，以每平方米土地为计税单位，按适用的定额税率计税。应纳税额为纳税人实际占用的应税土地面积（平方米）乘以适用税额。其计算公式为：

应纳税额 = 应税土地面积 × 适用税额

加按150%征收耕地占用税的计算公式为：

应纳税额 = 应税土地面积 × 适用税额 × 150%

应税土地面积包括经批准占用面积和未经批准占用面积,以平方米为单位。适用税额是指省、自治区、直辖市人民代表大会常务委员会决定的应税土地所在地县级行政区的现行适用税额。

6. 耕地占用税的税收优惠

耕地占用税对占用耕地实行一次性征收,对生产经营单位和个人不设立减免税,仅对公益性单位和需要照顾群体设立减免税。

纳税人改变原占地用途,不再属于免征或减征情形的,应自改变用途之日起30日内申报补缴税款,补缴税款按改变用途的实际占用耕地面积和改变用途时当地适用税额计算。

(1)免征耕地占用税

① 军事设施占用耕地。

② 学校、幼儿园、社会福利机构、医疗机构占用耕地。

③ 农村烈士遗属、因公牺牲军人遗属、残疾军人及符合农村最低生活保障条件的农村居民,在规定用地标准以内新建自用住宅,免征耕地占用税。

(2)减征耕地占用税

① 铁路线路、公路线路、飞机场跑道、停机坪、港口、航道、水利工程占用耕地,减按每平方米2元的税额征收耕地占用税。

② 农村居民在规定用地标准以内占用耕地新建自用住宅,按照当地适用税额减半征收耕地占用税。其中,农村居民经批准搬迁,新建自用住宅占用耕地不超过原宅基地面积的部分,免征耕地占用税。

7. 耕地占用税的征收管理(见表7-25)

表7-25 耕地占用税的征收管理

项 目		具体规定
纳税地点		由土地所在的税务机关征收
纳税义务发生时间	经批准占用耕地的	纳税人收到土地管理部门办理占用农用地手续通知的当天
	未经批准占用耕地的	实际占用耕地的当天
纳税期限	农用地转用审批文件中未标明建设用地人的	用地申请人应当在收到农用地转用审批文件之日起30日内缴纳
	农用地转用审批文件中标明建设用地人的	建设用地人应当在收到征收机关纳税通知书之日起30日内缴纳
	未经批准占用耕地或者其他农用地的	应当在实际占用耕地之日起30日内缴纳

(二)操作准备

① 查询耕地占用税的征税范围。

② 搜集税收优惠政策。

(三)任务要领

① 理清业务所涉及的范围,准确判断税目,以便确定适用税率。

② 准确界定纳税义务发生时间。

三、任务实施

该公司 2021 年应缴耕地占用税税额 =20 000×20=400 000（元）

四、任务评价

对于每一项任务，结合业务能力和评价指标，根据掌握情况在表 7-26 的自测结果相应的"□"中打"√"。自测结果共分为 3 类：A 掌握；B 基本掌握；C 未掌握。

表 7-26　任务测评表

任　务	任务布置	评价指标	自测结果	要　求
耕地占用税的征税范围	确定该公司的征税范围	明确该公司哪些业务要征收耕地占用税	□ A □ B □ C	耕地占用税的征税范围界定
应纳耕地占用税额的计算	计算该公司的应纳耕地占用税税额	准确计算该公司的应纳耕地占用税税额	□ A □ B □ C	应纳耕地占用税税额的计算
纳税管理	确定耕地占用税的纳税义务发生时间、纳税地点和纳税期限	能准确判定该公司耕地占用税的纳税义务发生时间、纳税地点和纳税期限	□ A □ B □ C	纳税管理

五、任务拓展

（一）拓展训练

因土地规模化耕种需要，农村居民杜某经批准搬迁，搬迁前住宅占用耕地 220 平方米，搬迁后在规定用地标准内新建自用住宅占用耕地 260 平方米，当地耕地占用税税额每平方米 20 元。

要求：计算杜某应缴纳的耕地占用税税额。

（二）思政教育

解析与思政教育

任务九　环境保护税税务处理

一、任务情境

（一）任务场景

北京清远公司 2021 年 5 月向大气直接排放二氧化硫、氟化物各 100 千克，一氧化碳 150 千克，氯化氢 120 千克。假设当地大气污染物每污染当量税额 1.2 元，二氧化硫、氟化物、一氧化碳、氯化氢的污染当量值分别为 0.95 千克、0.87 千克、16.7 千克、10.75 千克。该公司只有一个排放口。

（二）任务布置

计算该公司当月环境保护税应纳税额。

二、任务准备

1. 环境保护税的概念及特点

（1）环境保护税的概念

环境保护税是对在我国领域及管辖的其他海域直接向环境排放应税污染物的企事业单位和其他生产经营者征收的一种税。其立法目的是保护和改善环境，减少污染物排放，推进生态文明建设。环境保护税是我国首个明确以环境保护为目标的独立型环境税税种，既有利于解决排污费制度存在的执法刚性不足等问题，也有利于提高纳税人环保意识和强化企业治污减排责任。

（2）特点

① 属于调节型税种。
② 其渊源是排污收费制度。
③ 属于综合型环境税。
④ 属于直接排放税。
⑤ 对大气污染物、水污染物规定了幅度定额税率。
⑥ 采用税务、环保部门紧密配合的征收方式。
⑦ 收入纳入一般预算收入，全部划归地方。

2. 环境保护税纳税人

环境保护税的纳税义务人是在中华人民共和国领域和中华人民共和国管辖的其他海域直接向环境排放应税污染物的企事业单位和其他生产经营者。

3. 环境保护税税目与税率

（1）税目

环境保护税税目包括大气污染物、水污染物、固体废物和噪声四大类。

（2）税率

环境保护税采用定额税率。其中，对应税大气污染物和水污染物规定了幅度定额税率，具体适用税额的确定和调整由省、自治区、直辖市人民政府统筹考虑本地区环境承污染物排放现状和经济社会生态发展目标要求，在规定的税额幅度内提出，报同级人民代表大会常务委员会决定，并报全国人民代表大会常务委员会和国务院备案。环境保护税税目税额表如表7-27所示。

表7-27　环境保护税税目税额表

税　目	计税单位	税　额	备　注
大气污染物	每污染当量	1.2～12元	
水污染物	每污染当量	1.4～14元	

单元七 其他税种税务处理

(续表)

税 目		计税单位	税 额	备 注
固体废物	煤矸石	每吨	5元	
	尾矿	每吨	15元	
	危险废物	每吨	1 000元	
	冶炼渣、粉煤灰、炉渣、其他固体废物（含半固态、液态废物）	每吨	25元	
噪声	工业噪声	超标1～3分贝	每月350元	① 一个单位边界上有多处噪声超标，根据最高一处超标声级计算应纳税额；当沿边界长度超过100米有两处以上噪声超标，按照两个单位计算应纳税额 ② 一个单位有不同地点作业场所的，应当分别计算应纳税额，合并计征 ③ 昼、夜均超标的环境噪声，昼、夜分别计算应纳税额，累计计征 ④ 声源一个月内超标不足15天的，减半计算应纳税额 ⑤ 夜间频繁突发和夜间偶然突发厂界超标噪声，按等效声级和峰值噪声两种指标中超标分贝值高的一项计算应纳税额
		超标4～6分贝	每月700元	
		超标7～9分贝	每月1 400元	
		超标10～12分贝	每月2 800元	
		超标13～15分贝	每月5 600元	
		超标16分贝以上	每月11 200元	

4. 环境保护税计税依据

应税污染物的计税依据，按照下列方法确定：应税大气污染物按照污染物排放量折合的污染当量数确定；应税水污染物按照污染物排放量折合的污染当量数确定；应税固体废物按照固体废物的排放量确定；应税噪声按照超过国家规定标准的分贝数确定。

5. 环境保护税应纳税额的计算

（1）大气污染物应纳税额的计算

应税大气污染物应纳税额为污染当量数乘以具体适用税额。其计算公式为：

$$大气污染物的应纳税额 = 污染当量数 \times 适用税额$$

（2）水污染物应纳税额的计算

应税水污染物的应纳税额为污染当量数乘以具体适用税额。

1）适用监测数据法的水污染物应纳税额的计算

适用监测数据法的水污染物（包括第一类水污染物和第二类水污染物）的应纳税额为污染当量数乘以具体适用税额。其计算公式为：

$$水污染物的应纳税额 = 污染当量数 \times 适用税额$$

2）适用抽样测算法的水污染物应纳税额的计算

适用抽样测算法的情形，纳税人按照《中华人民共和国环境保护税法》（以下简称《环境保护税法》）所附"禽畜养殖业、小型企业和第三产业水污染物污染当量值"所规定的当量值计算污染当量数。

3）固体废物应纳税额的计算

固体废物的应纳税额为固体废物排放量乘以具体适用税额，其排放量为当期应税固体废物的产生量减去当期应税固体废物的储存量、处置量、综合利用量的余额。其计算公式为：

固体废物的应纳税额 =（当期固体废物的产生量 - 当期固体废物的综合利用量 - 当期固体废物的储存量 - 当期固体废物的处置量）× 适用税额

（4）噪声应纳税额的计算

应税噪声的应纳税额为超过国家规定标准的分贝数对应的具体适用税额。

6. 环境保护税税收减免

（1）暂免征税项目

下列情形暂予免征环境保护税。

① 农业生产（不包括规模化养殖）排放应税污染物的。

② 机动车、铁路机车、非道路移动机械、船舶和航空器等流动污染源排放应税污染物的。

③ 依法设立的城乡污水集中处理、生活垃圾集中处理场所排放相应应税污染物，不超过国家和地方规定的排放标准的。

④ 纳税人综合利用的固体废物，符合国家和地方环境保护标准的。

⑤ 国务院批准免税的其他情形。

（2）减征税额项目

① 纳税人排放应税大气污染物或水污染物的浓度值低于国家和地方规定的污染物排放标准30%的，减按75%征收环境保护税。

② 纳税人排放应税大气污染物或水污染物的浓度值低于国家和地方规定的污染物排放标准50%的，减按50%征收环境保护税。

7. 环境保护税征收管理

（1）纳税期限

纳税人按季申报缴纳的，应当自季度终了之日起15日内，向税务机关办理纳税申报并缴纳税款；纳税人按次申报缴纳的，应当自纳税义务发生之日起15日内，向税务机关办理纳税申报并缴纳税款。

（2）纳税地点

根据《环境保护税法》的规定，纳税人应当向应税污染物排放地的税务机关申报缴纳环境保护税。

根据《中华人民共和国环境保护税法实施条例》的规定，环境保护税法所称应税污染物排放地是指应税大气污染物、水污染物排放口所在地，应税固体废物产生地，应税噪声产生地。

三、任务实施

该公司环境保护税计算过程如下。

步骤1 计算各污染物的污染当量数。

污染当量数 = 该污染物的排放量 ÷ 该污染物的污染当量值

据此计算出任务中4项污染物中每项的污染当量数。

二氧化硫污染当量数 =100÷0.95=105.26；氟化物污染当量数 =100÷0.87=114.94；一氧化碳污染当量数 =150÷16.7= 8.98；氯化氢污染当量数 =120÷10.75= 11.16。

步骤2 按污染当量数给4项污染物排序,对大气污染物确定排序前3项的污染物。

氟化物污染当量数(114.94)>二氧化硫污染当量数(105.26)>氯化氢污染当量数(11.16)>一氧化碳污染当量数(8.98)

该企业只有一个排放口,排序选取计税前3项污染物为:氟化物、二氧化硫、氯化氢。

步骤3 就排序的前3项污染物的污染当量数之和乘以规定的定额税率计算应纳税额。

应纳税额 =(114.94+105.26+11.16)×1.2 = 277.63(元)。

四、任务评价

对于每一项任务,结合业务能力和评价指标,根据掌握情况在表7-28的自测结果相应的"□"中打"√"。自测结果共分为3类:A 掌握;B 基本掌握;C 未掌握。

表7-28 任务测评表

任 务	任务布置	评价指标	自测结果	要 求
环境保护税的征税范围	确定该公司的征税范围	明确该公司哪些业务要征收环境保护税	□A □B □C	环境保护税的征税范围界定
应纳环境保护税的计算	计算该公司的应纳环境保护税税额	准确计算该公司的应纳环境保护税税额	□A □B □C	应纳环境保护税税额的计算
纳税管理	确定环境保护税的纳税义务发生时间、纳税地点和纳税期限	能准确确定该公司环境保护税的纳税义务发生时间、纳税地点和纳税期限	□A □B □C	纳税管理

五、任务拓展

(一)拓展训练

成鸿工业企业厂界长度超过100米,有两处以上噪声源,昼间噪声标准限值为65分贝,夜间噪声标准限值为55分贝。经监测,其5月份噪声超标天数为10天,昼间最高分贝为74.6分贝,夜间最高分贝为60分贝。

要求:计算该企业5月份噪声污染应缴纳环境保护税税额。

(超标4~6分贝,税额每月700元;超标7~9分贝,税额每月1 400元;超标10~12分贝,税额每月2 800元)

解析与思政教育

(二)思政教育

同步练习

在线测试

计算题

尊敬的老师：

您好。

请您认真、完全地填写以下表格的内容(务必填写每一项)，索取相关图书的教学资源。

教学资源索取表

书　名		作　者　名	
姓　名		所在学校	
职　称		职　务	讲授课程
联系方式	电话：	E-mail：	
地址(含邮编)			
贵校已购本教材的数量(本)			
所需教学资源			
系／院主任姓名			

系／院主任：＿＿＿＿＿＿＿＿＿＿＿＿（签字）

（系／院办公室公章）

20＿＿年＿＿月＿＿日

注意：

① 本教材配套教学资源仅向购买了相关教材的学校老师免费提供。

② 请任课老师认真填写以上信息，并**请系／院加盖公章**，然后传真到(010)80115555转718438上索取配套教学资源。也可将加盖公章的文件扫描后，发送到fservice@126.com上索取教学资源。欢迎各位老师扫码关注我们的微信号，随时与我们进行沟通和互动。

微信号